重门之御

明代广东海防体制的转变

陈贤波 著

上海古籍出版社

图书在版编目（CIP）数据

重门之御：明代广东海防体制的转变 / 陈贤波著.
—上海：上海古籍出版社，2017.11
ISBN 978 - 7 - 5325 - 8600 - 4

Ⅰ.①重…　Ⅱ.①陈…　Ⅲ.①海防－研究－广东－明代　Ⅳ.①E294.8

中国版本图书馆CIP数据核字（2017）第222773号

重门之御
——明代广东海防体制的转变
陈贤波　著
上海古籍出版社出版发行
（上海瑞金二路 272 号　邮政编码 200020）
（1）网址：www.guji.com.cn
（2）E-mail：gujil @ guji.com.cn
（3）易文网网址：www.ewen.co
上海商务联西印刷有限公司印刷
开本 710×1000　1/16　印张 17.25　插页 2　字数 274,000
2017 年 11 月第 1 版　2017 年 11 月第 1 次印刷
ISBN 978 - 7 - 5325 - 8600 - 4
K·2375　定价：64.00 元
如有质量问题，请与承印公司联系

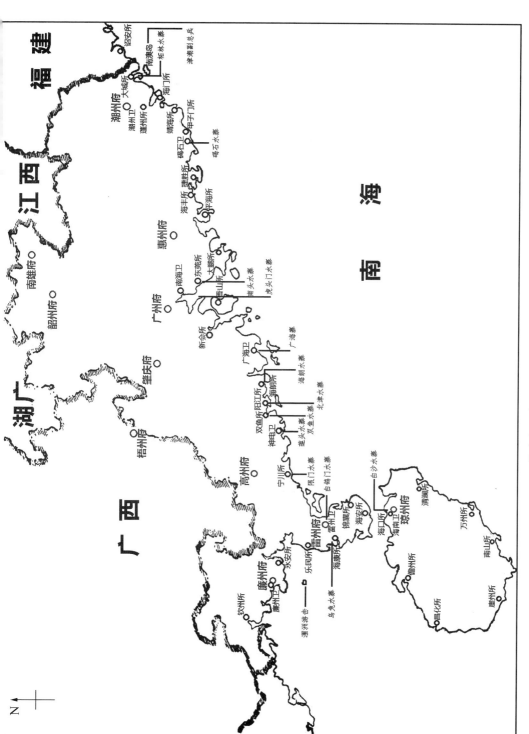

N

明代广东沿海卫所、水寨分布示意图

注：图中竖线分别标示明代陆续增设的沿海水寨、潮州游击和漳潮副总兵；大小圆圈分别标示府治和卫所。

福建

江西

湖广

广西

南　海

南澳岛

柘林水寨

漳潮副总兵

诏安所
大埕所
潮州府
潮州卫
蓬州所
海门所
靖海所
甲子门所
碣石卫
碣石水寨

海丰所
捷胜所
平海所

惠州府

南海卫
东莞所
大鹏所
南头水寨
虎头门水寨

广州府

新会所
广海卫
广海寨
海朗所
海朗水寨
北津水寨
双鱼所
阳江所
神电卫
莲头水寨
双鱼水寨

肇庆府

梧州府

高州府

宁川所
限门水寨
白鸽门水寨
白鸽门所

雷州府
乐民所
海安所
锦囊所
海康所
白沙门所
海口所
海南卫
琼州府
清澜所

廉州府
永安所
海康所
海门所
万州所
南山所
廉州卫
儋州所
钦州所
乌兔水寨
涠洲游击

昌化所

感恩所

目　　录

插 图 目 录

插 表 目 录

第一章 绪 论

一、问题的提出

募兵取代卫所军成为国家的正规常备军,以之应对内乱和外寇,[1]是明代军事史上一大关键转变。在1937年发表的《明代的军兵》一文中,吴晗先生对此已有扼要阐述:

> 从养军三百万基本上自给的卫兵制,到军兵费完全由农民负担,国库支出;从有定额的卫军,到无定额的募兵;从世袭的卫军,到雇用的募兵,这是明代历史上的一件大事。[2]

梁方仲先生同时期发表的《明代的民兵》对转变的过程论述尤详。他进一步将之分为三个阶段,认为前期起自太祖起兵至宣德间,或临时募集,或于乡农内简选,或按户抽丁,其法不一,主要任务是防御盗贼和守卫要塞;中期自正统至嘉靖中期,民兵应用渐广,除守卫乡里、捍御边境外,应付内乱和外寇无不依赖民兵;后期自嘉靖中叶至明末,卫所军衰落以后用民兵,民兵衰落后乃全用募兵。总而言之,"卫所军有主兵客兵之分,主兵即本地卫所之兵,客兵乃调他所卫军来戍者。主兵疲敝故调客兵,客兵疲敝则以民兵代之,民兵疲敝又练习土著或召募新兵以代之,这是嘉万以来的趋势"。[3]

---

〔1〕 有关明代以"北虏"、"南倭"为中心内乱和外寇的扼要描述,可参见傅衣凌主编,杨国桢、陈支平著:《明史》,人民出版社2006年。

〔2〕 吴晗:《明代的军兵》,原刊《中国社会经济史研究集刊》第5卷第2期,1937年,收入氏著:《吴晗论明史》,武汉出版社2013年,第115页。

〔3〕 梁方仲:《明代的民兵》,原刊《中国近代经济史研究集刊》第5卷第2期,1937年,收入刘志伟编:《梁方仲文集》,中山大学出版社2004年,第249～275页。

募兵取代卫所军的军事变革在海防体制的变化上也有体现。众所周知，明代是中国海防体制全面建立的关键时期。[1]明初以卫所制度为基础，形成了沿海卫—守御千户所—营堡—水寨—烽堠的防御架构和汛期巡海出哨机制。明代中后期随着卫所制度逐渐废弛，山海鼎沸，当局无法依赖原有军事体制处变应敌，以水寨兵船雇募制为核心的新的海防体制在沿海各地相应出现。《明史》所谓"明初沿海要地建卫所、设战船，董以都司、巡视、副使等官，控制周密。迨承平久，船敝伍虚，及遇警，乃募渔船以资哨守"，[2]说的就是当时沿海地区的普遍情形。在广东地区，地方文献往往将这一变化概括为"备倭之制遂变为水寨"，万历《雷州府志》的描述颇有代表性：

> 国初自闽浙至广东沿海一带俱防倭。故雷制卫所各造战船，择本卫指挥一员提督，各所官管领众哨，拨内外四所旗军七百名，分上、下班防守。隆庆初年以官军失机革去，始设白鸽寨于通明港，添设钦依把总一员领兵驻扎防守，而备倭之制遂变为水寨矣。[3]

显而易见，从卫所到水寨，从官军到募兵，"备倭之制"如何"变为水寨"适为理解明代海防乃至整个帝国军事变革的关键问题，值得深究析论。此为笔者开展这项研究最主要的动机或出发点。

就研究区域而言，在明代中后期很长一段时间里，"倭患"自浙、闽两省向南迁延，广东山海盗寇层出不穷，成为海防危机最严重的地区。徐阶、张居正、谭纶、杨博、吴桂芳、张瀚、刘尧诲、俞大猷、戚继光等一大批明代政治舞台上举足轻重的人物，吴平、曾一本、林道乾、林凤、刘香、郑芝龙等海上巨寇，以及先后来华寻求贸易的葡萄牙、荷兰、英国等西方殖民势力都直接牵涉其中，广东地区不失为考察海洋局势变动下南中国海防实态的上选。

---

〔1〕 一般认为，明代以前沿海各地已经存在地方性的防御设施，由于这些防御设施不是对抗外来入侵者，所以不是完全意义上的海防，《中国海防史》将之称为"海防的萌芽"，或"海防前史"，防御体系的真正形成则在明代。参见杨金森、范中义：《中国海防史》，海洋出版社2005年，第3页。
〔2〕 张廷玉等撰：《明史》卷322《外国三·日本》，中华书局1974年点校本，第8352页。
〔3〕 万历《雷州府志》卷13《兵防志二·兵船》，日本藏罕见中国地方志丛刊，书目文献出版社1990年据日本尊经阁文库藏明万历四十二年刻本影印，第356～358页。

基于此,笔者试图将国家海防体制置于特定的区域社会场景,结合具体历史事件和人物活动的分析,从运作机制、地区形势、人事背景、社会影响等多个层面梳理明代广东海防体制转变的基本脉络,揭示国家海防制度运作的地区实态和历史细节。诚然,本书的相关论述建立在前辈时贤对明代海防问题坚实的研究基础之上,同时也得益于华南区域史的先行研究。因此,在进入正题之前,有必要首先回顾相关研究的学术脉络,检讨主要的研究成果,从而说明本书的思路和力求创新之处。

二、已有研究的检讨

有关明代海防问题的研究,长期以来被置于倭寇史、军制史和海疆史三个传统学术脉络之下。已有成果相当丰硕,为我们勾勒出明代海防体制的概貌和趋向。近年来,历史学的区域研究方兴未艾,通过区域的、个案的研究揭示了一时一地的海防实态,则从许多历史的细部探究了国家制度的地方实践。

(一)倭寇史脉络下的海防研究

终明一代,倭寇海盗对东南沿海地区的侵扰时有发生,以嘉靖到万历间祸害最烈。平息倭乱一时成为国家要政,有关海防御倭的著述大量面世,既有专记倭国倭情者,也不乏专门讨论海防地理及御倭策略、战术的兵书,[1]奠定了日后研究的基础。

具有现代学术意义的倭寇研究始于20世纪30年代。李晋华、黎光明、陈懋恒、吴重翰、孟锦华、王崇武等一批学者在日寇加紧侵华、内忧外患的背景下借古鉴今,以历史上的倭乱为题进行了一系列开拓性的研究,[2]最有代表

---

〔1〕 参见朱莉丽:《倭寇之乱下明朝士人对日本的研究》,收入陈尚胜主编:《中国传统对外关系的思想、制度与政策》,山东大学出版社2007年,第95～109页;朱莉丽:《纷扰的海域与错杂的日本像——倭寇背景下明代人的日本认识》,收入复旦大学文史研究院编:《世界史中的东亚海域》,中华书局2011年,第115～128页;陈列:《明代海防文献考》,收入谌小灵主编:《明清海防研究》第六辑,广东人民出版社2012年,第115～128页。

〔2〕 参见李晋华:《三百年前倭祸考》,上海国民外交委员会1933年;黎光明:《嘉靖御倭江浙主客军考》,《燕京学报》专号之四,哈佛燕京学社1933年,知识产权出版社2014年重印;陈懋恒:《明代倭寇考略》,《燕京学报》专号之六,哈佛燕京学社1934年,人民出版社1957年重印;吴重翰:《明代倭寇犯华史略》,商务印书馆1939年;孟锦华:《明代两浙倭寇》,国民出版社1940年;吴原:《戚继光》,重庆正中书局1934年;王崇武:《戚继光》,南京胜利出版公司1946年。

性的著作有黎光明的《嘉靖御倭江浙主客军考》及陈懋恒的《明代倭寇考略》二书。

黎光明的《嘉靖御倭江浙主客军考》从明朝御倭军队来源探讨倭乱，分上下两篇，上篇述沿海卫所军腐败，不能不调客军御倭的海防背景，下篇分述从各地调遣的各种客军的来源、组成和作战得失等。作者指出"此书之作，只注重于调遣军队"，[1]但全书专论当时召募客兵应变的军事变革，立意新颖，切中要害，不流于浮泛，大别于同时期其他倭寇研究著作。

陈懋恒的《明代倭寇考略》全书近10万字，论倭寇来源、猖獗原因、各省倭祸、倭寇首领等最为详尽，并有专章讨论"倭寇之戡定"，对城戍、战船、将帅、兵士、民众等海防体制的各个环节均有简述。她特别注意到战船的重要性，指出"卫戍虽固，倭从海上来，迎击追剿，咸赖水师，故战船尚矣"，[2]也注意到船只征募和船制的地区差异，指出"明初所造船只，岁久废败，倭患起，临时征募渔船，或得胜，则仿制以用。故嘉靖以后之船制，参差不一"，[3]认为"大抵沿海各地习惯不同，船之式样，因地制宜，名称亦随之增改。每卫所有船只，大小参配，各有其用"。[4]

同时期的一些学者，如王庸、吴玉年、王婆楞等，则致力搜集整理海防御倭史籍。[5]其中以王婆楞的《历代征倭文献考》最为可观。全书摘录各家传记、奏议、笔录、简牍、说部二百余条，所记始自周代，以明代倭寇问题所占篇幅最多，约居全书三分之二，作者不仅"蒐集往古征倭史实，取证于文献"，同时"目系以按"，按语内容"或补文献之不足"，"或释文献之涵义"，"或作前后事实之连系"，"间亦申述著者之意见"，[6]堪称倭寇史料汇编，为入门者提供了指引。

早期的倭寇研究是在特殊的政治背景下进行的，重在描述倭患的破坏和

---

〔1〕 黎光明：《嘉靖御倭江浙主客军考》，第2页。

〔2〕 陈懋恒：《明代倭寇考略》，第174页。

〔3〕 陈懋恒：《明代倭寇考略》，第175页。

〔4〕 陈懋恒：《明代倭寇考略》，第177页。

〔5〕 王庸：《明代海防图籍录》，《清华周刊》第37卷第90期文史专号，1934年；吴玉年：《明代倭寇史籍志目》，《禹贡半月刊》第2卷第4、6期，1934年；王婆楞：《历代征倭文献考》，重庆正中书局1940年。其中王庸、吴玉年二文俱收入包遵彭：《明史论丛》之六《明代边防》，台湾学生书局1968年，第205～252页。

〔6〕 王婆楞：《历代征倭文献考》，第2页。

明军的平寇战争，或表彰御倭将帅，或痛陈官府腐败，表达了较为强烈的民族
情感。这种研究模式一直延续至五六十年代。前述陈懋恒的《明代倭寇考
略》于1957年再版重印，李光璧的《明代御倭战争》、周一良的《明代援朝抗
倭战争》等题材相近的著述也相继刊行。[1]

值得重视的是陈文石1965年发表的《明嘉靖年间浙福沿海寇乱与私贩
贸易的关系》。[2]作者从明代的禁海政策、贡舶贸易制度与沿海地理经济
条件入手分析私贩贸易与寇乱的关系，说明私商、海盗与倭寇结合的祸乱起
因，对私贩转为海盗以及官府的剿寇策略和行动有较详细的描述，隐含了从
沿海社会变迁思考寇乱发生发展的新思路，是同期研究中令人耳目一新的
作品。

80年代以后，国内学界兴起对倭寇起因、性质问题的研究，更多地从经济
贸易因素切入，试图回应当时热议的资本主义萌芽问题。[3]如戴裔煊在《倭
寇与中国》一文中指出："嘉靖年间的倭寇运动，实质上是中国封建社会内
部资本主义萌芽时期，东南沿海地区以农民为主力，包括手工业者、市民和
商人在内的被剥削压迫的各阶层人民，反对封建地主阶级及其海禁政策的
斗争，是中国历史上资本主义萌芽的时代标志之一，不是外族入寇"。[4]这
方面的代表作，有戴裔煊的《明代嘉隆间的倭寇海盗与中国资本主义的萌
芽》及林仁川的《明末清初私人海上贸易》，[5]其他相关的专题论文数量也
相当可观。[6]

此后的倭寇研究，由于焦点往往放在明政府的对外政策（中日关系）和海

〔1〕李光璧《明代御倭战争》，上海人民出版社1956年；周一良《明代援朝抗倭战争》，中华书
　　局1962年。
〔2〕陈文石：《明嘉靖年间浙福沿海寇乱与私贩贸易的关系》，收入氏著：《明清政治社会史论》
　　上册，台湾学生书局1991年，第117～176页。该文是作者硕士论文《明洪武嘉靖间的海
　　禁政策》（台大文史丛刊1966年）第6、7章的扩充。
〔3〕对资本主义萌芽问题研究较为深刻的回顾和检讨，参见李伯重：《中国经济史学中的"资
　　本主义情结"》，收入氏著：《理论、方法、发展趋势：中国经济史研究新探》，清华大学出版
　　社2002年，第5～21页。
〔4〕戴裔煊：《倭寇与中国》，《学术研究》1987年第1期。
〔5〕戴裔煊：《明代嘉隆间的倭寇海盗与中国资本主义的萌芽》，中国社会科学出版社1982
　　年；林仁川：《明末清初私人海上贸易》，华东师范大学出版社1987年。
〔6〕这一时期的论文非常多，无法一一列举。较完整的倭寇研究书目，参见沈登苗：《明代倭
　　寇兼及澳门史研究中文论著索引》，《澳门研究》第30期，2005年10月。

洋贸易上，重在揭示倭患起因、性质及与地方社会变迁的关系，兼及海防设施、军事策略和战役战事，从倭患检讨海防运作的专题研究并不多见。[1]相关研究越来越重视从沿海社会自身的发展脉络理解寇乱的产生，有助于揭示明代中后期社会转型的地区进程。[2]新近也有一些学者从社会文化史的角度讨论倭乱的影响，进一步拓展了倭寇问题的研究面向，[3]但基本与海防问题无涉。

最近30年来研究倭寇问题用力最勤、贡献最大者，当推已故台湾学者郑樑生教授。[4]郑氏1981年出版《明史日本传正补》，[5]1985年出版《明代中日

---

[1] 例如，研治明代海外贸易史的陈尚胜把"嘉靖倭乱"置于明代海外交通事业的发展中考察，指出"明朝政府曾以海防为由，消极地限制中国商民的出海贸易，结果不但造成中国海外交通的衰落，而且也激化了沿海地区的社会矛盾，反而又冲击了海防的安全，嘉靖倭患就是这种恶果的表现"。参见陈尚胜：《怀夷与抑商——明代海洋力量兴衰研究》，山东人民出版社1997年，第5页。近年讨论倭乱与海外贸易关系的代表作，有王慕民的《海禁抑商与嘉靖"倭乱"——明代浙江私人海外贸易的兴衰》（海洋出版社2011年），其研究思路是"研究明代嘉靖年间的海禁政策与浙江私人海上贸易和江南商品经济的关系"，讨论的是嘉靖"倭乱"如何"阻碍了浙江乃至江南地区商品经济发展的良好势头和向近代方向演化的历史进程"（第2～3页），仍未超脱80年代倭寇研究的问题意识。真正从倭乱本身探讨海防建设的专题研究，参见张德信：《嘉靖年间海防重建与倭寇溃败——兼及中日关系变化与断绝》，《明史研究论丛》第6辑，黄山书社2004年，第247～258页；王日根：《明代海防建设与倭寇海贼的炽盛》，《中国海洋大学学报》2004年第4期。

[2] 这方面有价值的研究成果，参见张增信：《明季东南中国的海上活动》，东吴大学中国学术著作奖助委员会1988年；张增信：《明季东南海寇与巢外风气（1567～1644）》，《中国海洋史论文集》第3辑，"中研院"三民主义研究所1990年，第313～344页；陈春声：《从"倭乱"到"迁海"——明末清初潮州地方动乱与乡村社会变迁》，收入朱诚如、王天有主编：《明清论丛》第2辑，紫禁城出版社2000年，第73～106页。

[3] 吴大昕：《猝闻倭至——明朝对江南倭寇的知识（1552～1554）》，《明代研究》第7期，中国明代研究学会2004年；吴大昕：《明日朝鲜战争与江南的倭寇记忆》，《史绘》第11期，台湾师范大学历史研究所2005年；刘晓东：《嘉靖"倭患"与晚明士人的日本认知——以唐顺之及其〈日本刀歌〉为中心》，《社会科学战线》2009年第7期；吴大昕：《倭寇形象与嘉靖大倭寇——谈〈倭寇图卷〉、〈明人抗倭图〉与〈太平抗倭图〉》，《明代研究》第16期，中国明代研究学会2011年；王鸿泰：《倭刀与侠士——明代倭乱冲击下江南士人的武侠风尚》，《汉学研究》第30卷第3期，《汉学研究》编辑部2012年；刘晓东：《〈虔台倭纂〉的形成：从"地方经验"到"共有记忆"》《历史研究》2013年第1期；刘晓东：《明代官方语境中的"倭寇"与"日本"——以〈明实录〉中的相关词汇为中心》，《中国史研究》2014年第2期。

[4] 有关郑樑生的学术贡献和评价，参见徐泓：《郑樑生对嘉靖大倭寇研究的贡献》，收入氏著：《二十世纪中国的明史研究》，台大出版中心2011年，第217～230页。

[5] 郑樑生：《明史日本传正补》，文史哲出版社1981年。

关系研究》，[1]尔后陆续编辑《明代倭寇史料》（1～7辑，1987～2005），[2]又撰有与倭寇相关的研究论文逾二十篇，大多收入氏著《中日关系史研究论集》（1～13辑，1990～2004）中，[3]题材遍及御倭战事、兵制、人物和史料评介等。郑樑生不仅对嘉靖间的剿倭政策和平倭战役有若干具体细致的研究，且十分重视方志和文集史料，特别对流散在日本的稀见史料进行了蒐集整理。譬如他介绍东京公文书馆发现的明万历年间侯继高撰《全浙兵制考》一书，就载有海防水陆兵员、船只及饷银等重要信息，又如他最早介绍明末郑大郁撰《经国雄略》一书，重点指明所载"海防考"的价值，均为了解明代海防的关键资料。[4]郑樑生的遗作《明代倭寇》（2008），[5]虽晚出于范中义、仝晰纲《明代倭寇史略》一书，[6]但系统论述明代倭乱全貌，旁征博引，反映了作者数十年倭寇研究的基本论点，可作为该项研究的总结之作。令人遗憾的是，由于利种原因，学界能充分借鉴和吸收郑氏上述研究者寥寥。

　　日本学界对倭寇问题的关注同样由来已久。早期较为著名者，如片山诚二郎、佐久间重男、中山久四郎、田中健夫等，多围绕中日关系（海禁政策）和贡舶贸易进行研究。[7]其中，1982年日本教育社出版的田中健夫《倭寇——海上历史》一书在国内有中译本，较为国人所知，该书"明朝的倭寇对策"一节专述"海防负责人的更迭"，但行文比较简略。[8]松浦章的《中国的海贼》

---

〔1〕　郑樑生：《明代中日关系研究》，文史哲出版社1985年。同年该书日文版由东京雄山阁出版。

〔2〕　郑樑生：《明代倭寇史料》，1～7辑，文史哲出版社1987～2005年。

〔3〕　郑樑生：《中日关系史研究论集》，1～13辑，文史哲出版社1990～2004年。

〔4〕　郑樑生：《佚存日本的〈全浙兵制考〉》，《"国立中央图书馆"馆刊》1989年第22卷第1期，第119～131页；郑樑生：《佚存日本的〈经国雄略〉》，收入氏著：《中日关系史研究论集》第11辑，文史哲出版社2001年，第137～158页。

〔5〕　郑樑生：《明代倭寇》，文史哲出版社2008年。

〔6〕　范中义、仝晰纲：《明代倭寇史略》，中华书局2004年。

〔7〕　这方面的研究著述，参见吴大昕：《明嘉靖倭寇研究的回顾》，《明代研究通讯》第2期，中国明代研究学会1999年，第91～106页；郑樑生：《明代倭寇研究之回顾与前瞻——兼言倭寇史料》，《中日关系史研究论集》第10辑，文史哲出版社2000年，第171～215页。此外，田中健夫《倭寇——海上历史》（武汉大学出版社1987年）书末列举了明治时代以后至20世纪80年代初期日本有关倭寇的研究成果，同样可以参考。

〔8〕　田中健夫：《倭寇——海上历史》，第82～83页。

也专列一章述明代的海禁政策和倭寇活动。[1]新出的研究如太田弘毅的《倭寇：商业·军事史的研究》，则注重倭寇活动的细部研究，其中考察倭寇走私中国的烟硝、铁至日本，从日本偷运刀剑、扇子、硫磺至中国等问题。[2]

（二）军制史脉络下的海防研究

"北虏"、"南倭"为明朝军政大事，举凡涉足明代军事制度史的研究都必然要面对边防（"北虏"）与海防（"南倭"）的问题。已有若干评述文章回顾明代军制史的研究状况。总的来说，在内容上，学界对内地的卫所、军户、军屯等制度用力较多；在地域上，则偏重北方边镇的军事防卫，对沿海卫所和海防的研究相对不足。[3]

目前可见最重要的三部多卷本军事史通论著作——《中国军事史》、《中国军事通史》和《中国历代战争史》，均把海防问题作为明代部分的重要内容来编写。《中国军事史》（7卷9册），全书以军事制度、军事工程、军事装备、军事思想、军事战略等专题为纲，朝代为目，是新中国成立以来第一部多卷本系统研究中国军事历史的专著。该书对明代海患、海防战略部署、海防筑城、水军和战船等概说性的描述，散见于各专题卷次之中。[4]军事科学院主编的《中国军事通史》（17卷20册），体例以朝代为经、重大军事事件为纬，内容丰富。其中范中义、王兆春等军事史家编著的第15卷《明代军事史》（分上、下册）对明代海防建设的基本思想和措施，特别是"嘉靖年间的海防和抗倭斗

〔1〕松浦章：《中国的海贼》，谢跃译，商务印书馆2011年。该书日文版于1995年由东方书店刊行。

〔2〕太田弘毅：《倭寇：商业·军事史的研究》，春风社2002年。

〔3〕参见于志嘉：《明代军制史研究的回顾与展望》，收入于志嘉：《卫所、军户与军役——以明清江西地区为中心的研究》，北京大学出版社2010年，第322～355页；川越泰博：《明代军事史的研究状况》，收入森正夫等编：《明清时代史的基本问题》，商务印书馆2013年，第241～259页；邓庆平：《明清卫所制度研究述评》，《中国史研究动态》2008年第4期；高新生：《中国海防史研究述评》，《军事历史研究》2005年第4期；高新生：《明清海防史研究综述》，《明清海防研究论丛》第3辑，广东人民出版社2009年，第23～36页。赵明：《明代兵制六十年之回顾》，《中国史研究动态》1993年第8期；张金奎：《二十年来明代军制研究回顾》，《中国史研究动态》2002年第10期。

〔4〕《中国军事史》编写组《中国军事史》共7卷9册，约520万字，1988出版，2006年后陆续再版改为《中国历代军事制度》、《中国历代军事工程》、《中国历代军事装备》、《中国历代军事思想》等。

争"亦有条理清晰的专章论述。[1]至于台湾三军大学编写的《中国历代战争史》(18册),分述历代重要战事,其第14册明代部分也有"东南沿海抵御倭寇战役"一章,体例上详于战略和战事评判。[2]

概论性的海防史著作,以包遵彭及张铁牛、高晓星的海军史研究开其先河,而最有参考价值者,应推杨金森、范中义的《中国海防史》。前者主要论述海防武装力量(海军)的发展历程,在明代部分侧重描述造船和水军构成。[3]后者"以朝廷的海防建设为纲",全面论述了明代至清代后期的海防形势、海防体制、海防部署和海防斗争等。与一般的叙述方式不同,作者把明代以前的沿海设防视为"海防前史",提出"明代以前的沿海防御,是海防的萌芽,而真正形成防御体系,则在明代",[4]因此对明代海防防御体系的建立、整饬和相关战事着墨尤多。若将该书第一篇"明代的海防(1368~1644)"相关内容,辅以尹章义、范中义、邱富生、宋烜、谭立峰等学者的专题论文,[5]适可从宏观历史脉络揭示明代海防的基本轮廓。

在有关海防制度的具体研究中,黄中青的硕士论文《明代海防的水寨与游兵——浙闽粤沿海岛屿防卫的建置与解体》颇有新意。[6]作者从"海上第一道防御网"的水寨与游兵制度入手,分述浙、闽、粤三省寨游的建置、巡守和作用,对水寨长官及兵员、水寨信地、战船数额及分配均有较详细的论述。遗憾的是,虽然作者力图呈现寨游制度的建立及其变迁,避免对明代海防运作的鸟瞰泛论,但由于涉及的三省沿海地域极为辽阔,不同省区的社会历史背景千差万别,造成海防运作复杂多变,是书于此难以兼顾,错漏和误解在所难

[1] 军事科学院主编:《中国军事通史》第15卷《明代军事史》(上、下册),军事科学出版社1998年。
[2] 台湾三军大学:《中国历代战争史》第14册,中信出版社2013年,第336~378页。
[3] 参见包遵彭:《中国海军史》,中华丛书编辑委员会1970年;张铁牛、高晓星:《中国古代海军史》,八一出版社1993年。
[4] 杨金森、范中义:《中国海防史》上册,第3~5页。
[5] 尹章义:《汤和与明初东南海防》,《编译馆馆刊》1977年第6卷第1期;范中义:《明代海防述略》,《历史研究》1990年第3期;邱富生:《试论明朝初年的海防》,《中国边疆史地研究》1995年第1期;宋烜:《明代中期海防——整饬与变革》,《明清海防研究》第8辑,广东人民出版社2015年,第10~21页;谭立峰:《明代沿海防御体系研究》,《南京林业大学学报》2012年第12期。
[6] 黄中青:《明代海防的水寨与游兵——浙闽粤沿海岛屿防卫的建置与解体》,宜兰学书奖助基金2001年。

免。笔者将在具体论述中引证说明。

从军制史角度探讨海防问题的日本学者甚少。川越泰博在20世纪70年代初对明代海防体制的讨论，[1]较早揭示了明代以"沿海卫—守御千户所—营—水寨—烽堠"为结构的海防体制，不仅从沿海卫所戍军中明确区分出"守城军"和"捕倭（出海）军"，且对巡海军船的配置和吨数情况、军兵来源和补给制度也进行了较为系统的分析。迄今看来这些研究仍具开拓意义和研究深度，长期以来鲜为治此专题的国内学者征引参考。唯川越泰博的研究集中在明初海防体制的"创成期"，偏重对海防体制运营构造的静态分析，未能深入后续变化的动态过程。

（三）海疆史脉络下的海防研究

毋庸置疑，对海疆展开历史考察，兼具解答传统国家民族构成和结构形态问题的学术价值，以及维护现代国家主权利益的现实意义。海疆史研究的内容相当宽泛，有研究者指出，应包括历代海洋疆域史、历代海洋政策、历代海洋思想史、历代海防、历代海上贸易、近当代中国海上边界等。这些内容包含了王朝国家对领土所有的四个基本要素——户籍、税收、派官、驻军。[2]也有学者提出"海疆史演绎的主题是海洋与陆地的关系、海洋与人的关系"。[3]但事实上，无论是陆疆抑或海疆，焦点往往放在"历代王朝对边疆地区的经营与谋划"上。[4]这也就不难理解，"倭患"和西方殖民者相继东来背景下的明代海防问题，在相关研究中成为讨论的重点之一。

相对而言，专门的海疆史研究起步较晚。[5]1979年出版的《中国人民保卫海疆斗争史》题旨鲜明，有特殊的时代烙印，其中明代部分介绍了"抗倭斗争"。[6]之后陆续出版的通论性著作，如马大正主编《中国边疆经略史》、张炜、方堃主编的《中国海疆通史》和安京的《中国古代海疆史纲》，对"明朝的

〔1〕 参见川越泰博：《明代中国の军制と政治》，东京国书刊行会2001年，第35～77页。相关日文资料承申斌博士在日本访学期间协助复制，谨此致谢。
〔2〕 李国强：《关于海疆史研究的几点认识》，《史学集刊》2014年第1期。
〔3〕 张炜：《中国海疆史研究几个问题之我见》，《中国边疆史地研究》2001年第2期。
〔4〕 马大正主编：《中国边疆经略史》，武汉大学出版社2013年，第2页。
〔5〕 这方面的相关研究成果，参见马大正：《二十世纪的中国边疆史地研究》，《历史研究》1996年第4期；李国强：《新中国海疆史研究60年》，《中国边疆史地研究》2009第3期。
〔6〕 《中国人民保卫海疆斗争史》编写组：《中国人民保卫海疆斗争史》，北京出版社1979年。

海防建设"和"抗倭斗争"均有扼要的阐述。[1]曲金良最近主编的多卷本《中国海洋文化史长编》,试图涵括和展示历代海洋精神文化、制度文化和物质文化的方方面面,但立论基础仍是历史时期的海疆开发。其《明清卷》开篇就介绍了明代对沿海疆域的统一,进而述及海防建设和海防战争。[2]

对明清海疆政策进行专题研究,以王日根的《明清海疆政策与中国社会发展》和卢建一的《明清海疆政策与东南海岛研究》为代表。[3]王日根将海防视为"海疆政策的中心环节",认为"我们考察明清时期的海疆政策,侧重于海防政策、海洋贸易政策、海洋移民政策三个方面。由于海洋贸易政策有时是海防政策的派生物,海洋移民政策同样是在服务海防政策的前提下制定的,因此海防是海疆政策的中心环节"。[4]是书第一章较为系统地梳理了明代的海防政策及其阶段性,对政策的效果也有中肯评价,唯其所举多为福建地区的史例。在探讨明清海防政策的演变中,卢建一重点分析了东南海岛的驻防问题,对东南海防水师的建制、战舰和火器也有所涉猎。她认为"明清海疆政策是对海疆危机作出的反应",[5]发现随着经济重心南移,明清政府防务重心也开始发生南移,因而对东南海岛战略地位的认识经历了渐进过程。[6]

《明朝海上力量建设》乃作者何锋在其2007年博士学位论文的基础上修订完成,[7]其研究思路延续了王日根对东南海防敌我力量对比的分析,[8]目的

---

〔1〕 参见马大正主编:《中国边疆经略史》;张炜、方堃主编:《中国海疆通史》,中州古籍出版社2003年;安京:《中国古代海疆史纲》,黑龙江教育出版社1999年。
〔2〕 曲金良主编:《中国海洋文化史长编·明清卷》,中国海洋大学出版社2012年。
〔3〕 王日根:《明清海疆政策与中国社会发展》,福建人民出版社2008年;卢建一:《明清海疆政策与东南海岛研究》,福建人民出版社2011年。
〔4〕 王日根:《明清海疆政策与中国社会发展》,第1页。
〔5〕 卢建一:《明清海疆政策与东南海岛研究》,第7页。
〔6〕 除上举专书《明清海疆政策与东南海岛研究》外,另可参见卢建一:《从明清东南海防体系发展看防务重心南移》,《东南学术》2002年第1期;卢建一:《从东南水师看明清时期海权意识的发展》,《福建师范大学学报》2003年第1期;卢建一:《试论明清时期的海疆政策及其对闽台社会的负面影响》,《福建论坛》2002年第3期。
〔7〕 何锋:《明朝海上力量建设》,厦门大学出版社2015年。其博士学位论文原题《中国的海洋——明朝海上力量建设考察》(厦门大学2007年)。
〔8〕 参见王日根:《明代东南海防中敌我力量对比的变化及其影响》,《中国社会经济史研究》2003年第2期。

是检讨明代海疆经略之成效。是书探讨明代海军建设过程,并尝试引进现代国家海上力量的衡量指标,如"外交控制力"、"政府控制力"和"科技能力"等分析明朝海上力量建设的效果,是颇有新意的做法。但由于研究战线过长,直接影响了作者对相关史事的深入挖掘,对海军建设过程的描述难免失于浮泛。

(四)区域视野下的海防研究

近年来,一些学者试图结合地方文献的整理利用,通过区域的、个案的研究揭示一省一地的海防实态,福建、台湾、浙江、山东、辽东、广东等地的区域海防史著述相继面世,数量可观。这方面的研究成果,其目的通常在于揭示海防政策的地方实践,既有对一省海防史的通论叙述,也不乏结合区域特点,具体讨论兵制变迁、巡哨区划、军事移民和军事聚落等内容,[1]大大拓宽了相关研究的视野。

具体到广东海防史的区域研究,前人同样已经做了大量工作,相关成果直接奠定了本项研究的基础。

---

[1] 福建方面的研究,有驻闽海军军事编纂室:《福建海防史》,厦门大学出版社1990年;卢建一:《闽台海防研究》,方志出版社2003年;郑克晟:《明朝初年的福建沿海及海防》,《史学月刊》1991年第1期;卢建一:《明代海禁政策与福建海防》,《福建师范大学学报》1992年第2期。何孟与:《海中孤岛:明代澎湖兵防研究论文集》,澎湖县政府文化局2012年;浙江的研究,有宋烜:《明代浙江海防研究》,社会科学文献出版社2013年;苏勇军:《明代浙东海防研究》,浙江大学出版社2014年;牛传彪:《明代浙江海区军事驻防与巡哨区划》,《明清海防研究论丛》第5辑,广东人民出版社2011年,第220~236页;张侃、宫凌海:《明代中后期东南地区兵制变迁——以浙江沿海地区为中心的考察》,《江西社会科学》2014年第11期;北方的研究,有张金奎:《明代山东海防研究》,中国社会科学出版社2014年;王赛时:《明代山东的海防体系与军事部署》,《明史研究》第9辑,黄山书社2005年,第255~268页;赵红:《试论明初洪武时期的山东海防》,《烟台大学学报》2005年第4期;赵红:《论明成祖的海防政策在山东的实践》,《鲁东大学学报》2009年第4期;赵红:《论明代山东海防与山东沿海社会的发展》,《泰山学院学报》2009年第5期;谭立峰、刘文斌:《明代辽东海防体系建制与军事聚落特征研究》,《天津大学学报》2014年第5期;马光:《明初山东倭寇与沿海卫所制度考论》,收入上海中国航海博物馆编:《国家航海》第11辑,上海古籍出版社2015年,第73~108页;马光:《倭寇与海防——明代山东沿海都司卫所与巡检司个案研究》,《海洋史研究》第9辑,社会科学文献出版社2015年。最近出版的赵树国《明代北部海防体制研究》,则以北部海防为整体,探讨了山东、辽东、京津地区的海防联动,参见赵树国:《明代北部海防体制研究》,山东人民出版社2015年。

由广东海防办和中山大学合编的《广东海防史》，是海防通史的入门之作。囿于"略古详今"的体例和篇幅，该书对明代广东海防状况仅作了粗线条描述。[1]广东省文物局编的《广东明清海防遗存调查与研究》，首次全面系统地梳理了明代海防遗存名录和分布情况，图文并茂，提供了开展实地调研的最大线索。[2]

在专题研究方面，萧国健较早结合实地调查资料，梳理出明清两代广东沿海的关城和炮台建置情况，对海防水师的官制和军备、南头水寨的沿革有扼要介绍。[3]陈春声、黄挺、杨培娜分别讨论了明代潮州的海防建置及其影响，从中可见王朝国家的海防政策在沿海边远地区推行的实况和地方社会的因应过程。[4]汤开建、林发钦对葡人助明政府剿灭海盗相关史事和早期澳门军事防御工程的研究，揭示了明代中后期西方人东来的海防危机和广东当局的对策反应。[5]李庆新对明代屯门地区海防和海道副使职能演变的研究，则有助于理解广东海防体制与贸易转型的关系。[6]周维强对佛郎机铳在中国传播过程的研究，反映了西式火器在明代中后期广东海防中的部署和应用。[7]暨远志、张一兵对明代广东海防建制演变的研究简明扼要，同

〔1〕《广东海防史》编委会编：《广东海防史》，中山大学出版社2010年。

〔2〕广东省文物局编：《广东明清海防遗存调查与研究》，上海古籍出版社2014年。

〔3〕萧国健：《关城与炮台：明清两代广东海防》，香港市政局1997年；萧国健：《明代粤东海防中路之南头水寨》，收入氏著：《香港历史与社会》，香港教育图书公司1994年，第103～116页。

〔4〕陈春声：《明代前期潮州海防及其历史影响》，《中山大学学报》2007年第2、3期；黄挺：《明代前期潮州的海防建置与地方控制》，《广东社会科学》2007年第3期；杨培娜：《明代潮州大城所之演变与地方社会变迁关系初探》，《明清广东海运与海防》，澳门大学出版2008年，第105～134页。

〔5〕汤开建：《佛郎机助明剿灭海盗考》，收入氏著：《澳门开埠初期史研究》，中华书局1999年，第82～103页；汤开建：《明中后期澳门葡人帮助明朝剿除海盗史实再考——以委黎多〈报效始末疏〉资料为中心展开》，《湖北大学学报》2005年第4期；林发钦：《澳门早期对外战争与军事防御》，收入吴志良、金国平、汤开建主编：《澳门史新编》第三册，澳门基金会2008年，第833～868页。邓开颂研究员赠送此项资料，谨此致谢。

〔6〕李庆新：《明代屯门地区海防与贸易》，《广东社会科学》2007年第6期；李庆新：《明代海道副使及其职能演变》，收入氏著：《濒海之地——南海贸易与中外关系史研究》，中华书局2010年，第178～201页。

〔7〕周维强：《佛郎机铳在中国》，社会科学文献出版社2013年。

样值得参考。[1]

近年来,从历史地理学视角探讨明代广东的海防问题出现了一批引人瞩目的研究成果。鲁延召以广东中部的伶仃洋区域为中心,从海防地理形势、海防部署和海防装备多个层面分析了"岛防—陆防—江防"的空间防御体系。[2]吴宏岐、李爱军探讨明代中后期广东海防体系的变革,描述了吴桂芳、殷正茂、凌云翼等两广督抚构筑"海陆联防"、"分区防守"的防御体系之努力。[3]韩虎泰以明代广东海防为例,讨论了明代巡海制度向巡洋会哨制度的转变。[4]由郭声波、吴宏岐主编的《中国历史地理研究》第6辑《环南海历史地理与海防建设》专刊,收录了多篇有关明代广东海防问题的专题论文,内容涉及明代倭寇入侵广东的路线、海防战船和造船业、海防参将和沿海巡检司设置等。[5]总体而言,这些研究凸显了以往学者关注较少的海防地理因素之重要性,在史料整理和问题拓展两个方面都做了有益的努力。然而,由于过多地着眼地理因素,相关研究也提出了值得思考的新挑战,即如何把某一时期海防地理静态的空间结构,还原为动态的时间历程,进而呈现出区域海防体制的来龙去脉和复杂面相。

概言之,上述研究表明,在"倭寇史"、"军制史"和"海疆史"三个脉络中展开的明代海防研究,或仅把海防问题作为背景交代,或重在梳理政策、制度的沿革,往往过于强调全国范围的一致性,时间和空间跨度较大,难以兼顾

---

[1] 暨远志、张一兵:《明代前期广东海防建制的演变》,收入鸦片战争博物馆主办:《明清海防研究论丛》第一辑,广东人民出版社2007年,第9~20页;暨远志、张一兵:《明代后期广东海防与南头水寨》同上书,第28~46页。

[2] 鲁延召:《明清时期广东海防"分路"问题探讨》,《中国历史地理论丛》2013年第2期;鲁延召:《明清时期伶仃洋区域海防地理特征研究——基于海防对象的多样性与海防重心的阶段性》,《暨南学报》2013年第9期;鲁延召:《明清伶仃洋区域海防地理研究》,人民日报出版社2014年。

[3] 李爱军、吴宏岐:《明嘉靖、万历年间南海海防体系的变革》,《中国边疆史地研究》2013年第2期;李爱军:《明代广东军事地理研究》,世界图书出版公司2015年。王潞博士协助收集此项资料,谨此致谢。

[4] 韩虎泰:《论明代巡海制度向巡洋会哨制度的转变——以明代广东海防为例》,《贵州文史丛刊》2015年第3期。

[5] 相关研究,参见郭声波、吴宏岐主编:《中国历史地理研究》第6辑《环南海历史地理与海防建设》,西安地图出版社2014年。

制度的实况和地区的差别。从"区域史"的视角把通论性的研究和专题的、个案的研究两种风格有机统一起来，结合大的历史背景和具体的制度运作实态，有可能把相关研究推向纵深。

如果进一步放宽视野，把明代广东海防问题置于整个华南区域经济社会转型的更大的历史脉络下考察，会发现两者之间存在深刻的内在联系，在研究视野上超越军事史的架构，才可能更完整地看出全貌。科大卫（David Faure）、井上彻、唐晓涛对广西"瑶乱"和两广军事形势的研究，[1] 叶显恩、刘志伟对明代珠三角区域开发和里甲赋役改革的研究，[2] 汤开建、金国平、吴志良对早期澳门史的研究，[3] 启发我们注意海防问题与地方社会正在发生的一系列重大变化的联动性，不能脱离地方社会背景孤立地讨论海防。林仁川、杨国桢、陈学霖、陈春声、汤开建等对活跃于闽广之间海商、海盗的研究，[4] 则提示我们注意海上活动的流动性以及闽广两省在海防问题上的一体性，不能囿于政区地理或海防地理片面地讨论一省一地的海防。本书的讨论，希望于此有所着力和关照。

〔1〕 井上彻：《明朝的对外政策与两广社会》，收入复旦大学文史研究院编：《都市繁华——一千五百年来的东亚城市生活史》，中华书局2010年，第139～169页；David Faure, "The Yao Wars in the Mid Ming and their Impact in on Yao Ethnicity", pp.171～189, in Pamela Kyle Crossley, Helen F. Siu and Donald S. Sutton eds. *Empire at the Margins: Culture, Ethnicity and Frontier in Early Modern China*, University of California Press, 2006；唐晓涛：《俍傜何在——明清时期广西浔州府的族群变迁》，民族出版社2011年。

〔2〕 叶显恩：《珠江三角洲社会经济史研究》，稻禾出版社2001年；刘志伟：《在国家与社会之间：明清广东里甲赋役制度研究》，中山大学出版社1998年。

〔3〕 汤开建：《明代澳门史论稿》，黑龙江教育出版社2012年；金国平、吴志良：《早期澳门史研究》，广东人民出版社2007年。

〔4〕 参见林仁川：《明末清初私人海上贸易》；杨国桢：《明代倭乱前的海上闽南与葡萄牙》，收入氏著：《瀛海方程——中国海洋发展理论与历史文化》，海洋出版社2008年，第201～231页；陈春声：《16世纪闽粤交界地域海上活动人群的特质——以吴平的研究为中心》，收入李庆新主编：《海洋史研究》第1辑，社会科学文献出版社2010年，第129～152页；陈春声：《从"倭乱"到"迁海"——明末清初潮州地方动乱与乡村社会变迁》，收入朱诚如、王天有主编：《明清论丛》第2辑，第73～106页；陈学霖：《〈张居正文集〉之闽广海寇史料分析》，收入氏著：《明代人物与史料》，香港中文大学出版社2001年，第321～361页；汤开建：《明隆万之际粤东巨盗林凤事迹详考——以刘尧海〈督抚疏议〉中林凤史料为中心》，《历史研究》2012年第2期。

三、本书的基本思路和框架

通过研读以往的研究成果,笔者注意到,由于海防问题牵涉甚广,即使将研究地域缩小为自成体系的一个省区,要想详尽分析其与当时政治、经济和社会文化背景之间的各种关联,必然也会因研究战线无限扩大,枝蔓过多,论述易流于浮泛。从前引吴晗、梁方仲等先生揭示明代军事转变的思路出发,笔者认为,当前比较可行的做法是着重截取促成海防体制转变的关键环节、关键事件和关键人物的活动,尝试更为动态地描述海防体制转变的复杂过程,尤其理应更多着墨于促成海防体制转变的重大军事改革的来龙去脉,尽可能避免静态化的描述制度沿革,不必急于构造某一时期海防体系表面上的系统化和全面性。

近年来,笔者通过广泛蒐集整理相关文献资料,实地踏勘广东沿海多个军事设施遗址,围绕上述中心议题和出发点做了一些初步的探讨,陆续发表了一些专题论文,在不同的学术场合向同行学者讨教。[1]我也逐步认识到,明代广东海防体制的转变过程,一方面,无论对海防旧制的整顿改革,抑或新制的酝酿尝试,都几经曲折,实际的过程远比以往研究者描述的情形复杂得多,可以进一步发覆之处甚多;另一方面,不知人事则难明体制,其问题不仅关系省内官员将领间的政治较量,也牵扯中央与地方、广东与福建两省之间的利益纠葛。本书将努力把海防体制的转变与发生于该地区的重大历史事件贯通起来,揭示制度与人物、社会的内在联系,更加实证性地还原制度发生演化的历史过程。

---

〔1〕 参见拙作《明代中后期粤西珠池设防与海上活动——以〈万历武功录〉珠盗人物传记的研究为中心》,《学术研究》2012年第6期;拙作《论吴桂芳与嘉靖末年广东海防》,《军事历史研究》2013年第4期;拙作《柘林兵变与明代中后期广东的海防体制》,提交2013年第五届全国青年史学工作者会议,收入上海中国航海博物馆编:《国家航海》第8辑,上海古籍出版社2014年,第1～19页,人大复印报刊资料《明清史》2014年第12期全文转载;拙作《〈三省备边图记〉所见隆庆年间闽广的海寇经略》,分别提交2015年潮学年会论文、2015年华南师范大学"中国古代社会变迁"学术研讨会、2015年"中研院"明清研究国际学术研讨会,载《海交史研究》2016年第1期;拙作《明代中后期广东海防体制运作中的政治较量》,《学术研究》2016年第2期,人大复印报刊资料《明清史》2016年第6期全文转载。

本书以下各章,依照明代广东海防体制转变的时间序列,考察其建立、整顿、改革和转型的过程。除本章检讨已有研究、概说本文思路外,以下各章内容依次为:

第二章分析明代广东海洋环境,重点讨论与海防布局最密切相关的海门、港澳、岛屿和风汛问题,说明明人如何在对广东沿海冲要的认知上构建分路防守格局。该章也将概述明代广东倭夷海寇问题的产生、分期及其原因,整理明代广东沿海寇乱年表,作为全书讨论海防体制展开之社会历史背景。

第三章探讨明代前期广东海防体制的原型及其走向。通过爬梳现存地方文献记载,重点分析海防体制构成的三个关键因素——备倭官、备倭军和备倭船的建制情况,尤其厘清了海道副使的设置时间、驻扎地点等困扰以往学者的问题。该章也说明,在明代中后期大规模"倭患""海盗"问题产生之前,广东海防体制已面临相当严峻的挑战,其中大规模征调沿海卫所旗军番戍内地,加剧了海防空虚局面,影响最为深远。

第四章讨论了正德至隆庆年间广东当局重建海防体制的军事财政改革,重点描述了对海防体制产生直接影响的几次重大海寇事件如何促使广东当局推动海防改革,使得以水寨兵船雇募制为中心的新的海防体制在广东确立起来。该章也试图说明,在经略海寇过程中,当局如何处变应敌及其遭遇的掣肘问题。破解这些军事难题实际上也就成为新海防体制构造的关键。

第五章分析万历年间大规模倭患海盗问题渐次平息之后,广东当局围绕水寨兵船防御体系的运营构造所做的种种努力,并结合以往较少为人注意的《岭西水陆兵纪》等相关文献记载,说明明代中后期广东水寨防御体系的制度安排和运作实态。

作为全书结论,第六章拟从宏观层面略论影响明代广东海防体制转变的关键因素,并尝试检讨这一过程的教训和启迪。

第二章　山海相通与倭夷海寇问题的产生

明代广东政区几经析分调整,从明初置十府辖七州、五十九县,发展至明末领府十、直隶州一、属州七、属县七十六的格局(附表1),[1]政区范围包括了今广东全省、广西北部湾沿海地区(今北海、钦州、防城港等市)以及海南省全境。明代广东海域辽阔,东北与福建相接,西南与安南界邻。域内山海交错,水陆相通,可停泊登岸的港澳众多,可藏匿和取给的近海岛屿密集,防海须首先考量的海洋环境错综复杂。文献记载"吾粤水道多歧,山海相通,盗贼易为出没",[2]"海环广东南界,倚为险固,然攻守之计亦莫切于海",[3]即由此而发。

本章结合地方文献记载和时人的观察描述,从海防地理的角度说明时人是如何根据广东特殊的海洋环境在海防布局上据险握要、分路防守,以此应对倭夷海寇问题的。

一、海门、湾澳、岛屿与风汛

广东北背南岭山地,南临南海,中部为珠江三角洲大平原,三角洲东西两翼为河谷和山丘,沿海分布大片台地(图一)。沿海小河流也自成一小三角洲,如韩江口的韩江三角洲(明代潮州府境)、鉴江口的鉴江三角洲(明代高州府境)、漠阳江口的三角洲(明代肇庆府境)。总体来说,沿海沿岸以丘陵台地为主,北上则以低山丘陵和中山山地为多。三角洲把沿海台地分成东西

---

〔1〕　关于明代广东政区演变的简要介绍,参见方志钦、蒋祖缘主编:《广东通史》古代下册,广东高等教育出版社2007年,第47~49页;司徒尚纪:《明代广东政区的形成及其与区域开发的关系》,收入氏著:《岭南史地论集》,广东省地图出版社1994年,第249~250页。
〔2〕　屈大均:《广东新语》卷18《舟语·战船》,中华书局1985年点校本,第478页。
〔3〕　顾祖禹:《读史方舆纪要》卷100《广东一》,中华书局2005年点校本,第4587页。

两区,西部沿海台地以雷州半岛和两阳、电白为主,粤东沿海地区则呈台地平原相间分布地形。根据现代地理学者的统计,广东海岸线长达3 368.1公里,为全国最长。若把明代隶属广东的海南岛(琼州府)和广西北部湾地区(廉州府)包括进来,其所辖海域更为辽阔。域内海岸曲折多湾,岛屿林立,大于500平方米的岛屿有近800个之多。[1]传统时期,山海相通、山溪相错的自然环境往往被视为"伏莽之患"的温床,清初顾祖禹(1631~1692)分析广东海防形势,认为本地区"海寇之警,峒獠之扰,外夷之侵,有兼忧焉"。[2]

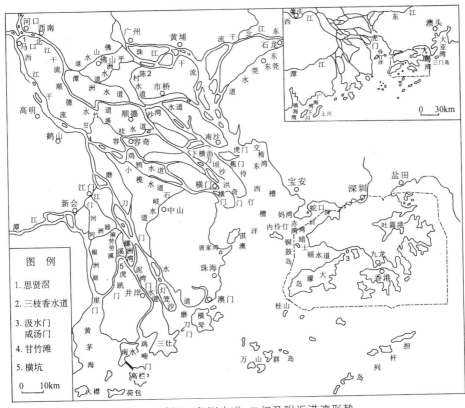

图一 珠江三角洲水道、口门及附近港湾形势
资料来源:王颖主编《中国海洋地理》,科学出版社2013年,第646页。

---

[1] 参见曾昭璇、黄伟峰主编:《广东自然地理》,广东人民出版社2001年,第3~8页;王颖主编:《中国海洋地理》,第645页。
[2] 顾祖禹:《读史方舆纪要》卷100《广东一》,第4587页。

河网通过口门与河口湾相连,河道两侧被岩石丘陵夹持,其状如门,形成众多"海门",即"江河之水所由出海者",[1]是广东海洋环境一大特征,同时也是影响海防布局的关键因素。

明末清初广东番禺人屈大均(1630～1696)撰《广东新语》卷2"海门"条曰:

> 南海之门最多。从广州而出者曰虎头门,最大。小者曰虎跳,曰鸡踏,曰鸡蹄,曰三门,曰东洲,此中路之海门也。从东莞而出者曰南亭。从新安而出者曰小三门,曰屯门,曰急水,曰中门,曰鲤鱼,曰双箸,曰南佛堂,曰北佛堂。从新宁而出者,曰大金,曰小金,曰寨门,曰官门。从惠来而出者曰甲子。从潮阳而出者曰河渡。从澄海而出者曰水吼。此东路之海门也。从新会而出者曰崖门,曰松柏。从顺德而出者曰黄杨。从香山而出者曰金星,曰上十字,曰下十字,曰马骝,曰黄麖。从吴川而出者曰限门。从海康而出者曰白鸽。此西路之海门也。[2]

屈大均一口气列举出当时全省数十个主要出海口,说明广东山海相通的特殊海洋环境。这些海门所在的港澳,既有港深可泊大船者,也不乏港浅有暗沙仅适合小舟湾泊者,不管如何,皆为番船私舶寇盗出没的必经之道,具有显而易见的海防军事意义,尤须据险以守。时人对此有相当清楚的认识,或曰"沿海港口,贼船皆可冲入",[3]或曰"凡贼由海入劫,俱由海港,扼海港控制焉,则入劫无路,久自困矣",[4]或曰"附贼之来也,虽飘风忽雨,然入有门路,止有湾澳",[5]或曰"把防海寇,塞从入之门"[6]等。控制湾澳港口,关键在

〔1〕 卢坤、邓廷桢等撰:《广东海防汇览》卷2《舆地一·险要一》,王宏斌等点校,河北人民出版社2009年,第34页。此处引用范端昂《粤中见闻》语"江河之水所由出海者,为海门"。
〔2〕 屈大均:《广东新语》卷2《地语·海门》,第33～34页。
〔3〕 张萱:《西园闻见录》卷57《兵部六·海防前》,明代传记丛刊综录类第30册,明文书局1991年影印本,第206页。
〔4〕 霍韬:《渭厓文集》卷10《两广事宜》,第6册,广西师范大学出版社2015年据广东省立中山图书馆藏清同治元年石头书院刻本影印,第2301～2309页。
〔5〕 陈吾德:《谢山存稿》卷1《条陈东粤疏》,四库全书存目丛书集部第138册,齐鲁书社1997年影印本,第421～422页。
〔6〕 郭棐:《粤大记》卷32《政事类·海防》,黄国声、邓贵忠点校,广东人民出版社2014年,第929页。

于布置兵船戍守，随时处变应战。万历年间吏科给事中、东莞人尹瑾对此有一番论述：

> 夫广东海澳弥漫，寇盗叵测。或乘机啸聚，或顺风倏至。若澳无兵船则纵横劫掠，接济私投，不旬日而聚党跳梁，强不可制。伺兵船复集，势已无及。惟澳有兵船，则蜂屯蝟集，棋布星列，非独外寇不敢犯，即内地有蓄异谋者亦将顾忌兵威而不敢动，势使然耳。[1]

有关兵船屯住港澳的做法，我们留待后文讨论水兵战船制度时再行展开。这里要指出的是，上述海门、湾澳由于具有显著的海防军事意义，实际上也集中了明代最重要的海防设施，官府与倭夷海寇的周旋角力往往也发生在内地通往海洋的海缘地带。[2]

我们注意到，由于明代朝贡制度的变化，许多湾澳本身也成为番舶夷船来华朝贡市易的湾泊定所。从明初在广州设立广东市舶司起，广州一直是海外交通重镇。明制诸番入贡有定期，抽分有则例，例当三年一贡。李龙潜、郑永常的研究表明，明初朝贡夷船番舶一到海门，即由海道官员检查是否属实，随行船队及船上使节商人便从屯门海门溯珠江入广州城，成化以后则逐渐允许外国船只停泊在珠江海口湾澳贸易。[3]嘉靖《广东通志》记载的这类海澳有：

> 查得递年暹罗国并该国管下蒲沰、六坤洲与满剌加、顺塔、占城各国夷船，或湾泊新宁广海、望峒，或新会奇潭，香山浪白、濠镜澳、十字门，或

---

[1] 尹瑾：《敷陈海防要务疏》，载崇祯《东莞县志》卷6《艺文志一》，广东历代方志集成，岭南美术出版社2009年，第263页。

[2] 滨下武志特别强调在"海洋圈"中由沿海地区所连接而成的海缘地带的重要性，他认为这些海洋边缘地带分布着一系列贸易口岸和城市，是海洋地区的中心点。这些口岸不仅是内地通往海洋的出口，同时也是一个海洋地区与另一个海洋地区的重要连接点。参见滨下武志：《朝贡与条约》，收入乔万尼·阿里吉、滨下武志、马克·塞尔等主编：《东亚的复兴：以500年、150年和50年为视角》，社会科学文献出版社2006年，第21～24页。

[3] 李龙潜：《明代广东的对外贸易及其对社会经济的影响》，收入氏著：《明清广东社会经济研究》，上海古籍出版社2006年，第170～201页；郑永常：《来自海洋的挑战：明代海贸政策演变研究》，稻乡出版社2004年，第105～106页。

东莞鸡栖、屯门、虎头门等处海澳,湾泊不一。[1]

王元林曾逐个考证上述海澳港口的地理位置。[2]根据他的说法,这些泊口主要是明代中期以前的情况,正德时广东市舶司迁往高州电白,嘉靖十四年(1535)又固定在香山的濠镜澳,随着市舶司的迁移,可供市易的港口海澳也发生变化。因此所谓"湾泊有定所",大有扩散难控的态势,更加凸显出明代海防问题的严峻性。事实上,虽然明政府明令禁止沿海百姓通番,[3]但法久弊生,收效有限,其中就不乏沿海备倭官军的纵容和参与。弘治六年(1493)两广总督都御史闵圭鉴于广东沿海私通番舶"络绎不绝"的情况,奏请严格按照番舶来贡年限事例:

> 广东沿海地方多私通番舶,络绎不绝,不待比号,先行货卖。备倭官军为张势,越次申报,有司供亿,糜费不赀,事宜禁止。况夷情谲诈,恐有意外之虞。宜照原定各番来贡年限事例,揭榜怀远驿,令其依期来贡。凡番舶抵岸,备倭官军押赴布政司比对,勘合相同,贡期不违,方与转呈提督市舶太监及巡按等官具奏起送。如有违碍,捕获送问。[4]

现藏西班牙皇家历史学院图书馆的一份《明朝万历拾年告示》显示,不少"番徒"、"番僧"也以"通贡"为名违禁进入广东海域,为驻扎海澳的水寨官兵查获驱逐。由官府专门出具告示的做法,旨在警告沿海居民接济勾引诸番入华,或可推测这种情况并非孤例:

---

〔1〕 嘉靖《广东通志》卷66《外志三·海寇》,香港大东图书公司1977年据嘉靖三十七年刻本影印,第1722页。

〔2〕 王元林:《明代初期广东沿海贡舶贸易港考》,《中国历史地理论丛》2003年第1期。

〔3〕 按洪武三十年(1397)敕编《大明律》"私出外境及违禁下海"的条文:"凡将马、牛、军需铁货、铜钱、段疋、䌷绢、丝锦,私出外境货卖及下海者,杖一百,挑担驮载之人,减一等。物货、船车并入官,于内以十分为率,三分付告人充赏。若将人口军器出境及下海者,绞。因而走泄事情者,斩。其拘该官司,及守把之人,通同夹带,或知而故纵者,与犯人同罪。失觉察者,减三等,罪止杖一百。军兵又减一等。"参见《大明律附例》卷15《兵律·关津》,玄览堂丛书第12册,广陵书社2010年影印,第8385页。

〔4〕 《明孝宗实录》卷73,弘治六年三月丁丑,上海书店1982年影印台湾"中研院"史语所校勘本,第1367~1368页。本书所引《明实录》均为此版本,其他不再单独注出。

近据碣石水寨盘获番徒壹拾捌名连船壹只,又柘林水寨盘获番僧贰拾陆名并船壹只,本当照依律重处。值今圣明御天,怀柔远人……各番徒自吕宋小国而来,意欲通贡,一念效顺之诚,良可嘉尚,但查彼国向无此例,安得以是为请,除遵照明文将番徒给以原船,令其驾回本国外,合出给示谕各该番徒,今后再不许轻信奸人之言,航海而来,触冒法禁,罪悔何及……又以见天朝严肃之法而内忧外夷之大分正矣。须至告示者。右仰知悉。万历拾年拾月廿六日给告示。[1]

究其原因,固然有如地方文献所言,即沿海奸民通番逐利,导引为奸而酿成寇乱,"闽广奸民往往有椎髻耳环,效番衣服声音,入其舶中,导之为奸,因缘钞暴,傍海甚苦之",[2]实则沿海百姓"以海为生"的生计使然,是以"国朝有片板不许下海之禁,禁固严矣,然濒海之民以海为生,采捕鱼虾,有不得禁者,则易以溷焉",[3]在海禁背景下从事贩番活动的商人不得不铤而走险,或明或暗与官府角力,构成了沿海走私活动猖獗的社会根源。[4]

影响海防的另一个关键地理因素是海岸线曲折、岛屿密集。海岛可窝藏,可取水,一旦疏于哨巡即可能成为盗贼渊薮。明代重要的海防专著、嘉靖四十一年(1562)初刻的《筹海图编》指出,"海寇往来,其大船常躲匿外洋山岛之处,小船时出而为剽掠",[5]"海洋浩渺,风涛叵测,程不可计,遇山而汲,亦其势耳。……其遇山而登,非独汲水,或觇登泊之远近,或觇我兵之虚实"。[6]明代广东著名官员、南海人霍韬分析广东海洋形势,就说"贼人飘据洋中,洋水咸卤,食之则泄,洗手面则皮肉溃",而"凡沿海之山,多出山泉,流为溪涧,其水味淡可以烹食"。[7]因此,控扼沿海岛屿,也是明代广东海防官员考量的重要问题。

---

〔1〕《明朝万历拾年告示》,收入马德里自治大学东亚研究中心编:《西班牙图书馆中国古籍书志》,上海古籍出版社2010年,第119页。

〔2〕嘉靖《广东通志》卷66《外志三·海寇》,第1722页。

〔3〕张萱:《西园闻见录》卷57《兵部六·海防前》,第207页。

〔4〕参见陈春声:《明清之际潮州的海盗与私人海上贸易》,《文史知识》1997年第9期。

〔5〕郑若曾:《筹海图编》卷12上《经略三》,李致忠点校,中华书局2007年,第779~780页。

〔6〕郑若曾:《筹海图编》卷2下《倭船》,第202页。

〔7〕霍韬:《渭厓文集》卷10《两广事宜》,第6册,第2301~2309页。

　　作为前哨站和补给基地，近海岛屿作为海上御敌屏障的战略价值不言而喻。然而，在经略海洋上"御海洋"与"固海岸"孰为上策，当时人的意见并不统一。上引《筹海图编》的作者郑若曾在分别总结"御海洋"和"固海岸"两种不同主张之后，采取折中之策，认为"哨贼于远洋而不常厥居，击贼于近洋而勿使近岸"，才是"悠久可行"的策略。[1]一般认为，明初曾在近海岛屿上设防，后来才陆续弃守迁移，"国初海岛便近去处皆设水寨，以据险伺敌，后来将士惮于过海，水寨之名虽在，而皆自海岛移置海岸"。[2]嘉靖四十年（1561）兵部覆议御史段顾言题"为条陈三省善后事宜等事"，内称"南澳实广东冲要之地，原设把总驻扎，不知何年潜移柘林，弃险于贼，委为失策"。[3]似乎说明广东东部的南澳岛曾驻扎兵船，之后内迁大陆沿海的潮州柘林。我们尚未发现其他地方文献记载广东沿海岛屿在明初普遍有水寨兵船戍守。即使段顾言的追述属实，也是相当短暂的军事安排而已。也就是说，虽然明人已经意识到岛屿于海防的重要性，但如下文所述，真正将之纳入常规哨巡范围之内，作为巡洋会哨的重要节点，尚需等到明代中后期水寨防御体系确立以后。反过来说，在很长一段时间里，对近海岛屿的弃守或疏于哨巡，自然更有利于海寇往来躲匿，助长非法海上活动。研究十八九世纪华南海盗活动的穆黛安（Dian H.Murray）就认为，"从海盗的角度来看，一条无数水道纵横交错、可以藏身其中的海岸线及其附近大大小小的岛屿所能提供的保护，乃是最为适宜的地理形势"，又说"优良的地理环境和丰富的海洋资源，再加上另一个因素，即贸易兴旺、便于劫掠的航路，为海盗活动的生存提供了先决条件"。[4]这样的概括显然也适用于明代广东。

　　明代广东海岸线曲折多湾、岛屿密集的海洋环境，对船只的式样产生直接影响。较早研究明代倭寇活动的陈懋恒指出，"大抵沿海各地习惯不同，船

〔1〕 郑若曾：《筹海图编》卷12上《经略三》，第772页。
〔2〕 参见王日根：《明清海疆政策与中国社会发展》，第35～71页；李庆新：《明代海外贸易制度》，社会科学文献出版社2007年，第49～51页；包江雁：《明初舟山群岛废县徙民及其影响》，《浙江海洋学院学报》1999年第4期；王日根、黄友泉：《海防地理视域下的明代福建水寨内迁》，收入中国社会科学院历史研究所明史研究室编：《明史研究论丛》第13辑，中国广播影视出版社2014年，第53～62页。
〔3〕 涂泽民：《请设大城参将疏》，收入陈子龙辑：《明经世文编》卷353《涂中丞军务集录一》，中华书局1962年影印本，第3796页。
〔4〕 穆黛安：《华南海盗（1790～1810）》，刘平译，中国社会科学出版社1997年，第7～10页。

之式样,因地制宜,名称亦随之增改"。[1]因地制宜,指的就是适应当地的海洋环境。英国著名科技史家李约瑟(Joseph Needham)讨论传统中国航海技术的,也格外注意"地理因素对中国沿海船舶的差异有相当大的影响"。[2]

广东船只(广船)作为古代中国三大船式之一,摇橹唱风是其重要特征。[3]万历二十年(1592)刊行的邓钟重辑《筹海重编》对广东船式之所以两旁设架摇橹而区别于浙闽船式,有一番详细说明:

> 闽广浙直船制各异。而不知其所以异者,由于海势之不同也。广东船制两旁设架,便于摇橹。福建船制其旁如垣,其篷用卷,便于使风。浙直船制平底布帆,便于荡桨。此船制之异也。所由然者。福建海水最深,各信地俱近外洋,一望无际,纵有海岛如浮枢之着水耳,故有风时多,无风时少,顺风则使风,逆风则饯风,此福船所由制也。广东自出五虎门,上及大鹏,下及北津以西,俱有海屿,或断或续,联络于外,商船往来,多从里海,且风气和柔,全使摇橹,此广船所由制也。浙直海水深处固多,浅处时有,近岸平沙或数十里,潮长水深处寻丈,潮退仅可尺许,故叭喇唬沙船专事荡桨,此浙直之船所由制也。若易地则风水不同,其制亦当少异。推此而山东以北危矶暗沙往往有之,船制又不可执此例彼矣。[4]

---

[1] 陈懋恒:《明代倭寇考略》,人民出版社1957年重印本,第177页。

[2] 参见李约瑟:《中国科学技术史》第四卷《物理学及相关技术》第三分册《土木工程与航海技术》,科学出版社、上海古籍出版社2008年,第473~474页,李约瑟指出:"地理因素对中国沿海船舶的差异有相当大的影响。精于考察各地风土人情的观察家们早在17和18世纪对此就已有清楚的了解。"他引用顾炎武日录的一段资料,进一步说:"中国南北文化区域因地理位置不同而在历史上曾引起船体形状方面的差异。杭州湾以北(北纬30度)的沿海船和远洋船都是平底,舭角明显,船舵较大而笨重,且呈方形,既可放到船底以下,又可升起很高。这种船舵适应经常抢滩的需要,因为北方的浅水港湾和泥淤河口受到潮水影响非常显著,而到了海上,舵又可起到中垂龙骨的作用。杭州湾以南,沿海水域较深,海湾小而狭长,岛屿甚多。在这里,船只的水下线型逐渐更显出曲线美感,船首的进流段较尖,舭角不明显,船尾较圆;同时,船舵经常用中插板来辅助,故它有时会变得窄而长,甚至有时还开有孔洞并呈菱形。"

[3] 广船、福船和沙船合称古代中国三大船式,有关其他两种船式的形制,参见王冠倬:《中国古船图谱》,生活・读书・新知三联书店2001年;席龙飞:《中国造船通史》,海洋出版社2013年。

[4] 邓钟重辑:《筹海重编》卷12《经略四》,四库全书存目丛书史部第227册,齐鲁书社1996年据河南省图书馆藏明万历刻本影印,第230页。

王鸣鹤《登坛必究》于万历二十七年（1599）成书，专门为当时行军将士提供军事指引，其中收录了三幅广东船式（图二），强调"广船两傍搭架摇橹，风蓬柁制俱与福船不同"。[1]据当代船史专家席龙飞的研究，与其他船型相比，广船帆形如张开的折扇也颇有特点，且广船为了减缓摇摆，采用了在中线面处深过龙骨的插板，有抗横漂作用，为了操舵的轻捷，舵叶上有许多菱形开孔（称开孔舵），尾部有较长的虚梢（假尾）等。[2]可见，广船的式样特征便于摇橹唱风，灵活性较强，适用于近海海域环境。我们在下文将会提到，明代中后期浙闽各地大量调用广东船只参与御倭战事，官府也大量召募民船特别是珠江三角洲地区东莞、新会的民船改造成战船，与这种船式适合近海作战的特点有十分密切的关系。

船只是最重要的海上活动工具，但"海上之船，不论人力而论船力，不论船力而论风力"。[3]不管广船如何搭架摇橹，海上行舟乃至哨巡作战都深受

图二　王鸣鹤《登坛必究》载录广东船式

资料来源：王鸣鹤：《登坛必究》卷25《水战》，中国兵书集成，解放军出版社、辽沈书社1990年据万历二十七年刻本影印，第3519～3521页。

---

〔1〕　王鸣鹤：《登坛必究》卷25《水战》，第3519页。
〔2〕　席龙飞：《中国造船通史》，第293页。
〔3〕　冯应京：《皇明经世实用编》卷8《海防》，四库全书存目丛书史部第267册，齐鲁书社1996年据北京大学图书馆藏万历三十一年刻本影印，第155页。

海上风候影响,所谓"风信潮汐,哨巡之先务也"。[1]传统时期的海防活动呈现明显的季节性规律,广东地区亦然。

广东跨热带、亚热带,居东亚季风区,季风气候显著,主导趋势是冬半年盛行偏北风和东北风,夏半年盛行东南、偏南和西南风。对广东的季风气候和行舟环境,乾隆《南澳志》卷8《海防·风信潮汐》说明如下:

> 清明以后,地气自南而北,则以南风为常风。霜降以后地气自北而南,则以北风为常风。若反其常,则台飓将作,不可行舟。……南风壮而顺,北风烈而严。南风多间,北风罕断。南风驾船非台飓之时,常患风不胜帆,故商贾以舟小为速。北风驾船虽非台飓之时,亦患帆不胜风,故商贾以舟大为稳。[2]

明代倭夷海寇在广东海域的活动,与此季风气候息息相关。明人慎懋赏《四夷广记》载"日本入犯风候"云:

> 大抵倭舶之来恒在清明之后,前乎此风候不常,届期方有东北风,多日而不变也。过五月风自南来,且六七八月风潮险恶,舟不可行,重阳后风亦有东北者,复可渡海,过十月风自东北来,亦非倭所利矣。故防倭者以三四五月为大汛,九十月为小汛,今亦有停泊海盗乘间而至者,故四时当防。[3]

嘉靖《香山县志》卷3《政事志·兵防》载倭船北来的时间云:

> 岁夏四月南风至,倭船易于北来,谓之风迅。官军以是出海防守,毋得先期而扰,亦毋得后期而缓。[4]

---

[1] 乾隆《南澳志》卷8《海防·风信潮汐》,广东历代方志集成,岭南美术出版社2009年据广东省立中山图书馆藏乾隆四十八年刻本影印,第85页。

[2] 乾隆《南澳志》卷8《海防·风信潮汐》,第85~86页

[3] 慎懋赏:《四夷广记》不分卷,玄览堂丛书续集第9册,广陵书社2010年影印本,第6679页。

[4] 嘉靖《香山县志》卷3《政事志·兵防》,广东历代方志集成,岭南美术出版社2009年据广东省立中山图书馆藏嘉靖二十六年刻本影印,第38页。

清初任官广东潮州的蓝鼎元在《与荆璞家兄论镇守南澳事宜书》中认为广东沿海奸民出海劫掠的季节性活动与倭船相同，也大致符合明代这片海域的活动规律：

> ……三四月东南风盛，粤中奸民哨聚驾驶，从南澳入闽，纵横洋面，截劫商船，由外浯屿、料罗、乌纱而上，出烽火、流江而入于浙。八九月西北风起，则卷帆顺溜剽掠而下，由南澳入粤，劫获金钱货物多者，各回家营运卒岁，谓之"散斗"。劫少无所利者，则泛舟顺流避风于高州、海南等处。来岁二三月土婆涌起，南方不能容，则仍驾驶北上，由南澳入闽。[1]

一般来说，东南沿海备倭防寇汛期，如上引文献资料所载，以三、四、五月为大汛，九、十月为小汛（也称为小阳汛），亦可分为春、冬二汛。关于广东海防汛期，嘉靖《海丰县志》谓："其备倭皆以四月风迅时上班，九月霜降后休息，国初之定制如此。"[2]似乎明初该地仅有一汛而已，未知广东其他地方的情形是否同此例。但此后春、冬二汛期的安排在明代中后期被官方固定下来。《苍梧总督军门志》载春冬汛期：

> 春汛四阅月，自三月初一日起至六月终止。冬汛二阅月，自十月初一日起至十一月终止。[3]

上引《军门志》记载的汛期安排乃当时普遍推行的海防安排，其他地方文献均有转述。如万历二十三年（1595）刊刻的《惠州府志》所载亦同：

> 定汛期。春汛四阅月，自三月初一日起至六月终止。冬汛二阅月，

〔1〕 蓝鼎元：《与荆璞家兄论镇守南澳事宜书》，收入郑焕隆选编：《蓝鼎元论潮文集》，海天出版社1993年点校本，第197页。
〔2〕 嘉靖《海丰县志》上卷《舆地志》，广东历代方志集成，岭南美术出版社2009年据嘉靖三十八年抄本影印，第156页。
〔3〕 应槚、凌云翼、刘尧诲等修：《苍梧总督军门志》卷5《舆图三·春秋汛期》，全国图书馆文献缩微复制中心1991年影印本，第96页。

自十月初一日起至十一月终止。[1]

虽然如此,也应该看到,由于全省海域辽阔,各地海势风候略有不同,具体各地的汛期安排理应有所区别。以最东面的潮州府南澳海域为例,乾隆《南澳志》回顾明代本地汛期谓:"近议春汛定以清明前五日出汛,大暑日收汛。……冬汛定以霜降前五日出汛,大雪日收汛。"[2]按清明一般在农历三月初,大暑在农历六月,可知南澳春汛与全省规定相同,而霜降在农历九月,大雪在农历十月,说明冬汛提前一个月结束。在广东最西面与安南交界的廉州府钦州海域,嘉靖《钦州志》谓"旗军一百名,分上下班出海巡哨,上班五月至九月,下班十月至来年四月",[3]说明春汛为五至九月,冬汛十月至来年四月。至于琼州府,四面环海,为海岛风候,嘉靖末年于白沙港设置白沙寨,戍守兵船负责巡哨事务(详见后文),其汛期也与众不同。《苍梧总督军门志》将之作为"例外"在上述春冬汛期之后加以说明:"惟白沙寨信地原在大海之中,汛期……每年自四月初一日起至九月终止,共六个月。番海之寇乘南风而来,例应防汛。自十月初一日起至次年三月终止,共六个月。番海之寇乘北风而去时,应收汛。"[4]

二、沿海冲要

已有学者将明代海防经略思想概括为海陆结合、攻守结合、相互支援、军民协力、守之于海、守之于岛、守之于海岸、守之于内河、战之于城郊、守之于城下的多层次有纵深的防御战略。[5]但明代广东"三面距海,接连岛夷,风帆迅驶,疾如飚隼,千里可瞬息至也",[6]十府之中有潮州、惠州、广州、肇庆、高

---

[1] 万历《惠州府志》卷13《兵防下》,广东历代方志集成,岭南美术出版社2009年据万历二十三年刻本影印,第578页。

[2] 乾隆《南澳志》卷8《海防》,第69页。

[3] 嘉靖《钦州志》卷6《兵防·备倭》,广东历代方志集成,岭南美术出版社2009年影印本,第91～92页。

[4] 应槚、凌云翼、刘尧海等修:《苍梧总督军门志》卷5《舆图三·春秋汛期》,第97页。

[5] 杨金森、范中义:《中国海防史》上册,第353页。

[6] 郭棐:《粤大记》卷32《政事类·海防》,黄国声、邓贵忠点校,第920页。

州、雷州、廉州、琼州八府濒海,如此辽阔的海域究竟当在何处防守?"形胜关地方利害匪诞"。[1]毋庸置疑,沿海兵船的停泊、安营、操练和巡哨,都必须依靠各地海口、山沙要害之处,据险握要,进而分与信地,出海巡捕。这些沿海冲要历来为兵家必争之地,是理解明代区域海防布局的关键,兹以府为单位,自东往西择要分述如下。需要说明的是,下列沿海冲要大多与重要海防设施相关,为便于叙述,这里重在说明其形胜,至于相关卫所、烽堠、墩台、水寨等海防设施则留待后文阐述海防体制的建立时再行展开。

(一)潮州府

潮州府介闽粤之间,负山带海,是广东东部的屏藩,海防战略地位不言而喻,"闽广上下要冲,厄塞险阻,外洋番舶必经之途,内洋盗贼必争之地"。[2]其最为险害者,当属南澳岛、柘林澳二处。

南澳岛,在饶平县东南二百里大海中,距福建玄钟澳口三十余里。周二百余里,形如笔架。由海道至广东省城,顺风顺流为四昼夜航程,至福建省城亦四昼夜。地方文献称之"屏障内地,控制外洋……闽粤咽喉,形胜之最胜者也"。[3]岛内有云澳、青澳、深澳、隆澳(长沙海尾)四澳,"延袤三百里,田地沃饶,几数千亩"。其中,云澳、隆澳可泊舟,而深澳最为要冲,番舶寇舟多泊于此,"内宽外险,猎屿、赤屿环处其外,一门通舟,中容千艘",[4]是官府与倭夷海寇争夺角力的要地:

> 深澳尤为形险。小舟须鱼贯而入。官兵攻剿,势甚掣肘。嘉靖间尝用木石填塞澳口。未几,倭人使善水者捞起木石,澳口复通。既而剧贼吴平等结巢于此,官兵剿逐之,然常为贼薮。万历初设营置兵。[5]

在很长一段时间里,南澳岛因官军弃守,而长期沦为倭夷海寇的巢穴。洪武二十六年(1393),居民为海倭侵扰,诏令内徙,遂墟其地。嘉靖初,倭舶

---

〔1〕 万历《雷州府志》卷3《地理志一·形胜》,第173页。
〔2〕 蓝鼎元:《鹿洲初集·潮州海防图说》,第53~54页。
〔3〕 乾隆《南澳志》卷2《疆域·形胜》,第6页。
〔4〕 顾祖禹:《读史方舆纪要》卷103《广东四》,第4724页。
〔5〕 顾祖禹:《读史方舆纪要》卷103《广东四》,第4723~4724页。

于此互市,既而倭自福建之浯屿移泊南澳,建屋而居。其后海寇吴平、许朝光等相继据为窟穴。万历三年(1575)明朝廷增设漳潮副总兵防守南澳,[1]"重门之御,用遏海氛,故南澳为重镇"。[2]万历年间出任潮州知府的郭子章从济兵饷、去贼巢、杜绝接济和推诿四个方面分析重兵把守南澳之利害,最可反映该地在闽广海防布局中的重要性:

> 为利者四:澳昔称饶野,田千亩。自贼穴其地,悬粮潮籍,以桥盐利。岁时代纳。今兵环其外,农耕其野,即不能尽补虚税,而岁入稍稍共济兵饷,使会计得人,可收充国、孔明屯田之利,一也。澳面海背山,往吴平、许朝光据之。缓则入山,出寇郡县。急则下海,要结倭奴。今变为兵营,贼失其巢,二也。往海寇之来也,腹困咸水,其力不劲。舟乏火器,厥焰不扬。潜泊湾下,以俟内贼接济,给以米粮,假硝磺,复整棚戈楯,入寇我疆。今重兵守之,外贼欲泊以窃淡水,则惮兵不敢登岸。内贼欲出为接济,则惮兵不敢放舟。故自设镇以来,海不扬波,三也。澳跨闽粤之交,往分疆而屯,分将而营,彼此推诿。今总以一将,闽粤一家,手足相恃,四也。[3]

柘林澳在饶平县西南,为南澳岛与大陆之间的海澳,是倭夷海寇停泊出没之地。嘉靖《潮州府志》卷1《地理志》说:"柘林澳,暹罗诸倭及海寇常泊巨舟为患,今调拨潮碣二卫军士更番哨守,益以募夫,以指挥一员领之。"[4]嘉靖年间饶平知县罗胤凯指出,这片海域是"闽广货舟所经,本地鱼盐所萃,颇有贸易之利。当风汛时月,每有番舶据海劫掠,而濒海顽民,又乘时入内港为患,岁无虚日"。[5]顾祖禹《读史方舆纪要》引《海防考》认为防守柘林于两

〔1〕 参见汤开建、陈文源:《明代南澳史事初探》,《潮学研究》第3辑,汕头大学出版社1995年,第48~65页;聂德宁:《明清时期南澳港的民间海外贸易》,《潮学研究》第3辑,第34~47页。

〔2〕 万历《广东通志》卷39《郡县志二十八·潮州府》,四库全书存目丛书史部地理类第198册,齐鲁书社1996年据日本内阁文库藏明万历三十年刻本影印,第73页。

〔3〕 郭子章:《潮中杂纪》卷2《万历南澳敕》附录郭子章论,潮州市地方志办公室2003年影印本,第15页。

〔4〕 嘉靖《潮州府志》卷1《地理志》,潮州市地方志办公室2003年据饶宗颐编《潮州志汇编》本影印,第19页。

〔5〕 罗胤凯:《议地方》,收入陈天资:《东里志》卷4《公移》,潮州市地方志办公室2004年据汕头市档案馆藏抄本影印,第122~123页。

省海防最为切要：

> 柘林波连南澳,跨闽粤之交。海寇恒窥伺于此,往来突犯。盖他寨或山或礁或港,皆有险可恃。柘林寨南面平洋,海寇扬帆直指,瞬息可至,且四面孤悬,无附近卫所可以缓急应援。迩者海寇李之奇、刘香皆突陷柘林,遂入潮阳、揭阳。刘香且直趋会城,后又突入虎头门等澳。既而闽帅郑芝龙破香于柘林寨,患始息。故柘林之备为最切。[1]

如上所述,万历三年(1575)南澳增设漳潮副总兵之前,官府长期弃守南澳岛。因此,柘林澳兵防在该海域的重要性不言而喻。南澳置副总兵之后,柘林的军事功能逐渐被取代,但照旧有守备一员,兵船更番哨守,与南澳互为犄角之势。[2]

(二)惠州府

惠州府境辽阔,"控潮海之襟要,壮广南之辅,大海横前,群山拥后",[3]"环山濒海,豹鲸出没"。[4]就滨海险扼而言,府属海丰县"三面据海,诚为大险亦为大患,海防之制岂非其所最急者乎"。[5]县境沿海戍守要地——平海、海丰、碣石、捷胜、甲子门都集中于此:

> 惠郡南海之滨,国初于此屯重兵焉,曰平海、海丰、碣石、捷胜、甲子门,所以扼海道也。[6]

这里所说的"扼海道",很大程度上是针对惠潮海域相连、"倭艚番舶"易于从潮州海域越境入惠,继而威胁省城而言的。因此,惠潮两府在防务上互

---

[1]顾祖禹:《读史方舆纪要》卷103《广东四》,第4725页。

[2]关于柘林的军事交通地位,参见饶宗颐:《柘林与海上交通》,收入氏著:《文化之旅》,中华书局2011年,第113～123页。

[3]顾祖禹:《读史方舆纪要》卷103《广东四》,第4695页。

[4]崇祯《惠州府志》卷13《兵防上》,广东历代方志集成,岭南美术出版社2009年影印,第551页。

[5]嘉靖《海丰县志·海防图序》,第38～41页。

[6]嘉靖《惠大记》卷1《迹考上》,广东历代方志集成,岭南美术出版社2009年影印,第12页。

为犄角是明人的共识。嘉靖《惠志略》有言：

> 倭艚番舶之虞，近日潮深澳事可见矣。彼岂尽通货贿哉。万一奔突，则惠先受其祸。督盗、通判、守备并驻碣石，严船禁，绝接济，练水军，扼要津，令此往彼来咸失利，变将自销然。潮惠地切唇齿，必相犄角，乃有济也。[1]

考虑到海丰县为全府"海防之制……所最急者"，嘉靖《海丰县志》的作者在卷首《县境图》之外，专门绘制了一幅海防图（图三），并辅以图序说明，为我们详解本地港口海澳冲要之处：

> 按图东起不帆港，接惠来之境。其东置加字巡司，附近圭湖、后埕二村。其西置甲子所，附近石帆村，居民勇悍，自能力战，鲜有败事。三十里至宁海澳，外有鱼尾澳，洲渚亘延，可以泊舟。中有湖东港，山势盘曲，可以避风。每岁秋冬之交，东北风劲，贼舟必入是港以藏避之，淹留弥月，远近受祸，仁人所不忍言也。议者谓港门甚小，可以填塞。昔已成功，复为所凿，遗患未几，必塞是港，然后甲子、碣石六十里之间，始有息肩之期矣。又二十里至石桥港。外有田尾澳，亦可泊舟，中置碣石卫，西门之外。复置盐课司。民居稠密，颇称富饶，频年为贼所掠，人无固志，知县张济时为筑土城，乃获宁宇。又二十里至捷胜。其所设在海滨。外有白沙湖、遮浪角皆可泊舟。中有大德港，置南沙、大德二营，相对防守。议者欲迁捷胜城外，增其戍兵，使与官军相为犄角，庶有实用。又二十里至长沙港，为邑治之门户，旧置巡司及兵营以守之。议者欲迁于谢道山，可以应援邑治。此必不可已之策也。又十里至鲘门港，接五里沙，为邑之孔道，而难于设险。惟南山隘可守，然未有戍兵，是亦不可已者。有十里至观音堂港，门尤小，贼舟每泊港外，荡小艇入掠，虽有石牌营，莫之能禁也。近亦有填塞之议，以时屈而止。又十里至盘沿港，则归善之境矣。[2]

---

〔1〕 嘉靖《惠志略·兵防志·营砦》，广东历代方志集成，岭南美术出版社2009年影印，第591页。

〔2〕 嘉靖《海丰县志·海防图序》，第38～41页。原文"东起不帆港"有误，应为"石帆港"。

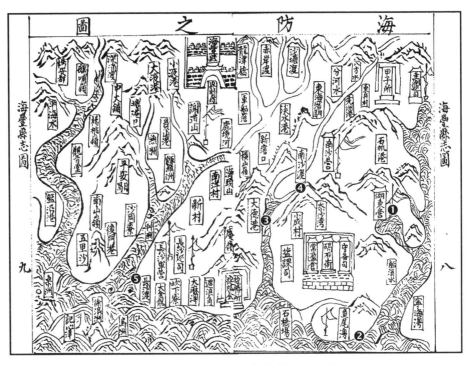

图三　嘉靖《海丰县志》载《海防之图》

资料来源：嘉靖《海丰县志·海防图》，第36～37页。
注：❶湖东澳，❷鱼尾澳，❸大德港，❹南沙澳，❺长沙澳。

据此，结合同书对明代卫所兵船戍守地点的相关记载，[1]可知境内南沙、鱼尾、大德、湖东、长沙等海澳皆备有战船、哨船，由旗军驻扎哨守，最为冲要。

（三）广州府

广州府为省城中心所在，"府连山北峙，巨海东环，所谓包山带海，险阻之地也。封域绵邈，田壤沃饶，五岭以南，此为都会。……盖州不特为广东之根本，亦制广西之肘腋也"。[2]如前所述，珠江水网密集，府属东莞、番禺、新会、

────────

〔1〕　嘉靖《海丰县志》上卷《舆地志》，第155页。
〔2〕　顾祖禹：《读史方舆纪要》卷101《广东二》，第4594页。

新宁等县海门和适宜湾泊的海澳众多,水道津要之冲比比皆是。这里仅举其大者。

东莞县为"广省门户重地",[1]"濒海之患莫东莞为最"。[2]《读史方舆纪要》引东莞旧志:"县境海道之备,有南头、屯门、鸡栖、佛堂门、十字门、冷水角、老万山、伶仃洋等澳,皆有哨兵戍守。"[3]其中南头和虎头门都先后设立水寨兵船戍守,军事地位最为重要。

嘉靖末年提督两广军务吴桂芳奏请于南头置"督理广州惠潮等处海防参将"时指出:

> 东莞县南头地方,内为省城门屏之巨防,外为海舶襟喉之要隘。当此镇而设大将,屯重兵,甲士连云,楼船碍日,则内可以固省城之樊屏,外可以为诸郡之声援,近可以杜里海小艇劫夺之奸,远可以防澳中番夷跳梁之渐。诚计安之要术而善后之良图也。[4]

南头的军事意义主要在于拱卫省城,明代海道副使在汛期时移驻于此,居中指挥兵船出海巡哨。在吴桂芳奏设海防参将之后,南头又增设水寨,驻扎兵船,以佛堂门、龙船湾、洛格、大澳、浪淘澳、浪白六处为汛地,东至惠州府的碣石寨,西至虎头门寨(详见下文)。[5]

虎头门,在东莞县西南大海中,有大虎、小虎二山,相次如虎踞之状,俗呼虎头门。[6]崇祯《东莞县志》谓:"虎头山……潮汐出入,势甚洪激……山控重溟,为省城门石,欲以固藩篱也。"[7]屈大均《广东新语》又谓,"东西

---

[1] 康熙《新安县志》卷8《兵刑志》,张一兵点校,海天出版社2006年点校本,第389页。

[2] 陈文辅:《都宪汪公遗爱祠记》,收入康熙《新安县志》卷12《艺文志》,张一兵点校,第471页。

[3] 顾祖禹:《读史方舆纪要》卷101《广东二》,第4605页。

[4] 应槚、凌云翼、刘尧海等修:《苍梧总督军门志》卷24《奏议二·吴桂芳请设海防参将疏》,全国图书馆文献缩微复制中心1991年影印本,第280页。

[5] 康熙《新安县志》卷8《兵刑志》,张一兵点校,第389页。李庆新曾专门讨论明代以南头为中心的屯门地区海防与贸易情况,参见李庆新:《明代屯门地区海防与贸易》,收入氏著:《濒海之地——南海贸易与中外关系史研究》,第202～219页。

[6] 天顺《东莞县志》卷1《山川》,广东历代方志集成,岭南美术出版社2009年影印,第14页。

[7] 崇祯《东莞县志》卷1《地舆志》,第68页。

二洋之所往来,以此为咽喉焉,出虎头咫尺,则万里天险,与诸番共之",[1]乃出入省城的必经水域。嘉靖四十三年(1564)叛兵突至莞城,隆庆二年(1568)海寇曾一本进犯省城,都因虎头门长期没有专门的兵船把守,得以长驱直入广州城下。万历十六年(1588)明朝廷置虎头门寨戍守(详见后文)。

香山县四面环海,号称"广郡之要津",但县境"虽近外洋,而无番舶之患"。[2]最令官府头痛的是番夷市舶交易场所的濠镜澳。根据汤开建的研究,嘉靖四十三年(1564)任监察御史的南海人庞尚鹏最早提到濠镜澳作为贸易港口存在,他说:"每年夏秋间夷舶乘风而至,往止二三艘而止,近增至二十余艘,或倍增焉。往年俱泊浪白等澳,限隔海洋,水土甚恶,难于久驻,守澳官权令搭蓬栖息,追舶出洋即撤去。近数年来始入蚝镜澳,筑室以便交易,不踰年多至数百区。"可知葡萄牙人入居之后本地迅速发展的情况。[3]明代中后期在这片海域的海防布局,很大一部分原因即围绕防范香山澳夷而展开。

新宁县望峒海、大小金门海和寨门海,均为番舶往来入贡要道。嘉靖《新宁县志》载:"望峒海,在矬峒都,去县南五十里,与矬峒海同源,番船皆泊于此。……大金门海,在海晏都,流接铜鼓海,在上川之左,诸夷入贡,经此。上川之右,又曰小金门海,诸夷入贡,遇逆风则从此入。……寨门海,在海晏都,去县西南二百五里,接源横江溏末流从放鸡江,大而且深,是为番舶往来之冲。"[4]其中尤以望峒海最为冲要,"望峒澳为尤甚,乃番舶停留避风之门户也"。[5]明代广海卫和广海寨兵船即戍守于此。

(四)肇庆府

肇庆府属仅阳江一县滨海,往来省会与粤西高州、雷州、廉州、琼州各府的商船番舶都需取道航行。《读史方舆纪要》引《海防考》,"由县南双鱼城,历

〔1〕 屈大均:《广东新语》卷2《海语·虎头门》,第34页。
〔2〕 嘉靖《香山县志》卷1《风土志》,第7页。
〔3〕 汤开建:《庞尚鹏〈抚处濠镜澳夷疏〉初探》,收入氏著:《明清士大夫与澳门》,澳门基金会出版社1998年,第3~25页。
〔4〕 嘉靖《新宁县志》卷1《封域志》,广东历代方志集成,岭南美术出版社2009年影印,第18页。
〔5〕 郑若曾:《筹海图编》卷3《广东事宜》,第245页。

海陵山,过北津港,至海朗城,为县之门户","府境海防惟阳江为最切也。"[1]
海朗和双鱼是阳江两大海澳,明初即分设海朗所、双鱼所兵船戍守。北津港
居两地之间,由港口入县治仅三十里。在万历四年(1576)置北津水寨之前,
卫所兵船主要在北津港对开海陵山西南的戚船(舡)澳巡哨,后一度撤戍,造
成严重后患。万历《肇庆府志》有言:

> (县西南)八十里为戚舡澳,海陵山之西南,未立北津寨时,戈舡戍
> 此。后撤戍,寇遂深入。一百里为那地澳,在双鱼所南。南三十里为北
> 津港,在乔马都东南,会阳春、阳江二水,达于海,每潮起汹涌而入,遇风
> 则其声砰击如雷,舟楫往来,重防险碛。盖东南大海港口皆□石,舟可行
> 者仅丈余,必候大潮始进。故海寇不敢窥觊。其外即大海。西南自电白
> 至双鱼所,又至海陵,过北津至海朗所。大澳东南即新宁县界地,有桥
> 渡、三洲、大金门、上下川,皆倭夷泊处,戈舡常戍守之。[2]

明代广东著名士绅、归善人叶春及于万历十五年(1587)为新筑北津寨
城撰写碑记,阐述了北津港的重要性:

> 肇庆为郡,北宸万山,南传于海。而阳江县则当大海之滨。北津其
> 要害也。东接闽,西过高雷廉,通安南,越裳海上诸番之国,估客倭寇犹
> 门庭上往来。……第所则海朗、双鱼,相去二百里,寨则南头、白鸽门,相
> 去一千三百四十。而北津居其中,入县仅三十里近矣。故岁调东莞戈
> 船,发神电、阳江、双鱼、海朗尺籍丁戍戚船澳,为北津外藩,嘉靖三十五
> 年撤戍,自此盗贼如履堂皇,一陷海朗,再陷双鱼,三寇阳江,入其郭。[3]

由上可见,阳江县以北津港为居中要害,以海陵山西南的戚船澳为北津
外藩,东西则以海朗、双鱼二地为防御的两翼。北津、海朗、双鱼先后设置卫

---

[1] 顾祖禹:《读史方舆纪要》卷101《广东二》,第4651~4653页。
[2] 万历《肇庆府志》卷8《地理志二》,广东历代方志集成,岭南美术出版社2009年影印,第
158页。
[3] 叶春及:《新筑北津寨记》,收入康熙《阳江县志》卷4《艺文》,广东历代方志集成,岭南美
术出版社2009年影印,第153~155页。

所和水寨。

（五）高州府

高州府"东南皆距大海"，府境海域"水深潮平，倏忽易达，御倭营堡，不容少疏也"。[1]就海寇易于入犯的海口而言，以电白县莲头港、吴川县限门港最为冲要。

莲头港，在电白县城南面莲头西角，号称"险要门户"。《筹海图编》指出："若莲头港、汾州山、两山滩、广州湾，为本府之南翰，兵符重寄，不当托之匪人，以贻保障之羞也。"[2]《读史方舆纪要》引《海防考》云："府境所辖海澳，若莲头港、汾州山、两家滩、广州湾，皆南面之险也。"[3]康熙《电白县志》云："莲头西角为莲头港，外大洋，岛屿千层，烟波极目，水天一色，令人神悚，上达省城，下通雷琼，南连福建，艚料倭夷，港外丝绸经历，是亦险要之门户也。"[4]都把莲头港视为险要之首。隆庆六年（1572）莲头设寨，以莲头港为中心，兼哨山厚港、赤水港。为防范倭夷海寇入内，当局一度有"筑椿塞港"之议，但因"水深港阔"作罢。[5]

限门港，"海航必由之区，本郡必据之险"，"纳三川之水入于海，水道曲狭，若潮满风急，舟楫不敢入"，故有"限门"之名。[6]崇祯年间分巡岭西兵备道冒起宗描述该地每年三四月外地商船聚集的情形：

（限门）港门离县治仅三十里。每岁三四月间，闽艚贩籴数百人如风雨之骤至。人非土著，奸伪易滋。司是港者，塞萌杜渐，视之如敌至可也。[7]

---

〔1〕 顾祖禹：《读史方舆纪要》卷104《广东五》，第4735～4736页。
〔2〕 郑若曾：《筹海图编》卷3《广东事宜》，第245页。
〔3〕 顾祖禹：《读史方舆纪要》卷104《广东五》，第4737页。
〔4〕 康熙《电白县志》卷1《舆地志》，广东历代方志集成，岭南美术出版社2009年影印，第23页。
〔5〕 万历《高州府志》卷2《戎备》，广东历代方志集成，岭南美术出版社2009年影印，第20～32页。冒起宗：《莲头寨港图说》，收入氏著：《拙存堂逸稿》卷6《文膳图说》，清代诗文集汇编第6册，上海古籍出版社2010年影印，第222页。
〔6〕 万历《高州府志》卷1《形胜》，第13页；同书卷2《戎备》，第31页。
〔7〕 冒起宗：《限门海寨海港图说》，收入氏著：《拙存堂逸稿》卷6《文膳图说》，第223页。

万历二十九年（1601）限门设寨，与上述莲头寨互为犄角，后人认为："邑自明万历二十九年设营寨以后，天启五年海寇犯港十余日而去，崇祯二年海寇李魁奇连年入寇，巨船一百七十余艘，俱为官兵杀败，七年刘香老如限，又被追剿远遁，而城池赖以无恙，虽主兵者之剿御有方，未始非置营立寨之功也。"[1]限门一地海防的重要性可见一斑。

（六）雷州府

雷州府乃半岛地形，史载"雷州突出海中，三面受敌"。[2]府属海康、徐闻、遂溪三县都滨海，港口众多，[3]嘉靖四十五年（1566）提督两广军务吴桂芳奏请于遂溪、海康分置白鸽门水寨、乌兔水寨（万历四年裁革），可知两地最为冲要。万历《雷州府志》引《粤东兵制》对府属险要描述如下：

> 白鸽寨东起北津，西接涠洲，西南与白沙相望，南临大海，上下八百余里，实海外巨防也。……其上游之险要者则硇洲，突起中流，周遭四十余里，内有泉水，倭奴必由。次则揭沙，内颇宽平，先年海寇许恩据以为窟，此则倭奴聚泊之处。次则沙头洋、广州湾、白鸽门、淡水、厄头，为雷阳门户。次则通明港，可达雷州。次而遂溪之北艾头、旧县。次而锦囊所至北利门、崙头，次而海安所至东澳，皆不容不守。

可见，特殊的半岛地理环境使得雷州府沿海险害之处几乎遍布全境。

（七）廉州府

廉州府"西距交趾"、"南守珠海"，防海的对象有二，一是来自交趾、占城的贼船，二是屡禁不止盗采珍珠的"珠盗"。[4]前者的冲要之处在于交趾

---

〔1〕康熙《吴川县志》卷3《武备志·营寨》，广东历代方志集成，岭南美术出版社2009年影印，第98页。

〔2〕郑若曾：《筹海图编》卷3《广东事宜》，第245页。

〔3〕康熙《海康县志》上卷《地里志》，广东历代方志集成，岭南美术出版社2009年影印，第14～15页。

〔4〕崇祯《廉州府志》卷6《经武志》，广东历代方志集成，岭南美术出版社2009年影印，第93页。有关珠盗的研究，参见陈贤波：《明代中后期粤西珠池设防与海上活动——以〈万历武功录〉珠盗人物传记的研究为中心》，《学术研究》2012年第12期。

交界的钦州乌雷岭、龙门江等地，后者则在切近珠池的合浦的白龙墩及东西八寨。

钦州是交趾船只往来之冲。自明初开始就屡有交趾贼船越境劫掠钦州，与明军冲突。《天下郡国利病书》引述永乐七年（1409）八月广东巡海副总兵指挥李珪败灭贼船二十余艘，指出："是时我兵全胜，彼方败灭，尚肆劫掠，由此观之，钦州乃彼此寇贼往来之冲，龙门江诸要地不可不防也。"[1]龙门江，"外群山错列，海中凡七十二水道，随山而转，彼此相通，亦七十二，故俗呼龙门七十二径，东经牙山乌雷头而达合浦，西经涌沦周墩而达交趾永安州，此钦州志要害地也"。而乌雷岭，"亘出大海，而近交趾，西望海东府在渺茫间。交船恒至此，闻交人每岁望祭之"[2]两地的水上交通非常便捷，"广东海道自廉州乌雷山发舟，北风顺利一二日可抵安南之海东府"，"若沿海岸以行，则乌雷山一日至永安州白龙尾。白龙尾二日至玉山门。又一日至万宁州。万宁州一日至庙山。庙山一日至屯卒巡司。又二日至海东府"。[3]

合浦白龙墩，为内监采珠衙门所在地，兼辖沿海八水寨。[4]北部湾海域自古盛产珍珠，"东西八寨"指的是位于白龙厂东面永安千户所属地的乌兔寨、凌禄寨、英罗寨、萧村寨、井村寨、对达寨、丰城寨、黄泥寨，以及西面的川江寨、陇村寨、调埠寨、白沙寨、武刀寨、龙潭寨、古里寨和西场寨，加上珠池巡司衙门所在的珠场寨，"由西而东而北，凡十七处，分军巡哨，以防盗取之患"，[5]珠池附近廉州府海域完全成为限制民众捕捞作业的禁区。禁止民众插箔捕捞，[6]其中英罗寨至对达寨"俱近海，有箔，只宜迁近不可插远"，自川江寨以北"俱近珠池，不可插箔"。[7]

---

〔1〕 顾炎武：《天下郡国利病书》，上海古籍出版社2012年点校本，第3799页。
〔2〕 嘉靖《钦州志》卷1《山川》，第11～12页。
〔3〕 顾祖禹：《读史方舆纪要》卷112《广西七·外国附考》，第4991页。
〔4〕 崇祯《廉州府志》卷6《经武志》，第89页。
〔5〕 崇祯《廉州府志》卷6《经武志》，第93～94页。
〔6〕 屈大均《广东新语》卷22《鳞语·渔具》（第562页）有言："箔亦网之类也。每一箔，其崇五尺，广丈。渔者尝合五十箔而为一，其长五十丈。虞其过大，则箔口为鱼房二重以藏鱼。岁三月，大禾已时，鱼始上田。渔人以箔依田塍。一方依水。潮至则张而大，潮退则卷而小，是为塞箔。"这则史料承中山大学历史学系杨培娜教授见告，谨此致谢。
〔7〕 崇祯《廉州府志》卷6《经武志》，第93～94页。

（八）琼州府

琼州府外环大海，府属州县俱附海滨，加上琼州海峡一带又是航海便道，正德《琼台志》谓："郡界海外，接诸番，时有扬帆之警，我高皇帝所谓必加严备，乃无警于民者也。"[1]《郑开阳杂著》收录的《琼馆守御论》亦谓："天下郡邑滨海者有之，未有若琼之四面环海者……占城、暹罗诸番西南外峙，东北又与闽浙诸洋相通，稍或撤备，则门庭皆掠敌矣。广东处南海之边，而琼又当其南，实南徼之要害也。"[2]

万历《琼州府志》对府属海澳冲要记载最详：

> 郡城北十里曰白沙港，宋设水军，赵汝辂拒元兵于此。国朝隆庆初，始设白沙寨，兵船防守，与海寇唇齿相通，凡大舟商船皆住泊焉，是琼泊之咽喉也。东六十里曰铺前港，深广可容商船，凡倭寇贼船常从此入，即李茂澳党住泊为患处，势与白沙相倚，是琼治之胸项也。铺前东去二十里，至文昌白峙澳，四十里之木兰澳，五十里至急水门，八十里至抱虎湾，一百里至抱陵港，不数里至铜鼓角一带，以来常有贼舟湾泊，登岸取水，乘间暴掠。至于清澜一港，海门宽阔，水道委蜒，内达文昌县治，外通大海七洲洋，贼船倭寇顺风南抵，此其先据，盖琼之肘腋，最宜加关防者也。清澜南去六十里，至冯家湾，四十里至会同哆南，八十里至乐会博敖，屡被寇害，其为要地，更当备守。八十里至万州那鹿港。那鹿出外洋，有南北二澳，贼船常此取水。四十里至大塘湾，六十里至旧陵水，三十里至牛头岭，突出海口，六十里至桐栖盐水港，至黎庵港，四十里至琅琊澳，六十里至榆林港，常有贼船寄泊，遇警便于各处防之。惟三亚一港，东至万州，西达昌化，东南风发时，有大泥诸番沿海登岸，抢夺滨民，最宜防守。[3]

郡城琼山县北的白沙港置有水寨兵船，是嘉靖隆庆年间全省最早设立的六大水寨之一，其冲要不言而喻。环岛另有铺前港、清澜港、那鹿港、榆林港

〔1〕　正德《琼台志》卷21《海道》，彭静中点校，海南出版社2006年，第463页。
〔2〕　郑若曾：《郑开阳杂著》卷1《琼馆守御论》，四库全书史部地理类第584册，上海古籍出版社2007年影印本，第452页。
〔3〕　万历《琼州府志》卷8《海黎志》，马镛点校，海南出版社2006年，第393～394页。

等海口,均为贼船商舶住泊、取水之处,均需设防。

三、三路分守格局

上述沿海冲要自东向西散布在曲折漫长的海岸线上,处处需要分兵设防。在明代中后期沿海水寨建立以前,明人即从据险扼要的角度把广东沿海分为东路、中路和西路,以此突显全省海防大势;随着水寨兵船巡洋会哨成为定制以后,东、中、西三路分守格局进一步演变为各大水寨巡洋会哨海域的划分。过去有的学者认为"最初三路划分产生的直接依据来自倭寇的进犯路线",又笼统地说"明清广东海防区域的划分与'海上巡哨'有密切的联系",其实并不确切。[1]

目前所见明代地方文献中,最早对沿海三路分守格局进行系统论述的是戴璟主持编纂的《广东通志初稿》。是书引述嘉靖十四年(1535)带管广东按察司金事吴大本对增减沿海兵船的建议,其中提到:

> 广东一省,分为三路。中路东莞南头等处海澳,水贼倭寇出没无常。东路惠潮一带亦濒海滨,寇贼窃发。西路高雷廉等海面颇为僻静,地方□冲,时有平乱。势有缓急,事有轻易。故分兵设备,亦应随之损增多寨。此达权通变之术,不可执泥一定也。[2]

在这里,吴大本之所以介绍"广东一省分为三路"是为下面议论兵船增减数目做背景铺垫,说明"三路"的划分是当时人普遍接受的对广东海防大势的看法,强调的是三个片区的海域要害之处,亦即上文所谓沿海冲要。

稍晚成书的黄佐《广东通志》(嘉靖三十九年,1560)对三路也有清楚的描述,该书卷66《外志三·海寇》讨论海寇活动区域时有言:

---

〔1〕 参见鲁延召:《明清时期广东海防"分路"问题探讨》,《中国历史地理论丛》2013年第2期。这部分内容后来收入氏著:《明清伶仃洋区域海防地理研究》,第31~43页。
〔2〕 嘉靖《广东通志初稿》卷35《增减夫船新议》,北京图书馆古籍珍本丛刊第28册,书目文献出版社1998年影印,第578页。

海寇有三路,设巡海备倭官军以守之。春末夏初风迅之时,督发兵船出海防御。中路自东莞县南头城出佛堂门、十字门、冷水角诸海澳,东路惠潮一带自柘林澳出海则东至倭奴国,故尤为濒海要害。西路高雷廉海面,惟廉州接近安南占城为重地焉。[1]

同书卷31《政事志四·战船》讨论备倭战船分布时又说:

备倭分三路。中路在广州府东莞县南头、屯门等澳,大战船八艘,乌艚二十艘,广海卫望峒澳战船四艘。嘉靖二十二年海寇何亚八焚其大半。东路在潮州府柘林澳,战船二艘,乌艚十五艘。碣石靖海、甲子门等澳艚船十艘,哨船各二只。西路在高州府石城、吴川湾澳,各哨船二艘。廉州府海面战船一艘。琼雷二府海港乌艚各六艘。雷州海港战船六艘。[2]

由上可知,无论是"海寇三路"抑或"备倭分三路",说的都是官府须加强"濒海要害"防御的问题。

学者一般认为郑若曾《筹海图编》关于广东三路分守格局的描述,最为详尽系统,后出文献多据此转述抄录或稍加补缀而已。[3]事实上,郑若曾的参考书籍就包括了上引《广东通志》在内,乃依据广东海防地理约定俗成的说法,实有所本。[4]由于《筹海图编》成书年代(嘉靖四十一年初刻,1562)较广东沿海水寨的增置为早,因此郑若曾分析"广东列郡者十,分为三路",同样沿用《广东通志》的旧说。仔细阅读其对东西中三路的分析,不难看到他历数的仍是必须重点设防的沿海险扼要害之处,与所谓倭寇侵入路线和巡海会哨无关:

---

[1] 嘉靖《广东通志》卷66《外志三·海寇》,第1784页。

[2] 嘉靖《广东通志》卷31《政事志四·兵防一》,第810~811页。

[3] 参见茅元仪:《武备志》卷213《海防五》,四库全书禁毁书丛刊子部第26册,北京出版社1997年据北京大学图书馆藏天启刻本影印,第364~365页;郑大郁:《经国雄略》卷1《海防考》,美国哈佛大学哈佛燕京图书馆藏中文善本丛刊子部第19册,广西师范大学2003年影印,第346页。

[4] 郑若曾《筹海图编》附录参过书目就列举出广东通志在内的各种地方志书,参见郑若曾:《筹海图编》卷13下《附录参过图籍》,第979~980页。鲁延召认为,三路的论述最早可以追述到元末刘鹗的奏疏,但是刘鹗的描述说的同样是沿海要害之处,参见鲁延召:《明清伶仃洋区域海防地理研究》,第31~43页。

东路。广东列郡者十，分为三路。东路为惠潮二郡，与福建连壤，漳舶通番之所必经。议者谓潮为岭东之巨镇。柘林、南澳俱系要区，枕吭抚背之防不可一日缓。而靖海、海门、蓬州、大城诸所又皆跬步海涛，所赖以近保三阳，远卫东岭者也。惠州、海丰东南滨海，其捷胜、平海、甲子门，皆瞬息生变。惠潮守备札于卫治，诚有以严其防矣，然未知柘林为尤要也。柘林乃南澳海道门户，据三路之上游，番舶自福趋广，悉由此入。旧例，风汛之期各澳皆设战舰，秋尽而撤，回泊水寨。此在他澳犹可，柘林去水寨一日之远，警报未易达，倘贼视我无备，批吭捣虚，不亦危乎！无柘林是无水寨也，无水寨是无惠潮也。为今之计，东路官军每秋撑班，必以柘林为堡，慎固要津，附近大城所戍卒互为声援，不得规避空所，纵贼驰骤。若遇飓雾尘霾，尤宜加之意焉。其外碣石、靖海、甲子门海澳，虽视柘林稍次，而舟师防御各有信地之责者，又可少懈乎！

中路。岭南滨海诸郡，左为惠潮，右为高雷廉，而广州中处，故于此置省，其责亦重矣。环郡大洋，风涛千里，皆盗贼渊薮。帆樯上下，乌合突来，楼船屯哨，可容缓乎！尝考之，三四月东南风迅，日本诸岛入寇多自闽趋广。柘林为东路第一关锁，使先会兵守此，则可以遏其冲而不得泊矣。其势必越于中路之屯门、鸡栖、佛堂门、冷水角、老万山、虎头门等澳，而南头为尤甚。或泊以寄潮，或据为巢穴，乃其所必由者。附海有东莞、大鹏戍守之兵，使添置往来，预为巡哨，遇警辄敌，则必不敢以泊此矣。其势必历峡门、望门、大小横琴山、零丁洋、仙女澳、九灶山、九星洋等处而西，而浪白澳为尤甚，乃番舶等候接济之所也。附海有香山所戍守之兵，使添置往来，预为巡哨，遇警辄敌，则亦不敢以泊此矣。其势必历厓门、寨门海、万斛山、硇洲等处而西，而望峒澳为尤甚，乃番舶停留避风之门户也。附海有广海卫新宁、海朗所戍守之兵，使添置往来，预为巡哨，遇警辄敌，则又不敢以泊此矣。夫其来不得停泊，去不得接济，则虽滨海居民且安枕而卧矣，况会城乎！按今设御之法，浪白、望峒二所，各置战舰，慎固封守，而南头宜特设海道驻扎，居中调度，似有以扼岭南之咽喉矣。应援联哨，其中路今日之急务乎！

西路。议者曰：广东三路虽并称险厄，今日倭寇冲突莫甚于东路，亦莫便于东路，而中路次之，西路高雷廉又次之，西路防守之责可缓也。是对日本倭岛则然耳。三郡逼近占城、暹罗、满剌诸番，岛屿森列，游心注盼，防守少懈，则变生肘腋，滋蔓难图矣，可弗讲乎！故高州东连肇、广，南凭溟渤，神电所辖一带海澳，若连头港、汾州山、两家滩、广州湾，为本府之南翰，兵符重寄，不当托之匪人，以贻保障之羞也。雷州突出海中，三面受敌。其遂溪、湛川、涠州、乐民等四十余隘，固为合卫三道门户。而海安、海康、黑石、清道，并徐闻、锦囊诸隘，所以合防海澳，以操纵反侧，俾不敢梗化焉者，尤可龌龊玩愒已哉。若廉州，则尤为全广重轻。海北扼塞，两有攸寄，故兵符特扎于灵山、达堡，增屯于卫北。海寇峒獠外裔之忧，视三岭独劳焉。西南雄郡，如琼为廉之外户，五指腹心，尽为黎据，郡邑封疆，无不滨海。备倭之制，若白沙、石琼、馆头、文昌、海安、海康对峙倭岛，飘风突来，防御甚艰。近虽驻参将于厓州，责有攸寄，而守御营戍旧额岁久寖驰。凡此皆西路今日所当汲汲经画焉者。深念预防，俾幕南稽颡，重译来庭，非长民若兵者之责乎?[1]

从中可以看出，东路"要区"在于柘林、南澳、碣石、靖海和甲子门海澳；中路则在于南头、浪白澳、望峒澳；西路"要区"最为密集，在于连头港、汾州山、两家滩、广州湾等地，而琼州环岛的白沙、石琼、馆头、文昌、海安、海康等地防御最为严峻。

正如本书后文将详细论证的，在《筹海图编》成书之后的隆万年间，广东海防体制经历了深刻转折，水寨兵船巡洋会哨逐渐成为定制，上述三路分守格局的内涵也随之发生变化。万历三十一年（1603）冯应京《皇明经世实用编》的记载最有代表性：

> 以要害之分守者言之，在广东则有东中西三路。东路扼全粤之上游，则于柘林设把总，哨至猪头礁，与碣石会。碣石设把总，哨至大星洋，与南头会。而惠潮则有参将之设，南澳又有漳潮副总兵之设。中路防省会之大洋，则于虎头门设把总，哨至三角洲，与广海会。广海设守备，哨至黄麖门，与北津会。而广州则又有海防参将之设。西路遏番贼之突入，则于阳电设参将，哨至赤水洋，与白鸽会。白鸽门设把总，哨至海安港，与涠洲会。而涠洲则有游击。雷廉则又有副总兵之设。琼州白沙寨

---

[1] 郑若曾:《筹海图编》卷3《广东事宜》，第244～246页。

则有把总,崖州则又有参将之设。所以备粤寇如此。[1]

可见,虽然上述描述的三路格局仍以"要害之分守者"开篇,但到了万历年间,时人对东中西三路的认知,已逐渐演变为各大水寨巡哨的海域划分,而非仅仅指称沿海各地冲要之处。清初奉旨巡视广东海防设施的杜臻受此影响,在追述"明代设兵之大较"时,有言广东"防汛之境,略分三路",说的其实是水寨出现之后巡哨海域的划分,并非明初以来的制度,其中又把琼州视为三路之外"自为一镇",则与明人的划分明显不同:

> 明太祖洪武二年命平章廖永忠、参政朱亮祖取广东,遂命亮祖镇守,建置卫所,分布要害。其防汛之境,略分三路:高、雷、廉三郡斗入海中,西界钦州,控连交趾,杂处罗旁,南面巨海,绾毂琼山,而占城、暹罗、满剌诸番环匝于外,盖省会之西蔽也。其地以神电、雷州、廉州三卫十一所为边。白鸽、涠洲两水营游徼于外,是为西路。广州带三江阻重海,崖门、虎门夹峙左右,屹为管钥。前山、澳门,番舶所集,南头控其东,阳江界其西,实全省之中权也,其地以肇庆、广海、南海三卫六所为边,虎头门、广海、北津三营游徼于外,而南头一镇总挈之,是为中路。惠潮二郡界连闽省,漳舶通番,道所必经。南澳介处两省之间,伏莽蟠互,全恃两府之弹压。又省会东偏一要阨也,其地以潮州、碣石两卫八所为边。柘林、碣石两水营游徼于外,是为东路。三路各统于本管之参将,而兼辖于两总戎。琼州孤悬海外,自为一镇。此明代设兵之大较也。[2]

值得注意的是,在明人对广东三路的划分中,东路对应惠州、潮州二府,中路对应广州府,西路对应高州、雷州、廉州、琼州四府,似乎独把肇庆府排除在三路以外。对此,有学者认为"明清文献及现代研究对广东海防分路中的肇庆府的归属特别是明代的情况避而不谈,虽多默认为西路,在很大程度上却是'习惯'使然,并无史料直接说明",进而分别从明代水寨信地、会哨范

---

[1] 冯应京:《皇明经世实用编》卷8《海防》,第145页。
[2] 杜臻:《粤闽巡视纪略》卷1,近代中国史料丛刊续编第971册,文海出版社1976年影印本,第9页。

围、兵备分巡道的划分、肇庆是否滨海等方面考证"肇庆府从广东海防分路开始就不从属于中路,而属于西路",甚至花了很大篇幅论证明肇庆府确有滨海之地。[1]也有学者征引上述杜臻对明代广东沿海分路的记载,认为"从这段史料可以看出明代广东海防分路的大致情况,比记载明代中后期的《筹海图编》更为详细",可以据此判断肇庆府属于"中路"。[2]也有学者直接认为:"从明代开始,人们论述广东地理,一般都将其划为三个区域,即东、中、西三路。东路包括惠州府和潮州府,中路只管辖广州府,而肇庆府、高州府、廉州府和琼州府则都属于西路。"[3]这些见解都失于考究明代广东海防体制实际运作和转变的复杂情形。其实,只要稍稍阅读明代地方文献,可知当时人对肇庆府阳江县的海防问题已经有相当细致的描述。时人有关广东海防三路划分的相关记载把肇庆府排除在外,显然有其特别的理由。

如上所述,肇庆"府境海防惟阳江为最切",海朗、双鱼、北津均为沿海冲要,先后置设卫所水寨。但是,洪武二十七年(1394)奏设的海朗千户所、双鱼千户所分别隶属广州府的广海卫和高州府的神电卫,"备倭在阳江域中"。[4]换言之,由海朗所、双鱼所分守的阳江海域要害之处,实分属于中路广州府和西路高州府。万历四年(1576)在阳江县的北津港增置水寨,由雷廉参将兼水寨事,兵船则由雷州府的乌兔寨调拨过来。[5]万历二十五年(1597)北津寨裁革以后,由海朗寨和双鱼寨官兵"画海为守"。[6]有关水寨的建立,我们下文还要详细讨论。无论如何,不管是从早期分守要害的角度,还是从后期兵船巡哨海域的角度来看三路划分,严格地说,肇庆府的海防既从属于中路,也从属于西路。明人的三路论述着眼于军事布局,之所以不把肇庆府包括在内,理由可能即在于此。此一特例也恰好反映出明代广东海防体制运作的复杂性和灵活度。

〔1〕鲁延召:《明清伶仃洋区域海防地理研究》,第31～43页。
〔2〕李贤强、吴宏岐:《杜臻〈粤闽巡视纪略〉在研究明清广东海防地理上的价值》,中国经济史学会、广东省社科联、中山市社科联、广东省社会科学院广东海洋史研究中心主办"海上丝绸之路与明清时期广东海洋经济"学术研讨会论文集2014年9月,第129～141页。
〔3〕曾小全:《清代前期的海防体系与广东海盗》,《社会科学》2006年第8期。
〔4〕万历《肇庆府志》卷15《兵防志》,第288页。
〔5〕叶春及:《新筑北津寨记》,收入康熙《阳江县志》卷4《艺文》,第153页。
〔6〕崇祯《肇庆府志》卷6《兵防志一·海防》,广东历代方志集成,岭南美术出版社2009年影印,第475页。

四、倭夷海寇问题

在东西相距数千里的辽阔海域处理倭夷海寇问题,自始至终都是困扰明代广东官员的难题,也是促成明代广东海防体制转变的直接原因。嘉靖四十二年(1563)提督两广军务吴桂芳奏设沿海水寨疏开篇就说:

> 广东一省十府,惟南雄、韶州居枕山谷,其惠、潮、广、肇、高、雷、廉、琼八府地方皆滨临大海,自东徂西相距数千余里,内通闽境,外接诸番,倭夷海寇窃发靡常,出没不一。[1]

陈懋恒《明代倭寇史略》曾据《筹海图编》等资料按年月顺序编制"广东倭祸表",但囿于当时作者所能参考的文献有限,内容较为粗略。[2]通过进一步梳理地方文献记载,我们补充制成附表二(《明代广东倭夷海寇大事表》)以见寇乱的时间序列和事件梗概。从中,我们大体可把明代广东倭夷海寇问题略分前后两个阶段。

第一阶段自明初洪武至嘉靖中期。据附表二所示,早在洪武二年(1369),就有"倭寇惠潮诸州"的记载,但具体情形不详。[3]此后倭夷海寇为祸广东沿海时有发生,但寇祸波及面多局限于一时一地,且很快被官军讨平,鲜有持续经年,并未真正影响广东全局。较大规模的动乱,有天顺三年(1459)潮州夏岭的动乱,受抚24村1 200多户。[4]最大规模的一次可能是正德十一年(1516)两广总督陈金以海贼肆为边患,督官兵穷追至外洋,焚其僭用龙衣等物,前后斩首招抚及杀伤坠水死者二千三百余人。[5]

---

〔1〕 吴桂芳:《请设沿海水寨疏》,收入陈子龙辑:《明经世文编》卷342《吴司马奏议》,第3671~3672页。

〔2〕 陈懋恒:《明代倭寇史略》,人民出版社1956年,第121页。

〔3〕 郭棐:《粤大记》卷32《政事类·海防》,黄国声、邓贵忠点校,第912页。

〔4〕 参见嘉靖《广东通志》卷66《外志·海寇》,第1788页;隆庆《潮阳县志》卷2《县事纪》,潮州市地方志办公室2005年影印本,第25页。

〔5〕 蒋冕:《都察院左都御史西轩陈公金神道碑》,收入焦竑:《国朝献徵录》卷54《都察院一》,广陵书社2013年影印本,第2309页。

　　第二阶段自嘉靖中期至明末。由于浙、闽两省御倭渐次取得成效，"倭患"向南蔓延，广东沿海倭夷与海寇相勾引，酿成巨患，所谓"洪武、永乐间，倭夷入犯广东，屡为所扰。嘉靖中，倭寇闽、浙，滋蔓亦及于广东"。[1]倭患南移入广，大致始于嘉靖三十七年（1558），该年倭寇突至潮州揭阳县，随后于次年十月从海门攻击潮阳县，扰攘之久、影响之大前无未有。隆庆《潮阳县志》记其事云：

　　　　倭寇始入寇也，实起福建而炽于江南。类多徽浙闽广下海之徒，勾引一二真倭为酋首，而自髡以从贼。方其破苏湖，据舟山，徜徉于漳泉之野也，概目中已无全潮矣。一旦突至揭阳，遂陷大井，蓬州等处，于是各乡戒严。吾邑始议城守。及是年十月，果有倭奴三百余人从海口烧船登岸，旦薄城下，为乡兵所击，不敢近，因散掠凤山、钱冈诸村里而去。越一月，又有千余人从招宁司河渡门以入，与海贼许朝光同攻海门，官兵奋勇，敌退，追至石碑而遁。其明年正月复来攻凤山，不下，移屯贵屿，流劫古埕，又有窥城之志。会山贼夜袭入城，大创去，倭始骇散。[2]

　　这一阶段的倭夷海寇问题在广东海域内大致又呈自东向西转移的趋势，因此为应对寇乱，相关的海防经略重点也随之发生变化，前期集中在东路的惠潮二府和中路的广州府，后期则主要在西路高雷廉地区。附表二显示，以隆庆五年（1571）冬"倭贼大犯高雷地方"为转折点，[3]前此寇祸主要集中在粤东的惠潮二府，[4]此后则转移至粤西高雷海域。万历二十一年（1593）刊行的邓钟《筹海重编》概括说：

---

〔1〕　顾祖禹：《读史方舆纪要》卷100《广东一》，第4582页。有关浙闽御倭的情况，参见郑樑生：《明代倭寇》，第130～160页。

〔2〕　隆庆《潮阳县志》卷2《县事纪》，第29页。张增信把明代漳潮海寇的突发时期系于嘉靖四十年，不确切。参见张增信：《明季东南中国的海上活动》，第52页。

〔3〕　参见应槚、凌云翼、刘尧海等修：《苍梧总督军门志》卷21《讨罪五》，第210页。

〔4〕　张增信曾讨论漳潮海寇由嘉靖末至万历初前后长达二十年，大体是从漳潮海寇群体活动本身来说的，与笔者所谓地域发展趋势的分期不同。他将漳潮海寇的分期概括为突发时期（嘉靖四十年至四十五年），鸱张时期（隆庆元年至四年），极盛时期（隆庆五年至万历元年）和终结时期（万历二年后）。参见张增信：《明季东南中国的海上活动》，第52～53页。

广东倭患，往年多于惠潮地方，潮惠之民因遭残破，自卫稍严，而官府于此路设备颇密，故此倭一入，径向而之西，自广海以至阳电一带，村落尽遭荼毒，神电、锦囊相继被陷，化州、石城几亦不免，远近骇动。[1]

近几十年来有关明代"倭患"问题的研究已经清楚地揭示，东南沿海所谓的"倭患"，实则乃"真倭"和沿海奸民海寇的汇流，尤其以后者为主体，甚至16世纪新侵入东亚海域从事走私贸易的葡萄牙人、西班牙人也被叫作"倭寇"，[2]沿海地方动乱有其深刻的社会经济转型的背景。[3]因此，与其说海防的目的是应付来自海上的威胁，毋宁说是严控沿海奸民作乱。郑大郁《经国雄略》就明言："今海上之引诱，不在倭而在盗，亦不在盗，而在民。"[4]嘉靖《潮州府志》将沿海奸民海寇与倭夷勾结，概括为"窝藏""接济""通番"三种：

备倭者，本以御倭寇也。近年倭鲜至，而闽粤人与其温绍人亡命者率窜入海，遂肆猖獗，为滨海诸郡患。……其故有三。一曰窝藏，谓滨海势要之家为其渊薮，事觉辄多方蔽护，以计脱免；一曰接济，谓黠民窥其乡道，载鱼米互相贸易，以赡彼日用；一曰通番，谓闽粤滨海诸郡人驾双桅，挟私货，百十成群，往来东西洋，售诸番奇货，因而不靖，肆劫掠。[5]

崇祯《廉州府志》的编撰者同样强调杜绝倭夷海寇，首要"严于自治"：

倭夷之来，皆我滨海顽民私通接济，相煽以为祸尔。甚至豪势之家私造双桅大船，出其资本，招引无藉棍徒，交通外夷，贸易番货，其船只出

〔1〕 邓钟重辑：《筹海重编》卷3《广东倭变纪》，第65页。
〔2〕 参见郑樑生：《明代倭寇》，第21～24页；田中健夫：《倭寇——海上历史》，社会科学文献出版社2015年，第13页。
〔3〕 参见戴裔煊：《明代嘉隆间的倭寇海盗与中国资本主义的萌芽》，林仁川：《明末清初私人海上贸易》。
〔4〕 郑大郁：《经国雄略》卷1《海防考》，第345页。
〔5〕 嘉靖《潮州府志》卷1《地理志》，第20页。

海，开张旗帜，肆行掳掠，寔一巨寇也。若被害之人赴官告诉，而势要又为救解，以故夷人无忌，酿成大祸，是寇非自寇也，由我有以致之尔。今欲杜彼之来，莫若严于自治。禁豪势交通之私，断小民接济之路，守备责其护功，军兵时加巡逻，又于沿海居民令其起盖敌楼，互相防守，一遇有警，前后策应。其捕鱼小舟各在本港，不许驾出外洋，如出地方不回，报官治以接济之罪。如是海宁自清，无外寇之患矣。[1]

欲去倭夷必先绝海寇，禁豪势交通之私，断小民接济之路，是明代中后期文人士大夫的共识。但是把"倭患"问题归结于沿海奸民海寇的导引接济，难免草木皆兵，困难之处在于如何界定所谓的奸民海寇。隆万年间的广东著名士绅、潮阳人林大春就认为，"海寇之祸其来已久，闽越之间，若与之相终始焉者也"，他说"山寇以村里计也，其贼以千数，倭寇以岁时计也，其贼以万数，至于海寇则不可限以乡井也，不可画以日月也，其贼固不可以数计矣"，可以说"海寇"几乎无处不在：

　　……或曰海寇固未易绝也。彼其延蔓既久，枝干日繁，一邑九乡，半为贼薮，是沿海之乡无一而非海寇之人也。党与既众，分布日广，自州郡以至监司，一有举动，必先知之，是州郡监司之左右胥役无一而非海寇之人也。舟楫往来，皆经给票，商旅货物尽为抽分，是沿海之舟楫商旅无一而非海寇之人也。夺人之粮，剽吏之金，辄以赈给贫民，贫民莫不乐而争赴之，是沿海贫民无一而非海寇之人也。又集四方亡命，征无赖生儒稍习文义以治其部伍，修其辞约，而彼乃深居大舶，行王者之事，公然出入城郭，列羽卫以要陪官之宴，此其目中已无岭南久矣。[2]

事实上，沿海奸民接济固然是寇乱持续不断的重要原因，官军的腐败也不容忽视。以明代中后期漳潮海寇活动最密集的潮州地区来说，张增信引澄海知县王天性《平寇论跋》说："凡苍潮者，类以治盗为难，余谓盗无难治，

---

〔1〕崇祯《廉州府志》卷6《经武志》，第93页。
〔2〕林大春：《论海寇必诛状》，收入林大春：《井丹诗文集》卷8《状》，潮州文献丛刊之三，香港潮州会馆1979年据香港大学冯平山图书馆藏本影印，无页码。

亦酿成之过。"[1]陈春声分析潮州的情况,指出在当时的文献记述中,乡民或以接济"盗贼"为己任,或因与海盗贸易而获利,在许多地方基本上是民盗难分,甚至民盗一体。当时潮州地区许多乡村军事设施的建设与其说为了防贼,毋宁是防范官兵趁乱骚扰掠夺。[2]崇祯十三年(1640)任新安知县的周希燿陈述:"地方诸难",也提到"……冬春二汛,海宪之出镇,海防之稽查在焉。一切供亿,无编派,无关会,则答应之难。原系因所为城,城中尽是军丁,仰给于县,一有愆期,则脱巾见告。加以寨兵棋布,往往鱼肉小民,乘机鼓噪,有司稍加绳束,动辄恃众挟制,则驾驭之难。"[3]这与明代中后期卫所体制的败坏,募兵防海的新体制有莫大关系,我们在下文柘林兵变一节将详细讨论。

大体而言,明代广东倭夷海寇问题的产生,既有沿海百姓的接济支持,也应归咎于官府腐败促成。值得一提的是闽广两省山海相连,海寇出此入彼,倭夷海寇的活动从不以行政区划为界限,但两地官员在处理倭夷海寇问题上封疆自守,往往以政区为由相互推诿,难以和衷共济,实际上也助长了沿海地方动乱。天启《虔台志》说:

> 闽广倭奴真者不多,大率皆兴泉漳潮不逞之徒假充内讧。而沿海居民见久习惯,亦往往阴通消息,接济糇糗,觊其久屯劫财而因以为利。故闽人驱之则入广,广人驱之则入闽,往来自由,并无去志,而一时封疆诸臣亦各自保境内,苟幸一日之安,以少延残息。[4]

明代中后期几次大规模夹剿海寇阻力重重,与两省之间的政治较量有密切关系。从海防地理环境看明代广东一省倭夷海寇问题的产生,不能不考虑跨区域的海防联动问题。万历三年(1575)漳潮副总兵在南澳岛设立,处理的正是两省协同作战的问题,此为后话。

---

[1] 张增信:《明季东南中国的海上活动》,第46页。
[2] 陈春声:《从"倭乱"到"迁海"——明末清初潮州地方动乱与乡村社会变迁》,收入朱诚如、王天有主编:《明清论丛》第2辑,第73~106页。
[3] 康熙《新安县志》卷12《艺文志·地方诸难》,第458页。
[4] 天启《虔台志》卷8《事纪五》,中山大学历史人类学研究中心藏复印本,无页码。

五、小　结

通过以上论述,本章强调山海相通的海洋环境是明代广东海防布局展开的地理基础。由于全省海岸线曲折多湾,河网通过口门与河口湾相连,出海口(海门)众多,为番船私舶寇盗出没的必经之道;近海岛屿密集,既可窝藏也可取水,为官府与倭夷海寇必争之冲要之地。上述沿海冲要自东向西散布于潮州、惠州、广州、肇庆、高州、雷州、廉州和琼州滨海八府。在明代中后期沿海水寨建立以前,时人从据险扼要的角度把广东沿海分为东路、中路和西路,以此突显全省海防大势;而随着水寨兵船巡洋会哨成为定制以后,东、中、西三路分守格局进一步演变为各大水寨巡洋会哨海域的划分。

我们也注意到,曲折多湾、岛屿密集的海洋环境对广东船只搭架摇橹,适宜近海作战的特点有直接影响。同时,海上行舟乃至哨巡作战也深受海上风候影响。由于广东居东亚季风区,冬半年和夏半年盛行风向不同,海防活动呈现明显的季节性规律,从明初仅有一汛至明代中后期春、冬二汛期的海防安排基本固定下来。

明代广东倭夷海寇问题产生于上述独特的海洋地理环境,以嘉靖三十七年(1558)倭寇劫掠潮州为界,可分为前后两个阶段。在此之后,广东沿海倭夷与海寇相勾引,酿成巨患,在广东海域内大致又呈自东向西迁移的趋势,相关的海防经略重点也随之发生转移。

必须指出,我们对沿海冲要的认识,主要利用的是明代中后期以后逐渐形成的地方文献,旨在提供一个对广东海洋环境和海防布局关系的宏观图景,是否明初海防体制肇建之时当时人就对沿海冲要和设防有如此清晰完整的认识呢?或许未必。例如,有学者讨论明代水寨内迁,认为"集中反映了明代海防经略者由最初无视海防地理,到重视与累积海防地理知识,并主动将之运用于指导海防时间的转变历史",[1]实则明初与明中后期时势不同而已。实际上,明代海防格局的调整改革,很大程度上是根据后来发生的一系列相当具有偶然性的重大历史事件而展开的,我们不能根据"后见之明"而苛求

---

[1] 参见王日根、黄友泉:《海防地理视域下的明代福建水寨内迁》,收入中国社会科学院历史研究所明史研究室编:《明史研究论丛》第13辑,第62页。

明初的海防布局缺陷。

附表一 明代广东政区情况表

	府	属州、县情况	备注（明代新县析置情况）
1	广州府	番禺县（附郭）、南海县（附郭）、顺德县、东莞县、新安县、三水县、增城县、龙门县、香山县、新会县、新宁县、从化县、清远县 连州（领县二）：阳山县、连山县	属州一，县十五。其中，顺德县景泰三年（1452）析置；新安县隆庆六年（1572）析置；三水县嘉靖五年（1526）析置；龙门县弘治九年（1496）析置；新宁县弘治十一年（1498）析置；从化县弘治三年（1490）析置。
2	肇庆府	高要县（附郭）、高明县、四会县、广宁县、新兴县、阳春县、阳江县、恩平县 德庆州（领县二）：封川县、开建县	属州一，县十。其中，高明县成化十一年（1475）析置；广宁县嘉靖三十七年（1558）析置；恩平县成化十四年（1478）析置。
3	直隶罗定州	东安县、西宁县	属县二。罗定州万历四年（1576）改置。
4	韶州府	曲江县（附郭）、英德县、乐昌县、仁化县、乳源县、翁源县	属县六。
5	南雄府	保昌县（附郭）、始兴县	属县二。
6	惠州府	归善县（附郭）、博罗县、长宁县、永安县、海丰县、龙川县、长乐县、兴宁县、河源县、和平县	属县十。其中，长宁县、永安县隆庆三年（1569）析置；和平县正德十三年（1518）析置。
7	潮州府	海阳县（附郭）、潮阳县、揭阳县、程乡县、饶平县、惠来县、大埔县、平远县、普宁县、澄海县、镇平县	属县十一。其中，其中饶平县成化十四年（1478）析置；惠来县嘉靖四年（1525）析置；大埔县嘉靖五年（1526）析置；平远县嘉靖四十一年（1562）析置；普宁县嘉靖四十三年（1564）析置；澄海县嘉靖四十二年（1563）析置；镇平县崇祯六年（1633）析置。
8	高州府	茂名县（附郭）、电白县、信宜县 化州领县二：吴川县、石城县	属州一，县五。
9	雷州府	海康县（附郭）、遂溪县、徐闻县	属县三。
10	廉州府	合浦县（附郭） 钦州领县一：灵山县	属州一，县二。

（续　表）

	府	属州、县情况	备注（明代新县析置情况）
11	琼州府	琼山县（附郭）、澄迈县、临高县、定安县、文昌县、会同县、乐会县 儋州领县一：昌化县 万州领县一：陵水县 崖州领县一：感恩县	属州三，县十。其中，感恩县正统五年（1440）析置。

注：灰色区域表示内陆府县。
资料来源：顾祖禹：《读史方舆纪要》卷100《广东一》，第4579～4582页。

附表二　广东倭夷海寇事略

年　　份		地　区	事　　件
洪武二年	1369	惠州、潮州	倭寇惠、潮诸州。
洪武四年	1371	阳江（海晏、下川等地）	海寇钟福全、李大人称总兵，挟倭船二百艘寇海晏、下川等地，广州左卫指挥佥事杨景追捕至阳江，六年十二月平之。 一说海贼"钟万户"、"徐仙姑"。
洪武十四年	1381	广州、潮州海阳县	南雄侯赵庸讨广州海寇，大破之。 十一月，海阳县海寇饶隆作乱，邑人萧子名募民兵追捕之。 饶隆，一说"饶隆海"。
洪武二十年	1387	潮州程乡县	海寇周三作乱，寇程乡县，县官遣萧子名领民兵协力讨平之。
洪武二十二年	1389	不详	倭寇海滨。
洪武二十四年	1391	雷州	倭寇雷州，百户李玉、镇抚陶鼎战死。
洪武三十一年	1398	潮州	倭寇东里，沿海居民奔避大城所城中，东门百户顾寔纳之，民免于难，余三门坚闭拒之，民多遇害。
永乐七年	1409	廉州钦州、琼州万宁县	四月，海寇犯钦州，副总兵李珪遣将击败之。 交趾万宁贼寇钦州，官军追至万宁县海上破之。
永乐八年	1410	廉州	冬十二月，倭陷廉州府城，府学教授王翰遇害。 一说永乐七年冬十月。

（续　表）

年　份		地　区	事　件
永乐九年	1411	琼州	三月,时副总兵李珪拥兵不救,倭陷昌化所,千户王伟战死。城中人口、粮食、军器皆被劫掠。
永乐十九年	1421	潮州	正月,副总兵李珪败倭于靖海海滨,生擒十五人,斩首五级。 二月,命都督金事胡原、同充总兵官都督金事梁铭、都指挥使薛山为副,率原调广东都司所属五千人,巡捕倭寇。
宣德八年	1433	琼州儋州、昌化等地	倭犯儋州、昌化。
宣德九年	1434	琼州清澜等地	倭据清澜,千户陈忠等坐死。
正统五年	1440	潮州海阳等地	海寇林乌鉄、魏崇辉等正统年间作乱,五年杀败海阳官军,益劫掠,所过无不残害,潮州知府周瑄讨平之。
正统十二年	1447	潮州潮阳等地	漳州海寇陈万宁攻劫潮阳,知县刘源修城御寇。
正统十三年	1448	广州	九月,黄萧养作乱,其党驾贼船以待,入海潜道。次年八月攻围郡城,张安帅船遇贼咸船澳,安战死。
景泰元年	1450		四月,广东都指挥李升、何贵率兵捕海贼,战死。 五月,董兴击破广东贼,黄萧养伏诛。
景泰三年	1452	惠州海丰、广州新会	四月,海贼寇海丰、新会。都指挥使金事杜信前往剿贼遇害。备倭指挥金事王浚纵贼逃道,奉旨处决。
天顺二年	1458	高州宁川	二月,海寇犯宁川守御千户所。
		广州香山	三月,副总兵都督同知翁信奏,海贼四百余犯香山守御千户所,烧毁备边大船。 十月海寇平。
天顺四年	1460	廉州	七月,诏广东副总兵都督同知欧信,安南盗珠贼范员于外海捕鱼,潜与钦廉贾客交通,盗入珠池,互相贸易,已行惩治。出榜禁约钦廉濒海商贩不许潜与安南国人交通,诱引盗珠。

56

（续　表）

年　　份		地　区	事　　件
天顺四年	1460	潮州揭阳	海寇魏崇辉、许万七窃据揭阳夏岭等村,与程乡山寇罗刘宁、黄阿山声势相倚,官军讨平之。
天顺年间		潮州	海寇罗刘宁作乱,潮州知府谢光讨平之。
成化二年	1466	琼州	寇登澄迈石矍海岸,备倭百户项钦战败。
弘治十二年	1499	琼州儋州	贼登儋州,指挥周远擒获吴球等十八人,并船只器械。
弘治十八年	1505	琼州	春,百户阎清巡海,追贼至石矍港战没,指挥徐爵领军生擒一十七人。
弘治年间		潮州	饶平人海寇苏孟凯作乱,潮州知府叶元玉讨平之。
正德二年	1507	潮州大埔	海寇朱秉英作乱,劫掠大埔县乡村,官军灭之。
正德五年	1510	潮州程乡	海寇陈玉良、梁世昌、张仕锦等作乱程乡县,总兵官安远侯柳文讨平之。
正德六年	1511	惠潮等地	海寇李四仔等作乱,寇乱汀漳惠潮。七年讨平。
正德十一年	1516	不详	两广总督陈金以海贼肆为边患,督官兵穷追至外洋,焚其僭用龙衣等物,前后斩首招抚及杀伤坠水死者二千三百余人。
正德十二年	1517	琼州	倭掠澄迈、临高,指挥徐爵追至白浦洋,大战,贼败,溺死无算。
嘉靖元年	1522	潮州饶平、海阳、惠州等地	柘林民吴清入海为盗,时号大王,寇下湾都。后于三年受抚,复叛,至海丰大海岭为官兵所杀,余党悉平。 饶平人丘尼金流劫海阳,讨平之。
嘉靖二年	1523	不详	二月,佛郎机夷人别都卢寇广东,守臣捕获之,就所在诛之。
嘉靖五年	1526	惠潮等地	柘林民吴大聚众驾海舟十余艘劫杀惠潮居民,多被害。潮州卫指挥赖俊提督东路民兵捕灭之。

（续　表）

年　份		地　区	事　件
嘉靖十年	1531	不详	九月，海贼黄秀山、许折桂等乱，林富讨平之。黄秀山，东莞人，与黎国玺乘船出海，勾集潮、惠、雷廉闽浙亡命，屯聚海洋，妄自称号，剽掠商民。林富调集舟师，分道夹攻，俘斩二百余人，获黄秀山等戮于市。
嘉靖十一年	1532	不详	海贼许折桂、周广等乱，提督侍郎陶谐平之。
嘉靖二十三年	1544		海贼李大用用船近百艘合攻东路官兵并柘林下岱乡。民竭力守御，贼遁去。
嘉靖三十二年	1553	潮州潮阳	海贼许栋寇潮阳县招收等地。同年秋九月许朝光杀许栋于江中，朝光自立为澳长。 一说许朝光杀许栋为嘉靖三十七年春正月，时许栋往日本将纠合倭奴谋大举，及还，朝光伏兵舟中，杀之，尽有其众，号为澳长。
嘉靖三十三年	1554	广州、潮州	海寇何亚八、郑宗兴等引倭寇掠沿海，海道副使汪柏等于广海三洲环生擒何亚八等贼一百一十九名，斩首二十六级。随后官兵在潮州柘林等海洋擒杀余党多名。
嘉靖三十四年	1555	潮阳牛田洋	抚盗许朝光分据潮阳、揭阳、牛田、鮀浦等处，凡商船往来皆给票抽分，名曰"买水"。后为部下陈沧海所杀。
嘉靖三十六年	1557	潮州饶平、澄海等地	十二月，倭由浯屿趋潮州澄海县界登岸，袭陷黄岗土城，寻奔诏安。
嘉靖三十七年	1558	潮州揭阳	正月，倭船十三艘、八百人自漳、泉犯揭阳县，入蓬州千户所城，杀百户李日芳等。随后官兵击败之，斩首一百七十名颗。指挥刘天伦追至东垄港，战死。
		潮州饶平	十月，倭贼自平和桥突犯饶平黄冈镇，踞其城，都御史王钫莅潮，调集官兵俘斩一百四十六名。同月又有倭自广州入寇惠来，龙溪都指挥被杀。十二月，移屯荆陇，劫洋尾村，杀男女数千人，旋攻饶平、揭阳，明年正月去之漳州。

（续　表）

年　　份		地　区	事　　件
嘉靖三十八年	1559	潮州揭阳	二月,倭寇围揭阳,官兵大破之。
		潮州潮阳	十月至十一月,倭复从海口焚舟登岸,直薄潮阳,肆掠凤山、钱冈诸村。以千余人从达濠渡河会许朝光,攻海门,犯潮阳,犯黄冈镇,海阳关望港,揭阳蓬州都,海阳下外莆都,官军击破之。贼首许老等三百余贼引倭千余,攻海门所,犯潮阳、黄冈镇城等地,官兵俘斩一百八十多名。
		不详	张琏,三十八年与广东盗林朝曦等引倭寇流劫,僭号飞龙。 张琏,饶平县胥,盗官银,觉,入贼中,自号飞龙人主。
嘉靖三十九年	1560	潮州潮阳、澄海等地	正月,海贼移屯潮阳贵山都,出没古埕、南洋三湾、平和沙岭等地,官兵会击辟望城,破之,先后俘斩一千多名,余贼逃遁。
		潮州	二月,倭犯潮州。
嘉靖四十年	1561	潮州饶平	正月,倭陷饶平大埕所。杀掳无算,据城三十余日。倭之来也,巨寇吴平等为之向导,所过屠戮,惨不胜言。
		廉州	三月,海寇至廉州大石屯登岸,逼近郊,知府熊琦率官兵御之,贼乘潮走。
		潮州	八月,大盗张琏、林朝曦作乱,提督侍郎张臬、都督刘显、俞大猷等讨之。至嘉靖四十一年六月讨平张琏。
		廉州	冬,海寇吴平劫掠,入廉州界。十二月,副总兵张元勋追倭贼于廉州香草江,大破之。
嘉靖四十二年	1563	潮州海阳	正月至五月,倭犯海阳沿乡,掘发冢墓,居民号哭。三月,突抵潮阳城下,县令郭梦得募壮士五百人拒战,贼溃走。 五月,倭屯海上,号万众,副使刘德存统兵来援,乃遁。

（续 表）

年 份		地 区	事 件
嘉靖四十三年	1564	潮州、惠州	三月至六月,倭寇大犯潮州,屯住潮、揭海滨,众号一万。吴桂芳、俞大猷讨平之,陆续擒斩二千名有奇。 倭即张琏党王伯宁所诱者。
		琼州	五月,佛郎机驾船二只,泊铺前港,海贼施和率众攻之,番船桅拆,促入内避,和遂深入苻离等都肆掠。
		潮州潮阳、南澳等地	秋八月,海贼吴平攻潮阳神山、古埕诸村,挟残倭流劫惠州、海丰等处。后退保南澳,在闽广会剿下以小舟奔交趾。
嘉靖四十四年	1565	廉州	冬,海寇吴平劫掠入廉州界。十二月副总兵张元勋追倭贼于廉州香草江,大破之。一说"见平于海岛中抱枯树死,为蝼蚁食者"。
隆庆元年	1567	潮州澄海	澄海县大家井民陈世荣、余乾仁、连思恭等乘倭报急纠集二千余徒,内二百人髡首充倭,倡乱,叛劫。
		潮州、琼州等地	二月,贼曾一本、何乔等据文昌,掳百人去。指挥石方子招抚何乔及其部下林容,引之入城,人人皆危,复叛。 十二月,曾一本大艅至,突入白沙,沿海村落焚劫一空。
隆庆二年	1568	广州、廉州	六月,曾一本寇广州,杀知县刘师颜。七月,贼入廉州。
		潮州、广州等地	冬十月,海贼林凤陷神泉镇,明年掠澄海、广州,随至吕宋玳瑁港筑城据守,且修饬战舰,又从外洋入,追至碣石,至淡水洋,贼船飘遁,焚二十余艘,风走外夷。
隆庆三年	1569	潮州、广州、惠州等地	三月,曾一本陷碣石卫,把总周云翔杀参将耿宗先,投贼作乱。周云翔将兵八百人往击倭,不前,与前来督军的雷廉参将耿宗元矛盾,叛变。五月总兵官郭成等破贼于平山,周云翔伏诛。官兵擒斩倭王及倭奴一千三百多名。 同年,曾一本欲窥广成,诱倭使据大鹏所,倭经惠州铁岗,总兵郭成斩数十级,倭入海夺海舶去。

（续　表）

年　份		地　区	事　件
隆庆三年	1569	惠潮及闽广交界等地	六月至八月，海贼曾一本作乱，闽广会剿，三战于铜山、玄钟澳、莲澳，生擒曾一本，讨平之。
		广州、高州等地	冬十一月，倭贼二百余人从西海登陆，寇海晏、双门等村，藤峒贼丘乐贤辈五百余人与倭合伙。
隆庆四年	1570	广州	正月，倭寇广海卫，城陷，指挥王祯等战死。
		广州	二月，肇庆府同知郭文通率师追倭于广海，败绩。倭据广海卫四十六日，杀戮三千余人，官民房舍焚毁殆尽。
隆庆五年	1571	廉州、琼州	三月，倭二十五人自廉州夺船渡海，登临高，突至海口城，据四门大肆劫掠。
		高州、雷州等地	冬，倭贼大犯高、雷等处。自广海以至阳、电一带尽遭荼毒，神电、锦囊相继被陷，化州、石城几不免，官兵俘斩一千多名。
隆庆六年	1572	高州等地	二月倭寇广东，陷神电卫，大掠。调集惠州官兵剿倭。平后建阳电营、莲头寨留守。
		琼州、廉州等地	正月，贼许万载犯澄迈，劫杀十余都数百人，复入新安港，攻临高。 二月，漳寇庄酉引倭三百余自廉州渡海抵澄迈界，焚舟登岸，掠琼山等处。
万历二年	1574	琼州	五月，林凤驾大艘一百二十只泊清澜港，以名帖买瓜菜，贼攻入城，军民商蛋被掳杀者二千二百人，越三日，追兵至，始遁去。
		肇庆、潮州等地	三月，潮州贼林道乾之党诸良宝既抚复叛，袭杀官军，掠六百人入海口，再犯阳江，败走，乃据潮故巢。张元勋用火攻之，斩首千一百余级。
		高州等地	冬，倭犯双鱼所，守者慌乱，为倭所据。官兵先后生擒八百多名。
万历三年	1575	高州等地	倭陷电白。 海寇林凤从外洋入广澳，总督凌云翼击走之。林凤逃遁。

年　　份		地　区	事　　件
万历五年	1577	不详	倭寇突外洋,灭之。
万历六年	1578	琼州	八月,林道乾大船自番遁归,驾十余艘入清澜港纵掠,官兵沿海剿捕,林道乾遁去,后死于番。
万历八年	1580	广州、琼州、廉州等地	广海、琼、廉倭番入寇,总督刘尧诲讨平之。 是岁闰四月,倭贼犯广州南头、福永海面,官军追击于翁崖、陶娘、乌猪海洋,灭之。 番贼自大泥国犯琼崖,斩获倭番、海贼四百八十多名。
万历十年	1582	不详	春,倭犯广东。犯广东者,为蛋贼梁本豪勾引,总督陈瑞集众军击之,沉其船百余艘,本豪亦授首。
		廉州	八月乌兔蛋民盗珠,永安千户所田治督军捕之,战死,海北分巡兵备薛梦雷剿平之。
万历十七年	1589	琼州	春正月,雷廉游击陈居仁与把总童龙卖池通盗,广寇陈镜等连艘百余,出没池中。 二月,贼自木澜港抵清澜,烧掳兵船,突入所城,驾艘抵文昌城。 四月,北寇吴川。
万历二十六年	1598	潮州	四月,闽中剧盗勾引倭夷,大船十余只入犯柘林、碣石。官府严禁居民出洋捕鱼以杜接济。 五月,官府擒拿闽商五十五人诬陷为盗。
万历二十九年	1601	潮州、高州等地	倭舟泊南澳,总兵击之,斩数十名颗。 同年倭寇犯高州,调集官兵征剿,平后建吴川营、限门寨。
万历三十五年	1607	廉州	十二月,安南贼犯钦州。交趾贼翁富乘小船百余,贼众数千,由龙门入钦州,城陷,百户吕朝炯走,吏目裴挺然被获,学正李嘉谕骂贼死,贼杀人放火,大掠而去。
万历三十六年	1608	钦州	交贼复寇钦州,守备祝国泰,百户孔榕御于龙门港,战死。贼围州城。 十月,生擒贼首斐文用,贼首翁富逃匿,获其妾,斩之。

（续　表）

年　　份		地　区	事　　件
泰昌元年	1620	潮州揭阳等地	冬十二月，闽寇郑芝龙犯揭阳，至天启七年春正月再犯揭阳。史载其以二百余艘往来闽粤间劫掠商民，所在见告。后熊文灿继任闽抚，招抚之。
崇祯三年	1623	潮州揭阳	春正月，海贼以八十余艘犯揭阳城。
崇祯七年	1634	潮州、广州	闽盗刘香聚众万人，驾舟百艘横行海上，七年流劫潮州，总督熊文灿檄郑芝龙讨之。 八年四月战于海珠寺，炮击香舟，刘香被杀。

资料来源：嘉靖《广东通志初稿》卷35《海寇》，第576～577页；郭棐：《粤大记》卷32《政事类·海防》，第912～929页；郑若曾：《筹海图编》卷3《广东倭变纪》，第241～243页；道光《广东通志》卷7至卷8《前事略》，《岭南史志三种》，广东人民出版社2011年点校本，第161～209页；陈天资：《东里志》卷4《公移·海上事略》，第120～121页；顺治《潮州府志》卷7《兵事部》，潮州地方志办公室2003年影印本，第253～267页；万历《惠州府志》卷2《郡事志》，第34～53页；万历《琼州府志》卷8《海黎志·海寇》，第395～405页；崇祯《廉州府志》卷1《图经志·历年纪》，第16～25页；万历《高州府志》卷2《戎备》，第30～31页；万历《雷州府志》卷12《兵防志》，第356～358页。

第三章　备倭官、备倭军与备倭船：
明前期海防体制及其走向

　　明朝开国之初，朱元璋就非常重视海防建设，洪武年间沿海卫所陆续于沿海地区和近海岛屿建立起来并基本定型。顾诚先生讨论明帝国疆域管理体制时，把明代军事支柱——卫所军事系统分为"在内卫所"和"在外卫所"两大类型，前者指在京（南京、北京）的卫所，后者指的是沿边卫所、沿海卫所和内地卫所。[1]不同类型卫所的防御重点不尽相同。沿海卫所的初衷是防备倭患。嘉靖年间经营浙直御倭事宜的著名地方大员胡宗宪指出："我祖宗开创之初，深虑倭夷为患，加意海防，建设卫所，战舰鳞次，烽堠星罗。领哨有出海之把总，备倭有总督之都司。法不可谓不密矣。"[2]可以说，明前期的海防体制完全基于卫所制度而确立，日后由于种种原因，其军事职能逐渐削弱，逐渐为募兵制取代。在明初海防局势的背景下，本章首先探讨广东海防体制设立初期的原型，重点讨论其设官和军船问题，并试图说明嘉靖年间大规模的"倭寇"、"海盗"问题出现之前，广东海防体制的变化及其面临的挑战。

一、防海备倭与明初沿海社会

　　东南沿海地区自明初开始就不时遭受倭寇的骚扰侵犯，面临前朝未曾有过的外敌自海上入侵的局面。[3]《明太祖实录》记载洪武二年（1369）太仓卫

---

〔1〕　顾诚：《明帝国的疆土管理体制》，《历史研究》1989年第8期。
〔2〕　胡宗宪：《为海贼突入腹里题参各官疏》，收入陈子龙等辑：《明经世文编》卷266《胡少保奏疏二》，第2813页。
〔3〕　杨金森、范中义：《中国海防史》，第57页。

指挥佥事翁德出海捕获倭寇、朝廷遣使祭拜东海神，提到"倭夷"屡次三番寇劫滨海郡县的情形：

> 戊子，升太仓卫指挥佥事翁德为指挥副使。先是倭寇出没海岛中，数侵掠苏州崇明，杀伤居民，夺财货，沿海之地皆患之。德时守太仓，率官军出海捕之，遂败其众，获倭寇九十二人，得其兵器海艘。奏至，诏以德有功，故升之，其官校千二百四十七人赏绮帛五千四，银二千五百六十九两，战溺死者加赐钱布米，仍命德领兵往捕未尽倭寇。遣使祭东海神曰：予受命上穹为中国主，惟图义民，罔敢怠逸，蠢彼倭夷屡肆寇劫，滨海郡县多被其殃，今命将统帅舟师扬帆海岛，乘机征剿，以靖边氓，特备牲醴，用告神知。[1]

洪武五年（1372），朝廷命羽林卫指挥使毛骧、于显、指挥同知袁义等领兵捕逐苏松温台滨海诸郡倭寇，据说毛骧败倭寇于温州下湖山，追至石塘大洋，获倭船12艘，生擒130余人及倭弓等器送京师。[2]同年，朱元璋诏令浙江、福建滨海九卫修造海船660艘，接着又诏令浙江、福建滨海卫所改造多橹快船以备倭寇。[3]打造沿海卫所战船毕竟是"守株待兔"的被动防御策略，洪武六年（1373）德庆侯廖永忠进一步建议出海巡捕倭寇，标志着明初海防策略从被动防守向主动防御转变：

> ……陛下命造海舟，剿捕此寇，以奠生民，德至盛也。然臣窃观倭夷鼠伏海岛，因风之便以肆侵掠。其来如奔狼，其去若惊鸟。来或莫知，去不易捕。臣请令广洋、江阴、横海、水军四卫添造多橹快舡，命将领之。无事则沿海巡徼，以备不虞。若倭夷之来则大船薄之，快船逐之。彼欲战不能敌，欲退不可走，庶乎可以剿捕也。[4]

---

〔1〕《明太祖实录》卷41，洪武二年夏四月戊子。
〔2〕《明太祖实录》卷74，洪武五年六月癸卯。
〔3〕《明太祖实录》卷75，洪武五年九月癸亥。
〔4〕《明太祖实录》卷78，洪武六年春正月庚戌。

廖永忠的建议是在之前朱元璋诏令沿海卫所造海舟的基础上提出的,得到朱元璋的认可,"上善其言,从之"。[1]洪武六年(1373)派遣靖海侯吴祯充任总兵官,率领广洋、江阴、横海、水军四卫兵,京卫及沿海诸卫军悉听节制,"每春,以舟师出海,分路防倭,迄秋乃还"。[2]

没有资料显示洪武初年每年分路巡海防倭范围已经包括了广东海域在内,如下文所述,广东绝大部分沿海卫所要迟至洪武二十四年(1391)才陆续建立。但明初广东同样深受倭寇问题困扰。早在洪武二年(1369)就有"倭寇惠潮诸州"的记载,但文献记载简略,具体情形不详。[3]比较详细的记载是洪武四年(1371)广州左卫指挥佥事杨景在广东西部阳江海域追捕海寇贼船:

> 本朝洪武四年五月,海寇钟福全、李夫人等寇海晏、下川等地。广州左卫佥事杨景追捕至阳江,平之。福全伪称总兵,与李夫人、徐仙祐等叛于海晏、下川、大儋、文持等地。景即同指挥范怀率舟师剿捕,至阳江海陵山并上川惊惶门遇贼船二百艘,击败之。[4]

根据郭棐《粤大记》对同一事件的记载,所谓的"贼船二百艘"即海寇勾结的倭寇船只:

> (洪武)四年,倭寇海晏、下川。指挥杨景讨平之。时海寇钟福全、李夫人等自称总兵,挟倭船二百艘寇海晏、下川等地。广州左卫指挥佥事杨景追捕至阳江,平之。[5]

对于孤悬海外的海南岛来说,由于明初官府管控力明显不足,海寇倭夷出没更是常态。从地方文献记载来看,明初该地以卫所为中心的海防设施几乎完全是在应对"海寇"、"倭船"的背景下陆续营建的:

〔1〕《明太祖实录》卷78,洪武六年春正月庚戌。
〔2〕张廷玉等撰:《明史》卷91《兵三·海防》,第956页。
〔3〕郭棐:《粤大记》卷32《政事类·海防》,黄国声、邓贵忠点校,第912页。
〔4〕嘉靖《广东通志》卷66《外志·海寇》,第1786页。
〔5〕郭棐:《粤大记》卷32《政事类·海防》,第912页。

洪武二十年，海寇登海口岸。指挥花茂奏设城池，移后千户所官军守御。二十三年，海寇登昌化棋子湾岸，指挥桑昭奏筑昌化千户所城池隄备。二十四年，指挥桑昭以清澜海港边临大海，尝有倭寇泊舟，侵掠居民，奏立守御所，军一千名以备御。二十五年，倭船侵掠万州，指挥桑昭奏拨军一千名，委千户俞凯董领筑城守御。二十七年，以南山滨临大海，尝有倭寇泊舟登岸，都指挥花茂奏设千户所，拨官军一千员名守御。二十七年，都指挥花茂迁调嚣巡检司于太平都南窖村，以防海寇。[1]

广东沿海地区海寇与倭船的频繁出没，反映了明初地方势力与新政权的拉锯角力。实际上，在洪武元年（1368）征南将军廖永忠平定广东，命永嘉侯朱亮祖镇守广东之后的很长一段时间里，当局与地方势力的斗争仍非常尖锐。例如元至正二十六年（1366）蛋户何均受自称"元帅"占据南恩州城（明初改南恩州入阳江县隶肇庆府）多年。[2]科大卫（David Faure）的研究指出，蛋民在元末积极参与广东的战事，明朝政府把海上活动的蛋民视为潜在威胁。当时广东最著名的地方豪强何真家族与蛋民势力关系复杂，或为盟友，或为敌人。[3]由于牵连"蓝玉案"，洪武二十六年（1393）何真弟何迪叛乱，击杀南海官军三百余人，并选择"遁入海岛"为寇。[4]

洪武二十七年（1394）三月，由于"时海上有倭寇之警"，安陆侯吴杰、永定侯张铨等受命前往浙江训练沿海军士，[5]紧接着八月，又率致仕武官往广东训练沿海卫所官军以备倭寇。[6]地方文献一般以这一年作为广东沿海备倭的起点。嘉靖《香山县志》有言："备倭者，始自洪武二十七年八

〔1〕　正德《琼台志》卷21《海道·海防》，彭静中点校，第468页。

〔2〕　康熙《阳江县志》卷3《事纪》，第95页。关于"蛋户"的记载，文献中也作"疍户"、"蜑户"。本书正文统一写作"蛋户"，引述文献则不作改动。

〔3〕　科大卫：《皇帝和祖宗：华南的国家与宗族》，卜永坚译，江苏人民出版社2009年，第86页。

〔4〕　嘉靖《广州志》卷4《事纪下》，广东历代方志集成，岭南美术出版社2009年影印，第258~260页；张廷玉等撰：《明史》卷130《何真传》，第3834~3835页。

〔5〕　《明太祖实录》卷232，洪武二十七年三月辛丑。

〔6〕　《明太祖实录》卷234，洪武二十七年八月甲戌。

月命安陆侯吴杰、永定侯张铨往广东训练沿海卫所官军,以备倭寇。"[1]崇祯《廉州府志》也有类似的描述:"皇明洪武二十七年七月命安陆侯吴杰、永定侯张铨等率致仕武官往广东,训练沿海卫所官军以备倭寇。是时方有备倭之名。"[2]所谓训练广东官军备倭是以沿海卫所的建立为前提的。以沿海卫所建置为中心的海防体系,出自时任广东都指挥同知花茂的构想和推动。

有关花茂的一生事功,焦竑《国朝献徵录》收录《都指挥使花公茂传》记载最详:

> 花茂,巢县人。元季起兵从陈世光,岁丙申三月归附。癸卯援安丰,败张士诚兵。又于鄱阳湖战灭陈友谅。甲辰平武昌,授威武卫百户,累以功多。洪武八年十月升神策卫指挥佥事。十三年调广州左卫,剿平阳春等县叛贼。十四年捕清远、英德、翁源、博罗诸县山寨。十五年讨海南叛蛮,出海捕倭。十九年东莞、龙川、兴宁、南海、香山、翁源民作乱,统兵讨平之。二十年正月升广东都司指挥同知,夷电白等贼,二十一年破归善等县贼寨,二十二年四月升本司都指挥佥事,五月升都指挥同知,赐诰子孙世袭广州左卫指挥使。是年击南海、香山、黄连等寨。二十四年七月剿连州广西湖广等处徭贼三万余,语在事纪。二十六年正月致仕。上命其子东胜右卫指挥佥事,茂仍莅事,四月统军荡灭东莞、笋冈等处。二十七年,茂上言请徙广东沿海地方东莞、香山等县逋逃蛋户兵,又奏添设沿海依山□(疑脱"广")海、碣石、神电等卫所二十四处,筑城浚池,集海岛隐科无籍等军,仍于要害山口海汊立堡,拨军屯守。诏皆从之。二十八年闰九月征捕海南等处山峒黎贼。明年二月入觐。上慰奖之,且曰:"尔回,令次子英来朝,朕将用之。"六月茂回,会番禺后山等寨贼叛,命英同肇庆卫指挥夏忠领军捕之,获其首从邓佛荫等七十五人,即遣英赴京,十一月茂在任,奉制升本司都指挥使。三十年正月上命英广东都指挥佥事,与张春共

---

[1] 嘉靖《香山县志》卷3《兵防》,第38页。
[2] 崇祯《廉州府志》卷6《经武志·备倭》,第91~92页。

殄贼首黄黑面等,地方靖宁。四月二十日茂卒,赐葬牛首山安德门外。
广人祠之于粤秀山,英武毅有父风,自以军功升本司都指挥使,永乐中
累建大勋,后致仕。[1]

由上可知,花茂于洪武十三年(1380)调广州左卫,洪武二十年(1387)升
广东都司指挥同知,二十八年(1395)升本司指挥使,在广东任内平寇息乱,
多次出海捕寇,特别是对广东海防的贡献成就了其一生最重要的功业,身后
"广人祠之于粤秀山"。由上引资料保存下来的奏疏内容可知,花茂有关广东
的海防构想,包括了三个部分,一是收编沿海蛋户为军,二是筑建沿海二十四
卫所,三是于沿海要害立堡屯军。这些举措皆得到朝廷认可推行,标志了明
初广东海防体系的初步建立。

关于第一点收编沿海蛋户为军,花茂的做法是对早前南雄侯赵庸招集
沿海蛋户、渔丁为兵的继承发展。赵庸受命招集东南沿海蛋户渔丁的规模
多达数万人,主要目的是彻底根除元末与朱元璋争夺天下的方国珍、张士诚
等人的余党:

　　初方国珍、张士诚分据温台宁绍诸郡并濒海。及已降灭,而余党遁
海上,辄纠岛倭入寇。以故洪武中濒海州郡数中倭。高皇帝业增置戍
守,又命南雄侯赵庸招集蛋户、渔丁之徒。自淮浙暨闽广几万人,悉籍
为兵。于是海上群恶少皆仰给县官,而方、张余党亦以次老死,濒海因

---

〔1〕 焦竑:《国朝献徵录》卷110《都司·都指挥使花公茂传》,第4871～4872页。花茂
传亦见诸《明史》:"花茂,巢县人。初从陈野先,已而来归。从定江左,灭陈友谅,平
中原、山西、陕西,积功授武昌卫副千户。征西蜀,克瞿唐关,入重庆,下左、右两江及
田州,进神策卫指挥佥事,调广州左卫。平阳春、清远、英德、翁源、博罗诸山寨叛蛮
及东莞、龙川诸县乱民,进指挥同知。平电白、归善贼,再迁都指挥同知。世袭指挥
使。数剿连州、广西、湖广诸瑶贼。上言:"广东南边大海,奸宄出没,东莞、莞冈诸县
逋逃蛋户,附居海岛,遇官军则诡称捕鱼,遇番贼则同为寇盗。飘忽不常,难于讯诘。
不若籍以为兵,庶便约束。"又请设沿海依山广海、碣石、神电等二十四卫所,筑城浚
池,收集海岛隐料无籍等军,仍于山海要害地立堡屯军,以备不虞,皆报可。进都指
挥使。久之卒,赐葬安德门。"参见张廷玉等撰:《明史》卷134《花茂传》,第3908～
3909页。

得息肩。[1]

赵庸招集"蛋户"、"渔丁"的活动在整个东南沿海地区都进行过,在广东最早见诸记载的是洪武十五年(1382):

> 洪武十五年三月癸亥,籍广州水军。命南雄侯赵庸籍水军。时蛋人附海岛,无定居,或为寇盗,故籍而用之。[2]

赵庸在淮浙闽广等地的招集规模达"几万人",这个数目可能只是一个概数,用以形容规模之大、范围之广,具体在广东的招集人数不得而知。

到了洪武二十四年(1391)四月花茂奏请籍东莞、香山等县蛋户,理由同样是他们附居海岛,难以管束,存在出海为寇的潜在危险:

> 洪武二十四年夏五月,指挥同知花茂收集民兵。广州地方□东莞、香山等县,逋逃蛋户,附居海岛,遇官军则称捕鱼,遇番贼则同为寇,不时出没,掠夺人民,殊难管辖,请徙其人为兵,庶革前患……皆从之。[3]

《明实录》将这次收集系于洪武二十五年(1382)十二月,与地方文献记载不同,明确说是"一千余户":

> (洪武二十五年十二月)甲子,广东都指挥使花茂奏东莞、香山等县大溪山、横琴山逋逃蛋户、蜑人凡一千余户,附居海岛,不习耕稼,止以操舟为业,会官军则称捕鱼,遇番贼则同为寇盗,隔绝海洋,殊难管辖,其守御官军冒山岚海瘴,多疾疫而死,请徙其人为兵,庶革

---

[1] 茅端征:《皇明象胥录》卷2《日本》,四库禁毁书丛刊史部第10册,北京出版社2000年据明崇祯刻本影印,第579页。有关元末明初方国珍、张士诚势力与朱元璋的斗争,参见傅衣凌主编,杨国桢、陈支平著:《明史》,第20~24页。
[2] 嘉靖《广州志》卷4《事纪下》,第260页。
[3] 万历《广东通志》卷6《藩省志六·事纪五》,第126页。

前患。从之。[1]

值得注意的是，两次收集的对象略有不同，前者针对蛋户，即水上居民而言，后者虽然也指出"逋逃蛋户"，但可能也包括一部分原来不是水上居民，因反抗新政权而入海为寇的人群。因此，崇祯《东莞县志》列举洪武年间几次大规模收集军伍的名目，把上述两次收编分列出"水军"和"逃民军"，有细微的差别：

> 水军：洪武十五年三月，南雄侯赵庸籍蜑户；
> 逃民军：洪武二十四年，都指挥花茂言："东莞逋民附居海岛，殊难管辖。"遂籍之。[2]

明初把这些住在船上的蛋民视为潜在的威胁，收编他们入军队，使得原来流动的人口成为编户齐民，或成为军户，或编入里甲，由河泊所督征渔课。一方面充实了明初水军的力量，原先的军队不习水战，所谓"守御官军冒山岚海瘴，多疾疫而死"；另一方面也暂时稳定了盗寇出没的海上世界。萧凤霞、刘志伟的研究指出，许多编入里甲或军户的水上人后来甚至发展成为当地显赫的大族，因此，"王朝政府登记入籍，目的固然是征税和维持治安，但其意义不仅仅在于财政和政治，也是一个文化的议程"。[3]

尽管如此，仍有大量未被编入里甲或军户的"无籍之徒"。上述收集逋逃蛋户重点区域——香山县"四围皆海"，[4]就有很多海岛长期不在王朝"版图"之中。这些不在管辖范围的岛上居民统称为"岛夷"。嘉靖《香山县志》卷1《风土志》记载：

> 不在版图者，其诸岛今列于左，曰：小湖洲、马盾山、大磨山、小磨石、大罗洲小罗洲、白椒、芒洲、散洲、白藤洲、鸬鹚洲、桑洲、赤洲、担竿洲、南

---

〔1〕《明太祖实录》卷223，洪武二十五年十二月甲子。
〔2〕崇祯《东莞县志》卷3《兵防》，第155页。
〔3〕参见萧凤霞、刘志伟：《宗族、市场、盗寇与蛋民——明以后珠江三角洲的族群与社会》，《中国社会经济史研究》2004年第3期。
〔4〕嘉靖《香山县志》卷1《风土志第一·形胜》，第7页。

亭山、竹洲、粉洲、大托、小托、大淋、小淋、文湾、连湾、二湾、三门、浪白、倒触、宿聚、鬼吼、皋兰、鹿胫、潭洲、鸡龙、王鱼洲、知州屿、丫洲、锡坑、箔洲、孪洲、游鱼洲、大吉山、小吉山、九澳山,其民皆岛夷也。[1]

在这种背景下,当局一方面尽力收编蛋户为军,另一方面为了防范沿海百姓与不受管辖的岛夷接济勾结,沿海地区陆续出现了很多营堡据点,拨军屯守,这就是花茂提出的另一个建议,"于山海要害处置营堡屯守以备不虞"。以香山县为例:

> 守把者,始于洪武二十四年,广东都同知花茂上言广州地方若东莞、香山等县逋逃蛋户附居海岛,遇官军则称捕鱼,遇番贼则同为寇,出没劫掠,殊难管辖,请徙其人为军,庶革前患。仍请于要害山口海汊立堡,拨军屯守。诏皆从之。于是三灶等地方民之通贼者徙去,而香山濒海多置营堡。其可考者,沙尾营在县南一百六十里,正统以前住扎海军五十。东洲营在县东麻子村,住扎本所军一百。二营今皆革去。惟于镇头角等要害立营焉。[2]

由上可知,花茂在东莞、香山等县对"蛋户"的收集行动,也包括迁徙易于通贼的沿海民众,同时设置营堡防范。如果把视野进一步放宽,就不难看到,虽然文献记载的收集行动似乎集中在珠三角附近州县的"广州地方",但迁徙沿海民众的做法可能在当时更为普遍推行,所谓"收集海岛隐料无籍等军"也不仅仅特指珠江三角洲周边的海岛。例如广东东部属于潮州府管辖的南澳岛在洪武年间同样经历了迁徙居民的行动。嘉靖《广东通志》载:"洪武二十六年,居民为海倭侵扰奏徙,遂虚其地,至今不籍,粮因空悬。"[3] 嘉靖《潮州府志》载:"旧番舶为患,洪武间奏徙,遂虚其地,粮因空

---

[1] 嘉靖《香山县志》卷1《风土志第一·山川》,第14页。有关明初香山县的社会情况,参见陈志国:《水陆间的社会变迁——明清香山盗寇之患与地方秩序》,中山大学博士学位论文2011年,第13～31页。
[2] 嘉靖《香山县志》卷3《兵防》,第38～39页。
[3] 嘉靖《广东通志》卷14《舆地志·潮州府》,第359页。

悬。"[1]这些记载显示,迁民虚地的背景是海寇和番舶的问题。万历年间潮州士绅陈天资撰《东里志》直接将徙民的时间系于花茂收集逋逃蛋户的洪武二十四年(1391):

> 四澳旧有居民,国初属海阳,与黄隆、海山俱为信宁都地。洪武二十四年,以居民顽梗,尽发充海门千户所军。因误粮饷,仍发回四澳渔耕。永乐间,倭夷越海劫掠,难于防御,将吴宗理等九十五户徙入苏湾、下外二都安插。原田地五十三顷令抛荒,不许人耕,以绝祸根。原粮一百九十五石派洒二都赔贩,后乃均分海、揭、潮共纳。[2]

由此看来,明初政府出于弭盗安民的需要,通过各种方式根除沿海民众与海上势力的联系。"濒海多置营堡"应该也不独香山一地。成书于嘉靖十四年(1535)的《广东通志初稿》卷34《营堡》记录了沿海卫所所在地区营堡及海澳防守旗军的数目,例如在香山千户所条目下记载:"海澳防守旗军五十一名。沙尾营。东洲。镇南角,白藤瘴寨,四岩山,丫髻山,石岐山烽堠,獭窟山,鸿鹤岭,石门山,朗尾山,烟崮山,秋风角山,风门凹岭,银涌角,大岭,大花山。"[3]其中"沙尾营"、"东洲"就是上引嘉靖《香山县志》所谓明初在滨海设置营堡的"可考者",说明在花茂推动下明初很多"山口海澳"确实拨军屯守,只是年湮代远,许多设施到了嘉靖年间已经废置不可考了。

在上述编军、迁民之外,花茂最重要的海防举措是奏设沿海卫所,构筑岸线的防御体系。

一般认为,以沿海卫所为中心的海防体制始建于洪武十七年(1384),时倭频寇浙东,朱元璋命信国公汤和巡视海上,"筑山东、江南、北、浙东、西海上五十九城,咸置行都司,以备倭为名";二十年(1387)二月,置两浙防倭卫所;接着夏四月戊子,命江夏侯周德兴往福建福、兴、漳、泉四郡视要害,

---

[1]　嘉靖《潮州府志》卷1《地理志》,第19页。
[2]　陈天资:《东里志》卷1,第19页。
[3]　嘉靖《广东通志初稿》卷34《营堡关津附》,第558页。

修筑海上十六城,籍民为兵,以防倭寇,增置四十五个巡检司,分隶诸卫。[1]
花茂"请设沿海依山广海、碣石、神电等二十四卫所,并筑城浚池",是
当时整个沿海海防体制构建的一部分。置沿海卫所的海防构想来自方鸣
谦的建议。

方鸣谦是方国珍的侄子,后者在元末以贩盐、海上贸易和航运为业。[2]元
末时它随伯父投降朱元璋,授予广洋卫指挥金事,[3]熟悉沿海局势。有关他向
朱元璋建议沿海部署卫所巡司的兵船,相关文献记载甚多,且以瞿汝说辑录
的《皇明臣略纂闻》为例:

> 太祖皇帝召指挥方鸣谦,廷问曰:尔家世出入海岛为生,今既归降,
> 可历陈海防利弊,以效尔忠。
> 鸣谦对曰:但于沿海六十里设一军卫,三十里设一守御千户所,又错
> 间巡检司,以民兵策应,复于海洋三大山设水寨战船,兵可无虞。
> 上曰:兵于何取?
> 对曰:自兵兴以来,军强民弱,民皆乐于为兵,但于民间四丁抽一,倘
> 有不足,则于旧时伪将原所报募兵访充,无不足者。[4]

方鸣谦的上述主张,被后人视为明代海防的重要指导原则。上面提到,
洪武初年面对倭寇的侵扰,朱元璋屡次诏令打造战船,派遣总兵官出海巡
捕,但并无一套完整的海防部署计划,直至召见方鸣谦询问对策后才有了重
大的改变。方鸣谦主张在沿海部署卫所巡司,海上设水寨战船,基于"倭自
海上来",必须"在海上备御之"的战略思维。[5]至于海防兵力的主要来源,

---

〔1〕 参见谷应泰:《明史纪事本末》卷55《沿海倭乱》,中华书局2015年点校本,第840~
841页。
〔2〕 陈波:《海运船户与元末海寇的生成》,《史林》2010年第2期。
〔3〕 何孟兴:《明代海防指导者方鸣谦之初探》,台湾朝阳科技大学通识教育中心编《止善》第
12期,2012年,第69~88页。学术界关于方鸣谦海防理论的介绍,参见驻闽海军编纂室编:
《福建海防史》,第46~47页;黄中青:《明代海防的水寨与游兵——浙闽粤沿海岛屿防卫的
建置与解体》,第23~26页;卢建一:《明清海疆政策与东南海岛研究》,第24~25页。
〔4〕 瞿汝说:《皇明臣略纂闻》卷2《筹》,北京图书馆古籍珍本丛刊史部杂史类第10册,书目
文献出版社1998年据崇祯八年刊本影印,第2页。
〔5〕 何孟兴:《明代海防指导者方鸣谦之初探》,第69~88页。

方鸣谦提出"民户四丁抽一为军"，各地在具体操作上可能有所调整，如杨培娜的研究指出，福建沿海在洪武二十年（1387）实行的是三丁抽一，而广东沿海卫所设立过程中，在兵源收集上采取了与福建、浙江较为不同的"垛集法"，即"凡民户三丁者，垛集一兵，其二丁一丁者，辏为正贴户二户，共垛一兵"。[1]

值得注意的是，上引《明史》载花茂"又请设沿海依山广海、碣石、神电等二十四卫所，筑城浚池"，乃在洪武二十四年（1391）收集蛋户前后，但如此庞大的海防工程不可能在短期内完成。如前所述，地方文献一般把广东沿海卫所防海备倭格局的确立，系于洪武二十七年（1394）八月朱元璋命安陆侯吴杰、永定侯张铨等率致仕武官往广东训练沿海卫所官军。

以洪武二十七年（1394）为时间标志，在此前后广东沿海卫所大量增置，城池得到修造加固，自东往西形成了以潮州卫、碣石卫、南海卫、广海卫、神电卫、雷州卫、廉州卫、海南卫等八个沿海卫所为中心的防御格局。[2]这些卫所在功能上，有别于省城的左右前后四卫，与更内地的清远、惠州、肇庆合称沿边卫所，发挥"捍外而固内"的作用。[3]从地图上不难看出，广东沿海卫所格局呈现两个特点，第一，从地理上而言，卫所沿广东海岸线呈线状均匀分布，这是由海防的重要性所决定的。第二，从数量上说，广东都司的守御千户所数目是其他地方无法比拟的，这是由广东的海岸线长度及地形所决定的，受海防形势影响，这些守御千户所集中在沿海一线。[4]

有关这些沿海卫所治所、建置时间、官军额数等基本情况，嘉靖初年巡按广东监察御史、福建莆田人姚虞所著《岭海舆图》最为清楚，是书查阅都司衙门档册而成，于兵马钱粮和武备情况尤为详尽，比较准确地记录了各个卫所的额设官员旗军数目，[5]兹结合万历年间重辑刊行的《苍梧总督军门志》记载万历年间现存官员旗军数目，列表比较如下：

〔1〕 杨培娜：《濒海生计与王朝秩序——明清闽粤沿海地方社会变迁研究》，中山大学博士学位论文2009年，第33～34页。

〔2〕《广东海防史》编委会编：《广东海防史》，第154～155页。

〔3〕 嘉靖《广东通志初稿》卷32《军制》，第535～536页。

〔4〕 郭红、靳润成：《中国行政区划通史·明代卷》，复旦大学出版社2007年，第631页。

〔5〕 参见姚虞：《岭海舆图》，丛书集成初编第3124册，中华书局1985年据上海商务印书馆本影印。

表一 明代广东沿海卫所情况

卫所	治所	建置时间	原额	现存	备注
廉州卫	廉州府东	洪武二十八年	官54员 旗军1033名	官25员 旗军952名	
永安所	合浦县东六十里	洪武二十八年		官9员 旗军390名	《岭海舆图》统计永安所、钦州所、灵山所官45员，旗军1104员。但灵山所不在沿海。《海图编》列入沿海卫所，误。
钦州所	钦州城内	洪武二十八年		官2员 旗军217名	
雷州卫	雷州府东	洪武五年	官69员 旗军1380名	官33员 旗军893名	
锦囊所	徐闻县东北一百里	洪武二十七年		官3员 旗军235名	
海安所	徐闻县东一百里	洪武二十七年		官6员 旗军180名	《岭南舆图》统计五所，加上石城所，官75员，旗军1469名。《筹海图编》把石城所列入沿海，误，石城所不在沿海。
海康所	海康县西一百七十里	洪武二十七年		官5员 旗军323名	
乐民所	遂溪县西南一百九十里	洪武二十七年		官8员 旗军345名	
神电卫	电白县西	洪武二十七年	官69员 旗军968名	官26员 旗军158名	《岭海舆图》统计神电卫辖高州、双鱼、信宜、阳春、宁川五所官75员，旗军1469员，但高州、信宜不在沿海卫所。
宁川所	吴川县东南	洪武二十七年		官4员 旗军457名	

（续　表）

卫　所	治　所	建置时间	原　额		现　存		备　注
双鱼所	阳江县西一百五十里	洪武二十七年			官4员	旗军277名	
阳春所	阳春县东	洪武二十六年			官4员	旗军214名	
广海卫	新会县南一百五十里	洪武二十七年	官69员	旗军2383员	官30员	旗军1165名	
新宁所	新宁县治	嘉靖十年		旗军770员	官8员	旗军466名	《筹海图编》在肇庆卫下有新宁所，误。
香山所	香山县城	洪武二十六年	官45员		官13员	旗军428名	
海朗所	阳江县东南五十里	洪武二十七年	官15员		官7员	旗军284名	
新会所	新会县治东	洪武二十七年	官15员	旗军679名	官11员	旗军664名	直隶都司。《筹海图编》在广海卫下，有海朗所、香山所、新会所，误。新会所直隶都司。
阳江所	阳江县东	洪武元年	官15员	旗军381名	官8员	旗军381名	直隶都司。《筹海图编》在阳江，误。阳江所直隶都司。
南海卫	东莞县治南	洪武十四年	官69员	旗军1554名	官21员	旗军1714名	

（续 表）

卫所	治所	建置时间	原	额	现	存	备注
东莞所	东莞县志南忠海	洪武二十七年	官30员	官9员	旗军624名	旗军328名	
大鹏所	东莞县东南四百里里滨海	洪武二十七年		官3员		旗军223名	
碣石卫	海丰县东南一百二十里滨海	洪武二十三年	官84员	官21员	旗军905名	旗军1 284名	
甲子门所	海丰县东二百二十里	洪武二十七年		官8员		旗军282名	
海丰所	海丰县志东	洪武二十七年	官60员	官5员	旗军1 881名	旗军402名	
捷胜所	海丰县南八十里滨海	洪武二十七年		官5员		旗军582名	
平海所	惠州府东二百里	洪武二十七年		官11员		旗军447名	
潮州卫	潮州府城内太平桥北	洪武三年	官84员	官44员	旗军905名	旗军1 328名	
蓬州所	揭阳县东南九十里	洪武二十六年		官8员		旗军388名	
海门所	潮阳县南五里	洪武二十七年		官6员		旗军225名	《岭海舆图》列入程乡所，共5所，官75员，旗军1 752员。

（续 表）

卫　所	治　所	建置时间	原　额		现　存		备　注
靖海所	潮阳县南八十里	洪武二十七年		官10员		旗军282名	
大城所	潮州府东北三十里	洪武二十七年		官6员		旗军383名	
海南卫	琼州府西	洪武五年	官84员	官23员	旗军1610名	旗军1378名	
清澜所	文昌县东南三十里	洪武二十四年		官2员		旗军487名	
万州所	万州西	洪武二十年		官5员		旗军469名	
南山所	陵水县西南	洪武二十七年	官90员	官3员	旗军2269员	旗军215名	
儋州所	儋州西	洪武二十年		官6员		旗军484名	
昌化所	昌化县北十里	洪武二十五年		官2员		旗军352名	
崖州所	崖州治西	洪武二十七年		官7员		旗军418名	《筹海图编》缺载儋州所、昌化所、崖州所，误。

资料来源：姚虞：《岭海舆图》；郑若曾：《筹海图编》卷3《广东兵制》第233～235页；应槚 凌云翼 刘尧诲重修：《苍梧总督军门志》卷7《兵防三·司卫所官军》第101～104页。

方鸣谦主张在沿海卫所之外"错间巡检司,以民兵策应",表明明初巡检司的设置也担负部分海防职能,是作为沿海卫所巡海备倭的辅助力量存在的。按《明会典》卷139《关津二》:"洪武二十六年定,凡天下要冲去处设立巡检司,专一盘诘往来奸细,及贩卖私盐犯人、逃军、逃囚、无引面可疑之人。"[1]《粤大记》载"广东关津巡检司提督盘诘之事",列出三项:"其一曰凡军民人等往来,但出百里者,即验文引。其二曰巡检司纵容境内隐藏逃军,一岁中被人盘货十名以上者,提问如律。其三曰凡军民无文引及内官、内使来历不明,有藏匿寺观者,必须擒拿送官,仍许诸人首告,得实者赏,纵容同罪。"[2]说明其主要职责在于盘查。我们也应注意到,明初置卫所时,在一些地方,由于巡检司先于卫所建立,也有由巡检司进而建立卫所的,如"望高巡检司,在县南旧褥州巡检司。洪武二十七年以其地立广海卫,都指挥同知花茂迁于望高村,遂改今名,巡检金王川创建"。[3]许多沿海巡检司的创建,实际上比沿海卫所更早,因此早期也承担更多的防海任务。

有关明初设置巡检司的情况,我们所知不多。根据已有的研究,明代巡检的设置有关津冲要之处设巡司,强寇潜聚之处设巡司,乱平善后之处设巡司,因应时势迁移和裁革的情况非常频繁。吕进贵根据《筹海图编》编制出来的《广东海防巡检司表》,[4]把很多原本不在沿海的巡检司也统计在内,错漏不少。兹结合《粤大记》等相关地方文献对相关巡检司建置时间的记载,补充修订如下表:

表二　明代广东沿海巡检司

府　属	巡检司	建立时间	弓兵数	备　注
廉州府	管界	不详	20名	钦州辖。
	长墩	不详	20名	钦州辖。
	西乡	洪武八年	20名	灵山县辖。

〔1〕 申时行等纂:《明会典》卷139《关津二》,中华书局1989年,第722页。
〔2〕 郭棐:《粤大记》卷28《政事类》,第826页。
〔3〕 郭棐:《粤大记》卷28《政事类》,第828页。
〔4〕 吕进贵:《明代的巡检制度——地方治安基层组织及其运作》,宜兰学书奖助基金2002年,第87页。

（续　表）

府　属	巡检司	建立时间	弓兵数	备　　注
廉州府	如黄	不详	20名	钦州辖。又作"如昔"。
	沿海	不详	20名	钦州辖。
	林墟	洪武四年	20名	灵山县辖。
	高仰	不详	20名	合浦县辖。
	珠场	不详	20名	合浦县辖。
	永平	不详	20名	合浦县辖。嘉靖十三年巡检郭盛、宁文德复建。
雷州府	东场	不详	30名	徐闻县辖。旧在迈谷村，洪武二十七年迁于东场。
	清道	不详	30名	海康县辖。
	润洲	洪武三年	30名	遂溪县辖。
	宁海	不详	30名	徐闻县辖。洪武二十七年迁调黎浦口。
	湛川	元至元三十一年	30名	遂溪县辖。原在湛川村，洪武三年迁旧县。
	黑石	洪武二十年	30名	海康县辖。原文曰洪武二十年安陆侯吴杰设，应为二十七年。
高州府	凌绿	不详	30名	石城县辖。又作"凌禄"。
	宁村	不详	30名	吴川县辖。洪武二十八年，巡检顾启祥因旧司近宁州千户所，改建，额编弓兵五十名。
	赤水	不详	25名	茂名县辖。在电白下博村，洪武二十七年迁于此。
肇庆府	立将	洪武元年	50名	新兴县辖。
	海陵	不详	60名	阳江县辖。
	恩平	不详	50名	恩平县辖。

（续　表）

府　属	巡检司	建立时间	弓兵数	备　　注
广州府	城岗	不详	50名	新宁县辖。又作"城冈岗"。
	牛肚	洪武二年改	50名	新会县辖。又作"牛肚湾"。
	沙岗	不详	50名	新会县辖。又作"沙冈"。
	药迳	洪武二年改	50名	新会县辖。
	望高	洪武二十七年	50名	新宁县辖。洪武二十七年以其地立广海卫,都指挥同知花茂迁于望高村,遂改今名,巡检金王川创建。
	沙邨	洪武三年	50名	新会县辖。又作"沙村"。
	大瓦	洪武十年	50名	新会县辖。洪武四年毁于寇,洪武十年重建。
	潮道	洪武二年改	50名	新会县辖。又作"潮连"。《筹海图编》误写为"道"。
	三水	不详	50名	三水县辖。
	江浦	洪武三年改	50名	南海县辖。
	江邨	不详	50名	顺德县辖。
	都宁	洪武三年改	50名	顺德县辖。
	马岗	洪武三年	50名	顺德县辖。又作"马冈"。
	马宁	洪武二年改	50名	顺德县辖。
	紫泥	不详	50名	顺德县辖。
	神安	洪武三年改	50名	南海县辖。
	黄鼎	洪武三年改	50名	南海县辖。元季毁于火。
	香山	洪武二年	50名	香山县辖。
	茭塘	洪武三年改	50名	番禺县辖。
	五斗口	景泰三年	50名	南海县辖。
	沙湾	洪武三年改	50名	番禺县辖。
	鹿步	洪武三年改	50名	番禺县辖。

（续　表）

府　属	巡检司	建立时间	弓兵数	备　　注
广州府	白沙	洪武三年改	50名	东莞县辖。
	小黄浦	弘治九年	50名	香山县辖。又作"小黄圃"。
	福永	洪武三年改	50名	东莞县辖。洪武三十一年迁于福永村。
	缺口	洪武四年改	50名	东莞县辖。
	官富	洪武三年改	50名	东莞县辖。
	京山	洪武三年改	50名	东莞县辖。
惠州府	内外管	洪武元年	50名	归善县辖。
	碧甲	正统八年	50名	归善县辖。
	长沙	洪武十三年	50名	海丰县辖。又作"长沙港巡检司"。
	甲子门	洪武五年	50名	海丰县辖。
潮州府	神泉	洪武二十七年改	50名	惠来县辖。
	吉安	洪武二年	50名	潮阳县辖。
	门辟	洪武二年	50名	潮阳县辖。
	桑田	正统十三年	50名	潮阳县辖。
	招宁	洪武二十八年	50名	潮阳县辖。
	蛇浦	洪武三年	50名	揭阳县辖。
	枫洋	洪武四年迁	50名	海阳县辖。
	辟望	洪武二年	50名	海阳县辖。
	黄岗	洪武三年	50名	饶平县辖。又作"黄冈巡检司"。
琼州府	清澜	不详	50名	琼山县辖。《粤大记》额编弓兵30名。
	铺前	不详	60名	文昌县辖。
	澄迈	不详	30名	澄迈县辖。
	青蓝	不详	60名	澄迈县辖。又作"青兰头巡检司"。
	调嚣	不详	60名	会同县辖。

（续　表）

府　　属	巡检司	建立时间	弓兵数	备　　　　注
琼州府	藤桥	不详	60名	崖州辖。
	牛岭	不详	60名	陵水县辖。
	抱岁	不详	60名	崖州辖。
	延德	不详	60名	感恩县辖。
	镇南	不详	60名	儋州辖。
	安海	不详	60名	儋州辖。
	田牌	不详	60名	临高县辖。

资料来源：郑若曾：《筹海图编》卷3《广东兵制》，第235～238页；郭棐：《粤大记》卷28《政事类·弓兵》，第826～836页。
注：廉州府的"西乡巡检司"和"林墟巡检司"属于灵山县，似不在沿海，《筹海图编》记载有误。肇庆府新兴县的"立将巡检司"亦然。图编的记载可能只是抄录当时作者可见的地方文献，仅可作梗概参考。

二、备倭官、备倭军和备倭船

以往对明初海防体制的相关讨论，一般仅做宏观格局的描述，对职官、兵力、战船、巡防等体制细节疏于探究。通论性的军事史著作受体例所限，对明初海防的叙述较为简略。作为《中国军事通史》一部分的《明代军事史》仅仅提到三项基本措施，即"增设卫所、修建城寨与烽堠墩台"、"扩充沿海守备兵力"、"增造战船"。[1]《中国军事制度史》讨论明初水军和战船，引述李约瑟的话："在明朝全盛时期（公元1420年前后），其海军也许超过历史上任何时期的亚洲国家。甚至可能超过同时代的任何欧洲国家，乃至超过所有欧洲国家海军的总和。永乐年间，明朝海军拥有三千八百艘舰只，其中包括一千三百五十艘巡逻船，一千三百五十艘属于卫、所、寨的战船，和以南京新江口为基地有四百艘大战船的主力船队，以及四百艘运粮的漕船。"[2]而海防史的专论研究，如《中国古代海军史》讨论明代海防体制的演变时，对明初的

---

〔1〕　军事科学院主编：《中国军事通史》第15卷《明代军事史》，上册，第260～262页。
〔2〕　中国军事史编写组：《中国历代军事制度》，解放军出版社2006年，第431页。

体制同样失于泛论，对于明代中后期的情形，则认为："自从嘉靖年间倭患以来，为了加强海防，沿海大都会各设总督、巡抚、兵备副使及总兵官、参将、游击等员。总督是指挥数省军事或指挥大兵团的统帅。巡抚一般加'提督军务'衔，是一省军务、民政长官。总兵官是指挥一省、一个地区或一个兵团的主将。参将是指挥一个地区或一路、一营军队的将官。游击是指挥一营或指挥一省、一地区机动部队的将官。"[1]《中国海防史》讨论明初沿海防御体系的建立，分述"建立沿海卫所"、"加强水军建设"和"领导指挥体制"，描述的是一般卫所军制。对于备倭军和战船，则笼统地说"建立了一支强大的水军"，又征引《明太祖实录》洪武二十三年四月"滨海卫所每百户置船二艘，巡逻海上盗贼。巡检司亦如之"，认为"这一决定使得沿海59卫、89守御千户所和200处左右巡检司至少拥有4 000多艘战船，是一支十分可观的水上力量"，而未顾及实际区域情形。[2]

至于《广东海防史》讨论明初广东海防体系的建立，在介绍卫所制度的一般情形之后，提到"从明朝初期起，广东海设置了巡海备倭官，在春末夏初时督发兵船从3路出海巡视防御"，但所征引资料仅有嘉靖《广东通志》，反映的是明代中后期的巡海制度安排，实非明初的情形。[3]

造成上述这种语焉不详甚至错漏百出的原因，部分是由于明初文献存留较少，我们得以讨论明初海防情形的资料大多成书于明代中后期以后，甚至当时人对明初的情形已经不甚了了了，无法真正弄清；部分也是因为海防制度作为一项国家政策安排在各地并无划一的做法，不止沿海各省在具体的海防安排上差异较大，甚至一省各地的做法也不尽相同，如果不区分对待，同样也是一笔糊涂账。实际上，明初海防体制以卫所制度为基础，在职官、兵力、战船、巡防等方面均有完整的制度安排。尽管受到上述种种因素的限制，重构明初海防体制完整原型似不大可能，但通过梳理和比对现存广东地方文献，仍可在备倭官、备倭军和备倭船等几个核心环节窥见当时海防体制运作原型之一二。

---

[1]　张铁牛、高晓星：《中国古代海军史》，第189～190页。
[2]　杨金森、范中义：《中国海防史》，第91～92页。
[3]　《广东海防史》编委会编：《广东海防史》，第159～160页。

（一）备倭官

关于明代专理海防事务的备倭官设置,广为征引的《筹海图编》专门有一节"广东兵防官考"加以说明。撰者郑若曾一口气罗列出提督两广军务兼巡抚都御史、镇守两广总兵官、巡视海道副使、整饬琼州兵备副使、整饬清远兵备副使、整饬清远佥事、整饬高肇兵备佥事、整饬惠潮兵备佥事、整饬雷廉兵备佥事、市舶提举司提举、分守琼崖参将、分守高肇韶广参将、分守惠潮参将、总督广东备倭、守备惠潮等海防将官,上至两广提督,下至惠潮守备官。然而,这些将官的设置时间先后有别,清远兵备副使、佥事等辖区在内陆地区,显然与海防事务无涉,难以称之为"备倭官"。[1]万历二十年(1592)邓钟受两广总督萧彦之命修订《筹海图编》,已经意识到郑若曾的错漏,在他重辑的《筹海重编》中把广东兵防官修改为镇守总兵官、漳潮副总兵、潮州参将、惠州参将、南头参将、雷廉参将、琼崖参将、涠洲参将、柘林守备、碣石把总、虎头门把总、广海守备、北津把总、白鸽门把总、白沙把总,这些将官绝大多数均为大规模倭寇海盗问题出现以后陆续增置的,比较完整地说明了明代中后期水寨防御体制下的备倭官结构,同样不能据以说明明前期的情形,也不能成为我们讨论备倭官的起点。[2]事实上,明前期滨海之地置军守备,在专管海防备倭事宜的将官设置上,文职为按察司副使兼领巡视海道副使一员,武职则有都指挥一员、卫指挥一员等。崇祯《廉州府志》于此有一番描述:

> 皇明洪武二十七年七月命安陆侯吴杰、永定侯张铨等率致仕武官往广东,训练沿海卫所官军以备倭寇。是时方有备倭之名。天下镇守凡二十一处。广东曰备倭巡视海道副使一员、都指挥一员、卫指挥一员,专管巡海。听广东巡视海道副使、备倭都指挥节制。[3]

可见,在广东地区,卫所系统之外有巡视海道副使一员,卫所系统之内则有都指挥一员、卫指挥一员专管备倭事宜。这与《明史》描述"明初沿海要地建卫所、设战船,董以都司、巡视副使等官"的情况基本一致,[4]应是沿海各地

---

[1] 郑若曾:《筹海图编》卷3《广东事宜》,第232~233页。
[2] 邓钟重辑:《筹海重编》卷3《广东倭变纪》,第61页。
[3] 崇祯《廉州府志》卷6《经武志》,第91~92页。
[4] 张廷玉等撰:《明史》卷322《外国三·日本》,第8352页。

比较统一的制度安排。

根据《筹海图编》对广东巡视海道副使职务的界定，海道副使"额设专为备倭，并防捕海盗"。[1] 嘉靖三十三年（1554）时任南赣巡抚、后来升任两广总督的谈恺条陈备倭事宜中讨论广东巡视海道副使时说：

> 查得广东按察司副使额设巡视海道副使一员，奉敕专理海防事务。但以地方广远，巡历不周，或以本司缺官，兼理他务，以致备倭、守备等漫无约束。或卖放巡海旗军，或克减打手工食，贼至则以退缩为能，贼去则日众寡不敌。相传已久，习以成风。查得东莞千户所原有海道衙门，于东西海道实为适中，而地方有警易于策应。先年海道副使于夏秋之间统领官军、打手、达官、舍人等驻扎该所。贼不敢犯，民赖以安。合无行令海道副使查照旧规，每于初夏即至东莞千户所驻扎，遇有警急，调遣策应，不许专住省城兼管他务，直至秋尽回省。庶乎官军有所节制，而天威远振，盗贼知所退避而地方可安矣。[2]

由此可知，广东巡视海道副使既驻扎省城，也在汛期统领官军移驻东莞千户所，该所位于珠江口南头半岛，居中调度，因此在明代广东地方文献出现两个海道衙门并存的特别安排。只不过在谈恺讨论问题的嘉靖三十三年以前"旧规"没有被严格遵行，海道副使或缺官，或兼理他务，长期驻扎省城巡历不周。嘉靖十四年（1535）巡按广东御史戴璟议守沿海关隘，提到"昔年南头设有海道驻扎衙门，岂非以此地控其枢□而居中调度哉"，[3] 可以推测海道副使汛期驻扎南头的做法确实已经久未执行。过去有的学者仅根据嘉靖《广东通志初稿》关于海道公署"在崇正书院西南"，以及"昔年南头设有海道驻扎衙门"的简略记载，推测广东海道副使原驻省城广州，后移驻东莞南头，看来均不确切。[4]

---

〔1〕 郑若曾：《筹海图编》卷3《广东兵防官考》，第232页。
〔2〕 谈恺：《虔台续志》卷5《纪事四》，中山大学历史人类学研究中心据原藏日本内阁文库嘉靖三十四年刊本影印复制本，第34页。着重号为笔者所加。
〔3〕 嘉靖《广东通志初稿》卷35《海寇·议守关隘》，第580页。
〔4〕 李庆新：《明代海道副使及其职能演变》，收入氏著：《濒海之地——南海交通与中外关系史研究》，第184、205页。

值得进一步探讨的是广东海道副使何时设官的问题。

无论是上引《明史》"明初沿海要地建卫所、设战船,董以都司、巡视副使等官"的记载,还是崇祯《廉州府志》在洪武二十七年(1394)吴杰等受命赴广东备倭之后介绍巡视海道副使设置的表述,都十分容易让人产生巡视海道副使乃明初设官无疑的误解。对明代海道副使职能进行专门研究的学者,也笼统地认为"明初派遣官员巡视海道,直接起因是防备沿海倭寇与海盗","正统以后,海道不靖,海道副使的差遣逐渐增多",[1]同样默认海道副使设官于明初。其实不然。尽管广东巡视海道副使存在已久,却不是明初以来就有的职官设置,而是正统年间才出现的制度安排。

关于海道副使的设置时间,序刊于万历十二年(1584),严从简撰《殊域周咨录》对明代防海史事辑录甚详,其卷2《东夷·日本国》引述兵科右给事中夏言疏言,提供了十分关键的线索:

> 兵科右给事中夏言疏曰:……又倭夷入贡,往往为边方州郡之害,我圣祖灼见其情,故痛绝之。于山东、淮、浙、闽、广沿海去处,多设卫所,以为备御。后复委都指挥一员统其属卫,摘拨官军,以备倭为名,操习战船,时出海道,严加提备。近年又增设海道兵备副使一员专督,可谓防范周且密矣。是以数十年来,彼知我有备,不复犯边。奈和迩来事久而弊,法玩而驰,前项备倭衙门官员徒拥虚名,略无实效。[2]

严从简引述的夏言疏言见诸《明实录》嘉靖二年(1523)十一月癸巳。[3]奏疏原题《请勘处倭寇事情》,也收入夏言的别集《桂洲先生奏议》。[4]夏言此番上疏的背景是著名的嘉靖二年(1523)宁波争贡事件。争贡的始末,大略是当年日本大名大内氏和细川氏两支入贡团分道入贡,互争真伪,由于市

---

〔1〕 李庆新:《明代海道副使及其职能演变》,第181页。

〔2〕 严从简:《殊域周咨录》卷2《东夷·日本国》,中华书局1993年点校本,第68页。着重号为笔者所加。

〔3〕《明世宗实录》卷33,嘉靖二年十一月癸巳。

〔4〕 夏言:《桂洲先生奏议》卷20《驭夷狄·请勘处倭寇事情》,四库全书存目丛书史部第60册,齐鲁书社1996年影印本,第564页。

舶中官赖恩受贿,双方为了争夺入贡贸易权发生争斗,随后寇掠宁波。[1] 日本人争贡事件演变成倭寇杀掠宁波城,暴露出备倭衙门"先事不能防御,临变不能剿捕"的弊端,时任兵科给事中夏言上疏痛陈当时备倭的积弊问题,认为"倭患起于市舶",并提到"近年增设海道副使一员"。在这里,夏言回顾了明初沿海设置卫所时委都指挥一员备倭(详见下文),又续言"近年"增设海道副使。由此可以判断,全国性的海道副使设置当距离夏言上疏的嘉靖二年(1523)不久,绝非明初就与备倭都指挥同时设官。

实际上,广东海道副使始于正统年间,景泰年间一度革去,至天顺四年(1460)两广巡抚叶盛又提议恢复原职专巡海道。他在天顺四年(1460)《请设道臣疏》中说:

> 题为区画边务事。据广东按察司呈,照得广东先因地方广阔,政务繁多,正统年间布政司添参政二员,一员巡察边务,一员整理粮储。按察司添设副使一员,巡察海道。景泰年间为陈言减省事例,革去前项官员,广东累被蛮贼越境流劫,额设官员分理不周,钱粮、海道缺官整理,呈乞照详等因到院,行间又据广东都布二司亦呈前因,会同巡按御史都布按三司等议得,广东地方广阔,政务浩繁,钱粮拖欠,倭寇出没,不可无官专理。乞敕该部计议,照旧添除历练老成、有为有守参政、副使各一员,驰驿钱粮,管粮巡海,谨题。天顺四年闰十一月二十四日。[2]

据此可知,由按察司分设副使一员巡视海道乃因正统年间广东政务繁杂不便处理而出现的,与布政司添设参政同时进行,景泰年间一度裁革,但考虑到钱粮、海道事务"缺官整理",叶盛因此奏请再设。根据叶盛的建议,天顺五年(1461)升广东按察司佥事陈濂为本司副使,专巡海道。[3]

---

〔1〕 相关研究参见晁中辰:《明代海外贸易研究》,故宫出版社2012年,第168～170页。

〔2〕 叶盛:《两广奏草》卷9《请设道臣疏》,四库全书存目丛刊史部第58册,齐鲁书社1996年影印本,第591～592页。着重号为笔者所加。

〔3〕《明英宗实录》卷324,天顺五年春正月壬戌。陈濂的仕宦履历另见诸《明宪宗实录》卷129,成化十年六月辛巳,谓"濂字德清,浙江鄞县人,由乙丑进士,授南京刑部主事,升员外郎,转广东按察佥事,专督屯粮,进副使,巡视海道,寻升广东左布政使,未几擢都察院右副都御史,巡抚其地,召还总督漕运兼巡抚凤阳",在广东为官最久,史载"在广东最久,恂恂信实,政平事妥,上下安之"。

根据《苍梧总督军门志》的记载,巡视海道副使后来一度被议革,至嘉靖十五年(1536)提督两广军务钱如京任上复设。[1]但议革的情形不得而知。至嘉靖四十五年(1566),提督两广军务吴桂芳又奏议海道副使仅辖东莞以西至琼州,领番夷市舶,更设海防佥事一员巡视东莞以东至惠州,专备倭寇。至此,海防副使的职掌从全省海防事务缩减为广东西部海防,一直延续至明末。[2]

再看武职的备倭都指挥设置情况。

专管备倭事宜的都指挥一员,全称总督广东备倭都指挥,备倭府署在南头城,即东莞守御千户所城内。《筹海图编》载:"总督广东备倭,以都指挥体统行事。"[3]嘉靖《广东通志》载:"备倭府,领敕总督备倭,指挥一员,以都指挥体统行事,驻扎南头城,即东莞守御千户所城。"同书又载:"总督备倭,以都指挥体统行事,指挥一员。"[4]根据相关文献的记载,通常情况下总督广东备倭都指挥由都指挥同知、佥事一员充任,如正统十四年(1449)总督备倭广东署都指挥佥事杜信奏沿海东西二路备倭官军累次调入腹里操备,[5]成化八年(1472)命燕山左卫带俸都指挥同知陈景任广东总督备倭,[6]成化十八年

---

〔1〕 应槚、凌云翼、刘尧诲等修:《苍梧总督军门志》卷6《兵防二·文官》,第99页。钱如京于嘉靖十四年提督两广军务兼理巡抚,在他任内,曾奏请以分守雷廉高肇参将移驻神电卫城,往来阳春等处剿捕盗贼等,次年十一月升为南京户部尚书。参见《明世宗实录》卷191,嘉靖十五年九月丁丑。

〔2〕 应槚、凌云翼、刘尧诲等修:《苍梧总督军门志》卷24《奏议二·吴桂芳请设海防参将疏》,第280~281页。现存档案有一份天启四年八月十八日兵部行稿《调补巡视广东海道副使带管市舶官员》详细记载了明末海道副使的责任:"……巡视海道带管市舶广东布政司右参政兼按察司佥事史树德。查得本官责任,驻扎东莞南头城,遇汛驻扎新安、新宁等城,整搠船器,操演水战,监督南头、广海、虎门、香山等寨,及驭澳防倭诸务,汛毕回省。平时则训练兵夫,简阅强弱,稽察奸弊。如值沿海有警,督率官兵相机剿捕。倘声势猖獗,听征调各守巡所辖零哨策应。如东西寨哨驰报重大警息,亦督所属将领船兵互相应援,以靖地方。凡一应御事机,悉听从宜区处,沿海府县卫所文武官员,俱听节制,考核殿最,敢有怠忽及私役军兵,科敛财物,与奸徒私通,接济夷倭等项,轻则量情惩治,重则参奏拿问。"参见中国第一历史档案馆编:《明清宫藏中西商贸档案(一)》,中国档案出版社2010年,第9~10页。

〔3〕 郑若曾:《筹海图编》卷3《广东兵防官考》,第233页。

〔4〕 嘉靖《广东通志》卷31《政事志四·兵防一》,第795页。

〔5〕 《明英宗实录》卷174,正统十四年春正月戊子。

〔6〕 《明宪宗实录》卷106,成化八年秋七月戊申。

（1482）命广东都指挥佥事姚英任总督备倭等。[1]

值得注意的是，总督备倭都指挥有钦差的性质，例如上引嘉靖《广东通志》就说"领敕总督备倭"。现存台山广海镇南湾紫花岗石刻有成化三年（1467）"海永无波"题字，纪念天顺三年（1459）官府征剿广海海域的海盗事件，题款"钦差总督备倭都督张通书、巡视海道副使徐海刻"。[2]一般来说，敕谕是授外任之总督、巡抚、学政、盐政、织造、提督、总兵以及临时派遣的军事将领等官的任命书，这些将官负有受皇帝差遣的专责，受差遣行使职权，因此敕谕内容会对职权有相当明确的规定。[3]叶盛《两广奏草》卷3《请给备倭将官敕谕疏》载：

> 题为照例请敕事。照得广东都司都指挥同知张通，见今总督备倭。本官廉洁谋勇，人所共知。近该兵部奏奉钦依内事理，公同按察司佥事谢献、管事各官同心协力，卓有成绩。但备倭地方，东西八千余里，所统官军二万有余，实为重任。先年备倭杜信原系奉敕官员，所据张通等亦合照例请给，庶得便于行事。[4]

上引奏疏写于天顺二年（1458）十月，叶盛提到杜信是奉敕官员，而时任都指挥张通负责海防事务却未有领敕，因此上书请给敕谕，以明确职权。可见所谓的"领敕总督备倭"也并非明代备倭都指挥的定制。随着日后海防问题的恶化，总督备倭都指挥的权力逐渐下降，嘉靖四十四年（1565）提督两广吴桂芳认为总督备倭"事权不重"，已经"与沿海卫所初无维系，海上失事则彼实任其辜；而委任责成，比实无寸兵在手也"，在奏请添设海防参将之后，建议"原设总督备倭以都指挥体统行事官酌量裁革"。[5]

在总督备倭之下，备倭卫指挥则由指挥使、同知、佥事或镇抚等官择一员充任，其下辖千户所也由备倭所官一员督率军船巡海。以洪武五年（1372

[1]《明宪宗实录》卷232，成化十八年九月己亥。
[2] 广海镇志编纂委员会编：《广海镇志》，内部印刷2009年，第469～470页。
[3] 陈时龙：《明代的敕和敕谕》，《故宫学刊》2015年第2期。
[4] 叶盛：《两广奏草》卷3《请给备倭将官敕谕疏》，第545～546页。
[5] 应槚、凌云翼、刘尧诲等修：《苍梧总督军门志》卷24《奏议二·吴桂芳请设海防参将疏》，第280～281页。

建立的海南卫为例：

> 海南卫辖内外十一所，共额设旗军一万五千九百二十七名。大率每军十名，立一小旗，五小旗立一总旗，二总旗为百户所，共旗军一百一十二名，领以百户一员，十百户所为千户所，共旗军一千一百二十名，谓之正卒。又有羡卒，各所多寡不一。……卫属五所，该正军五千六百名，统以指挥使、同知、佥事、镇抚等官，推选一员专掌军政，余以充备倭、巡捕、督备、督操、督屯之任。外所加置吏目，并隶本卫及广东都司、前军都督府。[1]

> 卫指挥一员专掌巡海，听广东海道副使、备倭都指挥节制。所辖内外十一所，每所官各一员督所管军船常于所部海面巡视，有警辄行申报。[2]

万历《肇庆府志》记载阳江、海朗、双鱼三个所的备倭官各一人，由本所千百户担任：

> 阳江、海朗、双鱼三所备倭官各一人，本所千百户。[3]

必须指出，在卫所系统之下，武职的将官除了上述备倭卫所官的设置之外，广东地方文献还记载了专门为备倭巡海而设的"提督"、"总督"等特殊将官制度安排。其中以海南卫的做法较为特别。正德《琼台志》记载明初琼州府东路、西路各所将官安排：

> 国朝二年，海南分司拨百户刘杰领军一百名守镇万州。七年，始移在卫后所于州开设，展城镇御。二十年，改为守御所。其所北二百八十里系文昌清澜港，所南九十里系陵水南山港，各屡侵倭寇。二十四年，指挥桑昭奏于清澜置守御千户所，次年委官筑城开设，号为东路三所，而

---

〔1〕 万历《琼州府志》卷7《兵官》，第198页。
〔2〕 正德《琼台志》卷21《海道·海防》，彭静中点校，第468页。
〔3〕 万历《肇庆府志》卷15《兵防志一》，第305页。

以儋、昌、崖为西路。指挥通督西路者号提督，后改总督，分督一路者为督备。其路分有急，在卫及两路军互调帮守，随时地为增减，轮罢不一。其他巡捕、守备、守御等委，不论指挥、千百户皆得充之，但所委地有广狭。……成化十五年以后，改两路提督为总督。[1]

可以看出，琼州府的海南卫分东西二路海防，分别有"提督"、"总督"和"督备"等将官名号，可由指挥、千百户分别充任，区别在于管辖地域范围大小而已，这种安排自明初已有。广东东部潮州府柘林也有类似的情况：

> 柘林澳，内漳潮海寇、外暹罗诸番倭常泊舟于澳内，为地方患。洪武年间建大城千户所于腹里，而外筑烟墩以瞭望之。续抽潮碣二卫官兵以防番寇秋来之患，名曰"提督东路"。嘉靖年间藩司因佛郎机之虑，定岁募舟兵十余艘以协防其处。[2]

在前一章中我们已介绍过柘林澳于潮州府海防的重要性。由上可知，虽然不能确定"提督东路"的名号始于明初，但可以肯定在明代中期的嘉靖年间以前即抽调潮州卫、碣石卫官兵在柘林防海，将官有"提督东路"之名。

（二）备倭军和备倭船

沿海卫所旗军除部分屯田外，大致分为城守军和备倭军两种。日本学者川越泰博于此早有清晰区分。[3]后者于汛期出海备倭，是明前期海防主力。前引兵科给事中夏言陈述当时沿海备倭的积弊，就说"沿海去处多设卫所以为备御，后复委都指挥一员，统其属卫，摘拨官军，以备倭为名，操习战船，时出海道，严加提备"。[4]嘉靖年间浙直总督胡宗宪亦言，"国初，沿海每卫各造大青及风尖八桨等船一百余只，出海指挥统率官军更番出洋哨守"。[5]说的都是在沿海卫所的体制下，由备倭指挥"以备倭为名"率领备倭军出海巡捕

[1] 正德《琼台志》卷18《兵防上·兵制》，彭静中点校，第403~405页。
[2] 嘉靖《广东通志初稿》卷34《营堡关津附》，第563页。
[3] 川越泰博：《明代中国の軍制と政治》，第59页。
[4] 夏言：《桂洲先生奏议》卷20《驭夷狄·请勘处倭寇事情》，第564页。
[5] 郑若曾：《筹海图编》卷12上《经略三·御海洋》，第763页。

哨守的情形。由于海上作战与陆战操习不同,沿海水军的应战不可能临时摘拨,因此备倭军在员数、月粮、战船配备和操习训练均有一定的规制。但是,关于明初沿海卫所备倭军的构成和分布情况,文献记载大多语焉不详,歧义抵牾之处甚多,以致相关研究也模棱两可。

在明代海防史研究方面用力较勤的范中义先生最初认为明初没有"真正的海军(或称其为常备海军、专职海军)",到了中后期新建水军,才实现"船和人始终牢牢地结合在一起,有利于专业的训练和战斗力的提高"。[1]后来他参与编写的《中国海防史》则认为朱元璋在统一中国的过程中,建立了一支强大的水军。他指出,当时加强水军建设最为重要的决定有二,一是洪武三年(1370)七月"壬辰,置水军等二十四卫,每卫船五十艘,军士三百五十人缮理,遇征调则益兵操之"。因此估算出当时拥有13万多将士、1 200艘战船的庞大水军,是中央直属部队,担负着沿海地区的机动作战任务。二是洪武二十三年西诏滨海卫所,每百户置船二艘,巡逻海上盗贼,巡检司亦如之。认为"这一决定使得沿海59卫、89守御千户所和200处左右巡检司至少拥有4 000多艘战船,是一支十分可观的水上力量"。[2]但是这种情况其实不适用于广东地区,最直接的理由是洪武二十三年(1390)广东最主要的沿海卫所尚未建立。有意思的是,该书注释又引《明会典》载"沿海卫所,每千户所设备倭船十只,每一百户船一只。每一卫五所,共船五十只",认为这与实录记载不同,但"可能更符合当时的实际"。[3]注释和正文相互矛盾,显示作者对相关问题也拿捏不定。川越泰博不仅从沿海卫所戍军中区分出"守城军"和"捕倭(出海)军",且对巡海军船的配置和吨数情况、军兵来源和补给制度也最早进行系统的分析。他引用实录有关洪武二十三年(1390)夏四月"诏滨海卫所,每百户置船二艘,巡逻海上盗贼"的记载,统计一卫战船100艘,[4]但备倭军数则未予讨论。也有学者据《明史·兵志三》载:"令滨海卫所,每百户及巡检司皆置船二,巡海上盗贼"推断,明洪武末年沿海50余卫和192个巡检司,当有船五千余艘。[5]

〔1〕 范中义:《明代海防述略》,《历史研究》1990年第3期。
〔2〕 杨金森、范中义:《中国海防史》,第91~92页。
〔3〕 杨金森、范中义:《中国海防史》,第92页。
〔4〕 川越泰博:《明代中国の军制と政治》,第59页。
〔5〕 邸富生:《试论明朝初年的海防》,《中国边疆史地研究》1995年第1期。

事实上，如果说洪武年间多次诏令沿海卫所造船巡哨只是临时的做法，那么官修会典对出海备倭的旗军数量、月粮和备倭船只的配置的记载，应该可以反映常态化的制度规定。正德《明会典》载：

> 沿海卫所，每千户所设备倭船十只，每一百户船一只，每一卫五所共船五十只，每船旗军一百名。春夏出哨，秋回守。月支行粮四斗。船有亏折，有司补造。损坏者军自修理。[1]

万历重修《明会典》所载与上述同，仅于末尾"损坏者军自修理"之后补充"今沿海地方自行添造"，说明在明代中后期海防体制发生转变之前，备倭军船的配备有一个基本的顶层设计，后来才应各地需要自行打造战船。[2]据此，若以一卫为单位计算，应配置50只备倭船，每船旗军100名推算出海的备倭旗军5 000名，再加上领军的总旗、小旗等将领，数目相当可观。若我们参照明政府规定的内外卫所旗军定数，以五千六百名为一卫，一千一百二十名为一千户所，一百一十二名为一百户所，那么，从制度设计上推算，沿海卫所的备倭军应占全部旗军人数的比例可能高达90%。明人仇俊卿认为，"国初置沿海卫所，每所船十只，每船军百名，其法备载会典。自一所一卫推之，则合省之海船海军，可总其实也"，[3]说明当时人相信明初的备倭制度规定确曾被严格推行。有意思的是，王在晋《海防纂要》在征引仇俊卿这段话时，极可能意识到如此推算出来的备倭军船数目过大，难以符实，径自改为"每所船五只，每船军百名，其法备载会典"，[4]数量减半，表明作者对于沿海各地是否能够如实执行心存疑虑。

沿海卫所分布极广，即便在同一个省区，卫所的情况也千差万别，上述规定在事实上是否必然整齐划一，必须结合各地的实际推行情况才能说明。在广东地区，正如下文将指出的，如此庞大规整的备倭军船额数可能从一开始

〔1〕 徐溥、李东阳等修：《明会典》卷160《工部十四·备倭船》，四库全书史部第618册，上海古籍出版社1987年影印本，第573页。

〔2〕 申时行等纂：《明会典》卷200《工部二十·备倭船》，第1002页。

〔3〕 郑若曾：《筹海图编》卷13《经略五·兵船总论》，第883页。

〔4〕 王在晋：《海防纂要》卷6，四库禁毁书丛刊史部第17册，北京出版社2000年影印本，第575页。

就没有被严格执行,广东各地卫所备倭军和备倭船的数量和分布并不划一。要强调的是,由于地方志中对这些卫所旗军额数的内容,大多抄袭明政府关于卫所制度的一般性规定。如嘉靖《广东通志》引《诸司职掌》来说明卫所军士"俱有定数,大率以五千六百名为一卫,一千一百二十名为一千户所,一百一十二名为一百户所,其卫分军士数多千百户所统,则一百户内设总旗二名,小旗十名,管领钤束,大小相维,以成队伍"。[1]加上现存广东志书主要刊刻于明代中后期,以卫所旗军为主力的备倭制度趋于崩坏,多数地方志仅记录卫所旗军的原额、逃(绝)故和见在人数,各种史料的内容因此多失于粗泛,不足以给我们明确具体的印象。因此我们无法以各个卫所为单位逐一介绍备倭军船的情况,仅能尽目前资料所及,从有较明确记载的几个卫所来估计明前期的情况。

1. 海南卫

明初海南卫所是在收集元代旧军,安置迁配者和官吏户丁充军的背景下陆续添设的。洪武二年(1369),以兵部侍郎孙安授广东卫指挥佥事,率千户周旺、百户吴成等部,领张氏漫散军士朱小八等一千余名前来镇御,开设海南分司,仍隶广西省,三年(1370)改隶广东省。五年(1372)改分司为卫,治所在琼州府西。随着"迁配者接踵而至",倭寇形势变化,经过陆续扩展,洪武年间发展成内外十一所的格局。[2]其中左右前中后为内五所,外隶守御千户所六。前面说过,由于琼州府四面环海,海防形势极为险要严峻,为了更机动应对,把外隶六所分为东、西二路,东路清、万、南三所,西路儋、昌、崖三所,所设官,各正副千户、镇抚、百户领备倭旗军出海。

正德六年(1511)成书的《琼台志》提供了明初海南卫备倭军的原额和宣德(1426~1435)、正统(1436~1449)以后各个千户所备倭军裁减的情况,是目前所见最为直接详细的资料。该书卷21《海道·海防》条载:

> 官卫指挥一员,专掌巡海,听广东海道副使、备倭都指挥节制。所辖内外十一所,每所官各一员,督所管军船常于所部海面巡视,有警辄行申报。

---

[1] 嘉靖《广东通志》卷31《政事四·兵防》,第802页。
[2] 正德《琼台志》卷18《兵防上·兵制》,彭静中点校,第399页。

旗军一千一百七十名。内五所,国初该一千名,正统以后渐减,今五百名。左所旗军一百名,右所旗军一百名,中所旗军一百名,前所旗军一百名,后所旗军一百名。东三所,原六百名,宣德以后渐裁,今三百名,清澜所一百名,万州所一百名,南山所一百名。西三所,原六百名,宣德以后渐革,今三百七十名,儋州一百五十名,昌化所一百名,崖州所一百二十名。

战船二十三只,内五所各一只,外六所各三只。[1]

由上可见,海南卫额设备倭军2 200名,其中内五所共1 000名,东、西三所各600名。若按文献记载该卫辖十一所原额旗军15 927名,除屯田旗军2 497名外,则汛期出海巡捕的备倭军约占全卫旗军总数的六分之一(表三)。[2]

表三　明代海南卫备倭军的构成

卫　　所		原　　额	今　　存		战　船
内五所	左所	1 000名	500名	100名	1只
	右所			100名	1只
	中所			100名	1只
	前所			100名	1只
	后所			100名	1只
东三所	清澜所	600名	300名	100名	3只
	万州所			100名	3只
	南山所			100名	3只
西三所	儋州所	600名	370名	150名	3只
	昌化所			100名	3只
	崖州所			120名	3只
合　　计		2 200名	1 170名		23只

---

[1] 正德《琼台志》卷21《海道·海防》,彭静中点校,第465~466页。
[2] 万历《琼州府志》卷7《兵官》,马铺点校,第197页。

实际上,不管是明初的原额还是正德年间的今存数目,备倭船和备倭军的确切数目也有出入,有所调整。万历《儋州志》载:

> 国朝洪武初,海南卫所各设备倭官军。本州城西六里港边名军船厂,原设战船三只,备倭三只,备倭官一员,军一百五名。后迁于新英港,船止二只,捕盗、舵工、旗军共五十名。[1]

儋州所提供了一个有意思的例子。如上引正德《琼台志》的资料所载,儋州所所在的"东三所"原额备倭军600名,每所各有战船3只。根据万历《儋州志》的说法,儋州所明初有备倭军105名,有战船3只,另有备倭船3只。后来备倭军迁往新英港防守,船止2只,旗军也锐减一半。另据同书载"永乐年内奉议造备倭船贰只,抽发千户所惯熟海波旗军叁拾名,撑驾协守本州新英海港"。[2]可知早在永乐年间备倭军便开始协守新英港。

2. 碣石卫

碣石卫在惠州府海丰县东南一百二十里滨海,洪武二十七年(1394)都指挥花茂疏立建城,辖中、左、右、前、后五所以及滨海的甲子门所、捷胜所、平海所和海丰所,直接背景是"是年倭寇犯海"。[3]

地方志书载碣石卫"其备倭皆以四月风迅时上班,九月霜降后休息,每所备倭千户一员领之,国初之定制如此"。[4]即每年汛期由各所备倭千户率领备倭军出海巡哨,但明初各所所领备倭旗军的规模不可考。嘉靖三十八年(1559)刊刻的《海丰县志》载有当时碣石卫各所的备倭旗军、战船数目,虽然反映的是明代中期的海防武力,但据此或可推测明初碣石卫备倭军的规模(表四)。该书上卷《舆地志·戍守》载:

> 碣石卫,辖千户所九,每所辖百户所十,通旗军一万一百余人,内五

---

〔1〕 万历《儋州志·地集·兵防志·海防》,广东历代方志集成,岭南美术出版社2009年影印,第87页。

〔2〕 万历《儋州志·地集·兵防志·海防》,第85页。

〔3〕 嘉靖《惠州府志》卷8《兵防志·兵制》,广东历代方志集成,岭南美术出版社2009年影印,第93页。

〔4〕 嘉靖《海丰县志》上卷《舆地志·戍守》,第156页。

所逃故四千三百八十有四,实在一千二百一十有六,番上梧州征调四哨凡八百九十三,备南沙、鱼尾、大德、湖东四澳二百二十六人,战船四座,其余直听即充窑匠养马而已。海丰所旗军绝故六百五十,实在四百七十有奇,嘉靖七年奉部移,俱免征调,备长沙海澳,战船二座,哨船四只。捷胜所绝故旗军五百四十有二,实在五百六十有九,番上梧州征调二哨,凡三百九十八人,备长沙海澳一百一十有二人,战船二座。甲子所旗军绝故八百七十一,实在三百二十有九,番上梧州二百三十九人,备长沙海澳九十人,战船二座。平海(所)绝故旗军六百七十有二,实在四百七十有二,番上梧州三百七十有五人,备海澳九十有七人,战船二座。[1]

　　这里所谓"番上梧州征调",指的是成化五年(1469)广西梧州开设两广总督衙门,征调广东卫所旗军番戍。关于征调的情况,下文还将详述。当时碣石卫除备倭旗军外,其余旗军都经过一番重新编排,"本卫旗军除备倭一哨外,其余分为四哨,改立队伍,上下两班,更番赴梧州听调,与国初军伍之制更张不同"。[2]明乎此,上引《海丰县志》所载碣石卫各所旗军实在数目,除了海丰所于嘉靖七年(1528)奉部免征调梧州,全部守备海澳外,其余各所实际上都分为征调军和守备海澳即备倭军二种,后者的实在数目为1 107名,备倭战船12座。备倭军约占实在旗军总数的三分之一。考虑到征调梧州旗军的数目与备倭军相当,则成化以前碣石卫备倭旗军的规模之大不难想见。

表四　明代碣石卫旗军情况

卫　所		逃(绝)故旗军	实在旗军			战船
			实在旗军总数	梧州征调旗军	备倭旗军	
内五所		4 384名	1 216名	893名	226名	4座
外四所	海丰所	650名	470名	嘉靖七年奉部俱免征调	470名	2座
	捷胜所	542名	569名	398名	112名	2座

[1]　嘉靖《海丰县志》上卷《舆地志·戍守》,第155～156页。引文括号文字为笔者所补。
[2]　崇祯《惠州府志》卷13《兵防上》,第565页。

（续　表）

卫　所		逃（绝）故旗军	实在旗军			战船
			实在旗军总数	梧州征调旗军	备倭旗军	
外四所	甲子所	871名	329名	239名	90名	2座
	平海所	672名	472名	375名	97名	2座
合　计		7 119名	3 056名	1 905名	1 107名	12座

3. 新会守御千户所、香山守御千户所

新会所直隶广东都司，在新会县治东面。洪武初年新会县民岑德才言其地倚山滨海，宜置兵戍守，下广东都司定议，于洪武十七年（1384）建立千户所。[1]新会所建立的目的是防海备倭，虽然明初备倭旗军不可考，但万历《新会县志》仍然保留了明代中期备倭旗军的数目：

> 守御所，官吏一十八员，旗军五百九十六名，守城二百名，备倭哨一百四十九名……巡捕哨二十名，军门两哨班军九十九名……[2]

可见，与上述碣石卫的情况一样，新会所也是征调梧州两广总督军门的卫所之一，其旗军部分征调军门，部分守城，部分备倭巡哨，当时备倭军有149名。

类似的例子还有香山守御千户所。洪武十四年（1381）置香山所，[3]洪武二十六年（1393）设公署于在香山县治东，[4]初直隶都司，二十七年（1394）置广海卫于新会县之后，改隶广海卫。[5]该所至嘉靖年间（1522～1566）备倭军仅存184名：

> 国朝洪武二十三年，设立香山守御千户所，千户五员，百户十员，旗军一千一百六名。岁久逃故六百七十一名，实在四百五十二名，拨往苍

---

〔1〕《明太祖实录》卷162，洪武十七年五月甲申；姚虞：《岭海舆图》，第13页。
〔2〕万历《新会县志》卷2《公署》，广东历代方志集成，岭南美术出版社2009年影印，第107页。
〔3〕《明太祖实录》卷138，洪武十四年秋七月辛巳。
〔4〕嘉靖《广东通志初稿》卷4《疆域·城池》，第84页。
〔5〕嘉靖《广东通志》卷31《政事志四·兵署》，第795页。

梧军门征调者凡征哨旗军二百一十三名,守把镇头角营七十三名,备倭一百八十四名,存留守城六名。[1]

可见,香山千户所的情况与上述碣石卫、新会所一样,均有征调梧州的安排,明初备倭军的确切数字难以推算,但地方文献对明代中后期见存备倭军数目仍有明确记录。

4. 雷州卫

雷州卫的设立较早。洪武元年(1368)征南将军廖永忠平定岭南之后,诏立雷州卫于府治,命指挥张秉彝率千户王清、欧阳昌镇守,洪武五年(1372)以卫隶广东都司,后来陆续添设千户所。最重要的变化发生在洪武二十七年(1394)都指挥同知花茂和安陆侯吴杰等在广东推动大规模海防建设期间:

> 甲戌广东都指挥花茂奏于沿海增设所军防海,是年安陆侯吴杰、都督马鉴偕花茂至雷,垜进丁夫充军额,相三县要地,设海安、海康、乐民、锦囊四守御千户所,咸隶于卫。[2]

至此,雷州卫在洪武年间拥有左右中前后五所和外隶海安、海康、乐民、锦囊四守御千户所。雷州卫辖内外九所,原额旗军一万零八名。[3]

由地方志记载看,雷州卫的备倭军也被称为"团操军"。万历《雷州府志》卷12《兵防志一·团操军》载:

> 团操军即备倭军。国初闽浙广东沿海一带俱患倭,故各设军备之。雷制拨所军七百名分上、下班防守,所官领之,择卫指挥一员提督。[4]

同书卷13《兵船》条又载:

---

[1] 嘉靖《香山县志》卷3《政事志第三·兵防》,第326页。
[2] 万历《雷州府志》卷12《兵防志一·兵署》,第320页。
[3] 万历《雷州府志》卷12《兵防志一·军制》,第334页。
[4] 万历《雷州府志》卷12《兵防志一·团操军》,第335页。

国初自闽浙至广东沿海一带俱防倭。故雷制卫所各造战船,择本卫指挥一员提督,各所官管领众哨,拨内外四所旗军七百名分上下班防守。

上引材料中"拨所军七百名"、"拨内外四所旗军七百名",应该就是明初雷州卫的备倭旗军数目。但我们并不清楚这700名备倭军在各个千户所的分布情况。值得注意的是该书又专门记载了外隶四所见在团操旗军数目,锦囊所94名,海安所82名,海康所137名,乐民所187名,合计500名,[1]反映了万历年间备倭旗军规模。这似乎也表明,前引所谓"拨所军七百名"、"拨内外四所旗军七百名"的备倭军(团操军)规模,很可能都来自外隶四所,不包括雷州卫的左右中前后五所。

5. 廉州卫

廉州卫设于府治东,洪武三年(1370)立守御百户所,十四年(1381)改为千户所,二十八年(1395)改为卫。终明世,该卫外隶守御千户所三,分别是沿海的永安守御千户所、钦州千户所和内地的灵山千户所,但灵山所"旧无,正统五年副使甘泽……奏调南海后卫千户所官军守镇灵山,始属廉州卫",[2]因此,明初廉州卫实际仅有外隶永安守御千户所、钦州千户所二千户所负责海防事务。

永安守御千户所建立的时间不详,洪武二十七年(1394)由于海寇出没,奏迁于合浦县海南乡,千户牛铭始建城濠窝铺门楼。有"永安守备,洪武辛酉调雷州卫前所官军领以指挥一员专驻哨守,弘治年革",[3]可知至少在洪武十四年(辛酉,1381)该地已经有官军驻守。钦州守御千户所,位于在钦州州治附近,洪武四年(1371)建立百户所,二十八年(1395)改为守御千户所。[4]有关永安守御千户所、钦州千户所备倭军的情况,崇祯《廉州府志》在回顾洪武二十七年(1394)安陆侯吴杰训练沿海卫所官军以备倭寇,建立廉州卫后接着指出:

---

〔1〕 万历《雷州府志》卷12《兵防志一·团操军》,第339页。
〔2〕 崇祯《廉州府志》卷6《经武志·军卫》,第80页。
〔3〕 崇祯《廉州府志》卷6《经武志·守备》,第86页。
〔4〕 崇祯《廉州府志》卷6《经武志·军卫》,第80页。

……所辖永安、钦州二所，每所各官一员，督管军船三艘，旗军三百名，各分上下班出海巡哨，以防倭寇。[1]

显然，这里的"旗军三百名"、"军船三艘"指的是明初备倭军及其备倭船的原额。嘉靖《钦州志》又载，明初钦州千户所备倭军由百户一员督率，"旗军一百名，分上下班出海巡哨，上班五月至九月，下班十月至来年四月"，有"战船二只"。[2]参照原额推算，除去钦州备倭旗军100名，战船2只，则永安千户所备倭军额设200名，战船1只。

值得一提的是专门巡哨珠池的兵力。前一章提到，廉州府海域盛产珍珠。由于珍珠由官府垄断，海上盗取活动不断。[3]为此，明初于沿海建寨十七处，其中指位于永安千户所属地的乌兔寨、凌禄寨、英罗寨、萧村寨、井村寨、对达寨、丰城寨、黄泥寨，以及西面的川江寨、陇村寨、调埠寨、白沙寨、武刀寨、龙潭寨、古里寨和西场寨，加上珠池巡司衙门所在的珠场寨，"由西而东而北，凡十七处，分军巡哨，以防盗取之患"，[4]额设守军144名。[5]这批守军专责守海，防止盗采，似也应纳入备倭军的范围。

6. 阳江所、海朗所、双鱼所

崇祯《肇庆府志》卷16《兵防志一·海防》载：

肇庆府惟阳江一县南滨大洋。倭寇乘风出没，不知所在，故防海无时。国初阳江、海朗、双鱼三所各设备倭官一员，每年汛期各带本所旗军三百名，驾船汛海，扎泊海陵、青洲、戙船澳等处。自清明前三日起至大暑前一日止，谓之春汛。复自霜降前一日起至小寒前一日止，谓之冬汛。又每年调东莞乌艚船十只赴戙船澳乘驾，雷州、神电、宁川、锦囊等卫所官军协守。[6]

---

〔1〕 崇祯《廉州府志》卷6《经武志·备倭》，第91页。
〔2〕 嘉靖《钦州志》卷6《兵防·备倭》，第91页。
〔3〕 相关情况也可参考本文第五章及笔者先前的研究，参见陈贤波：《从荒岛贼穴到聚落街庄——以涠洲岛为例看明清华南海岛之开发》，《中国社会历史评论》2012年第12卷，第275～297页；陈贤波：《明代中后期粤西珠池设防与海上活动——以〈万历武功录〉珠盗人物传记的研究中心》，《学术研究》2012年第6期。
〔4〕 崇祯《廉州府志》卷6《经武志·墩台》，第93～94页。
〔5〕 万历《广东通志》卷53《郡县志四十·廉州府·珠池》，第375页。
〔6〕 崇祯《肇庆府志》卷16《兵防志一·海防》，第474～475页。

据此可知,明初阳江、海朗、双鱼三个守御千户所的备倭旗军各有300名,每年汛期在肇庆府阳江县海域巡哨捕倭。

必须指出,由三个千户所协防一县海域的做法在明代广东海防体制中绝无仅有,特别是阳江、海朗、双鱼三个守御千户所虽然防海备倭在阳江县海域内,但三所均非肇庆卫所隶。阳江所在阳江县治东,设于洪武六年(1373),直隶广东都司。海朗所、双鱼所均由花茂于洪武二十七年(1394)奏设,分别隶属广海卫和神电卫,"备倭在阳江域中,殿最在肇庆府"。[1]又万历《高州府志》载,"神电卫调附双鱼守御千户所附阳江县,额设旗军一千一百二十名,见在二百八十五名,俸粮于肇庆府支给",[2]推测两所的殿最(考核)和俸粮都在肇庆府进行。

随着海防体制的破坏,到了明代中期,上述阳江、海朗、双鱼三所备倭军三百名锐减。万历《肇庆府志》载:

> 阳江县濒海,东海朗,西双鱼,皆海墺也。旧制,三所备倭官各一人,每岁四月风汛之时,各率旗军出海防御。阳江所旗军七十人,海朗所旗军八十二人,双鱼所旗军一百人,各战船一,哨船一。霜降后撤回。军分二班,一班仍旧防御,一班办备倭料银。又每岁调东莞乌艚船十,雷州神电宁川锦囊等九卫所官军乘之,俱赴戙船澳防汛。嘉靖二十七年挈。三十五年复挈阳江双鱼所军船。自此多事。[3]

可见,万历间备倭军仅有阳江所70人,海朗所82人,双鱼所100人,战船各1座,哨船各1座。

7. 潮州卫

广东东部的潮州卫始建于洪武二年(1369),有内属左右中前后五所和外隶程乡、蓬州、海门、靖海、大城守御千户所,除了位于内陆的程乡所外,余皆滨海备倭。[4]

---

〔1〕 万历《肇庆府志》卷15《兵防志一》,第288页。
〔2〕 万历《高州府志》卷2《戎备》,第28～29页。
〔3〕 万历《肇庆府志》卷16《兵防志二·海防》,第326～327页。
〔4〕 参见陈春声:《明代前期潮州海防及其历史影响》,《中山大学学报》2007年第2、3期。

　　陈天资的《东里志》引述万历年间饶平知县罗胤凯《议地方》一文，内称"国初倭寇为患，沿海多设备倭官军，故于宣化柘林之东北，特建大城备倭之千户所"。[1]但是大城所距离海岸较远，为防海备倭，又调潮州卫、碣石卫官兵戍守柘林海澳，"洪武年间建大城千户所于腹里，而外筑烟墩以瞭望之，续抽潮、碣二卫官兵以防番寇秋来之患，名曰提督东路"。这批从潮州卫、碣石卫抽调的卫所官兵即明前期常备的备倭旗军无疑，但数目不详。据嘉靖三十三年（1554）南赣巡抚谈恺的说法，当时"查得潮州卫备倭旗军一百三十九名，梧州上班旗军五百九十二名"，[2]说的是嘉靖年间的情况，明初备倭军原额已不可考。

　　事实上，早在洪武初年潮州府海阳县苏湾都就设有水寨，停泊备倭战船和驻军则更早：

　　　　水寨城，在县南苏湾都白塔寺之右，洪武三年指挥俞良辅创筑。周围三百一十三丈八尺，立四门，凿池于内，置水关于西北隅，内通海港，自南而西转入水关，潴于池，以泊战船。[3]

　　修于嘉靖二十六年（1547）的《潮州府志》又载：

　　　　水寨，凡舟之过秋溪及樟林港者必由之。洪武初置石城，造战舰，以据番舶。今官军往来防御，以夏秋为期。[4]

　　苏湾都的水寨不仅兼顾防守进入府城的水道，也有汛期官军出海备倭的功能，但战船和驻军不详。

　　通过以上案例，我们至少可以归纳出有关明初备倭军、备倭船制度安排的若干关键信息：

〔1〕　陈天资：《东里志》卷4《公移》，第123页。
〔2〕　谈恺：《虔台续志》卷5《纪事四》，第34页。
〔3〕　嘉靖《广东通志》卷15《舆地三·城池·潮州府》，第397页。
〔4〕　嘉靖《潮州府志》卷1《地理志》，第20页。

首先，无论是备倭军还是备倭船，全省各地卫所的额数并无整齐划一的做法。在以上列举的几个卫所中，即使是隶属同一个卫的各个千户所的状况也不尽相同。这可能与各地的海防形势轻重缓急不同有关。海南卫的儋州千户所还表明，尽管我们努力还原明初备倭军船的情形，但是即便在明初，卫所的备倭军布局和战船数目也因应形势不断调整，并非一成不变。

其次，分班出海巡哨捕倭是备倭军最主要的任务。上述列举的卫所显示汛期出海巡捕是备倭军船制度安排的常态，但当时各个卫所出海哨巡的汛地范围和划界会哨情况不得而知。一些资料还显示，在出汛的月份，备倭军除了照常领取月粮，还有额外的汛饷银。如儋州所备倭军"月粮于本州备支备倭秋粮条内，每名月支壹石，折银肆钱给领；出汛月每名增支汛饷银贰钱"。[1]在雷州卫，正月和七月为出汛月份，内四所备倭军"每月米折银四钱，惟正、七月支屯粮米二石，每石折银三钱"，按季领取，但外四所备倭军"每月俱折四钱，无正七折屯之例"，连当时人也"不知何殊异若此"。[2]香山所还规定，"每岁夏四月南风至，倭船易于北来，谓之风迅，官军以是出海防守，毋得先期而扰，亦毋得后期而缓，获倭贼一人，赏银五十两"。[3]

最后，值得进一步讨论的是备倭战船问题。

备倭船是出海巡哨捕倭最重要的工具，但我们对于备倭船备料修造的具体情况仍不清楚。已有的研究对此也多含糊其辞。如叶宗翰《明代的造船事业》认为："明初海防的船只，以在浙江、福建、广东沿海诸府卫建造为主，也可能在江西、湖广、直隶所属府卫建造，也有于南京卫所建造。"[4]叶显恩先生最早对明代广东造船业进行研究，他指出："广东11府中濒临南海的8个府，皆有造船场所，尤以潮州、广州和高州为中心。由于所谓防御'倭寇'的需要，沿海防卫问题一直为朝野士宦所关注。"又说："成化之前，各要寨战船多在广州制造。"但他所列举出的例子是海南卫，不能代表其他沿海卫所的情况。[5]新近周孝雷、唐立鹏的研究又指出："自洪武直至万历年间，由于倭寇、

〔1〕 万历《儋州志·地集·兵防志·海防》，第85页。
〔2〕 万历《雷州府志》卷12《兵防志一·团操军》，第337～338页。
〔3〕 嘉靖《香山县志》卷2《政事志第三·兵防》，第326页。
〔4〕 叶宗翰：《明代的造船事业——造船发展背景的历史考察》，中国文化大学史学研究所硕士论文2002年，第152页。
〔5〕 叶显恩：《明代广东的造船业》，《学术研究》1987年第6期。

海盗、葡萄牙与荷兰人的接连侵扰广东沿海，间接刺激了广东的造船业，朝野仕宦以及广东各地沿海防卫长官一直以来都对船政十分重视。……但是，大部分的造船厂似乎只能生产中小号战船，遇有大号战船，只能移至广州修造。可见，明代的广州府在战船修造方面占据重要的地位。"又称："明中期之前，许多卫所的军船几乎全部来自广州。"[1]但他们对此却未能举出任何具体史例，同样难以采信。

明初朝廷三令五申下诏令各地造船，如洪武八年（1375）夏四月丙申命靖宁侯叶昇巡行温、台、福、兴、漳、泉、潮州等卫，督造防倭海船。[2]洪武二十年（1387）闰六月敕福建造海舟一百艘，广东倍之，以九月会浙江，出海捕倭，[3]说明备倭船只官造无疑，但广东备倭船只却不必如以往学者所论皆赴省城打造。

先看海南卫的例子。由于远离大陆，海南卫在洪武二十三年（1390）差中所千户叶铭、后所百户林茂往省城打造战船，"驾驶回卫，与同指挥瞿兴出海备倭"，至成化（1465~1487）以后才逐渐由本处匠作修造。正德《琼台志》由此提到"据此则成化以前，船皆广造，远则费多，且浮克难稽，今本处匠作能造，尤便矣"。[4]事实上，到了万历年间，才完全在本地立厂造船。万历《琼州府志》记载本地"打造战船"：

> 洪武庚午，差中所千户叶铭、后所百户林茂往广打造战船，驾回同指挥瞿兴出海备倭。成化辛卯，差百户林富往广打造战船，驾回备倭。据此则打造战船以防海，祖制也。遣所官兼同分总领银往省打造，其来旧矣。但往省路远费多，人苦搲航，且琼州船价比之通省各寨犹少，而庸劣委官奸甫一领官银，辄入私囊，以致侵克工价，造不合式，板薄钉稀，不堪备用。万历丁巳，道府会同参将详议批允，以后年例打造战船，于白沙寨立厂，取材于本地方，或转运于附近吴川等地方，专以其

---

〔1〕　周孝雷、唐立鹏：《明代广东的海防战船——兼论广州府的造船业》，收入郭声波、吴宏岐主编：《中国历史地理研究》第6辑《环南海历史地理与海防建设》，第231~247页。
〔2〕　《明太祖实录》卷99，洪武八年夏四月丙申。
〔3〕　谈迁：《国榷》卷8，中华书局1958年，第673页。
〔4〕　正德《琼台志》卷21《海道·海防》，彭静中点校，第466页。原文"中所千户崇铭"应为"叶铭"之误。按繁体字"叶"与"崇"近似。

责,监督于本府海防,而分理于贤能委官。至于价值又不必谬希节省,拘执成例,估计大小船号,通融增补,务在足敷材料工匠销费,期于造作坚厚,可垂兵家战守之利而已。盖监视在府则官无浮克,工无惰窳,打造于近则人免跋涉,船免驾回,而查点之规、胶舟之虞,自不至于贻戾也。[1]

实际上,潮州洪武三年(1370)建水寨,"置石城,造战舰以据番舶"。[2]正统十四年总督备倭广东署都指挥佥事杜信上疏:"潮州等卫所备倭船,多被飓风击败,乞敕所司补造,用饬边备,从之。"[3]万历《雷州府志》载:"……故雷制卫所各造战船。"[4]显示其他地方卫所的船只也大多在本地打造。

三、山海盗寇与海防危机

明初建立了以沿海卫所备倭军船巡海捕倭的海防体制,明政府也倾向于组织大规模的集中出海巡捕行动,加大对倭夷海寇的威慑。在王朝建立初期这一做法确实有助于稳固沿海社会秩序。资料显示,从洪武二十七年(1394)广东沿海卫所大规模构建之后至永乐年间,广东至少有三次大规模的巡海行动。第一次是洪武二十八年(1395)春正月命广东都指挥同知花茂讨捕海寇:

> 时广东都指挥使司言潮州吉头澳有贼船九艘泊岸,约五百余人,劫掠南栅等村。上以广东濒海州县常被寇害,由守御官军巡逻不严所致,于是诏都司以兵操海舟五十艘,往来巡捕,令茂总之。[5]

另外两次大规模巡海行动分别在永乐六年(1408)和永乐十九年(1421):

---

〔1〕 万历《琼州府志》卷8《海黎志》,第392～393页。
〔2〕 嘉靖《广东通志》卷15《舆地三·城池·潮州府》,第397页。
〔3〕 《明英宗实录》卷174,正统十四年春正月戊子。
〔4〕 万历《雷州府志》卷13《兵防志·兵船》,第357页。
〔5〕 《明太祖实录》卷236,洪武二十八年春正月辛丑。

　　（永乐六年）庚子，命都指挥姜清、张真充兵官，指挥李主、杨衍充副总兵，往广东、福建，各统海舟五十艘、壮士五千人，缘海堤备倭寇。如与丰城侯，仍听丰城侯调遣。敕广东都指挥使司令缘海卫所严兵提备，仍选海舟五十艘，旗军五千人，备军器、火器，以能战将校领之，听总兵官姜清等节制。在海成艍往来巡视，遇寇则剿捕，务在协力成功，以副委任。[1]

　　（永乐十九年）二月辛丑，命都督佥事胡原充总兵官，都督佥事梁铭、都指挥使薛山为副，率领原调广东都司所属官军五千人巡捕倭寇。[2]

　　但是，明初建立的海防体制在各地的实际效力仍然不能被高估。广东的种种资料显示，至迟在宣德年间备倭军船巡海捕倭的海防体制已经开始失效，至正统年间则出现失控的局面。

　　万历《广东通志》收录朱元璋洪武三十一年（1398）夏四月颁布的"禁广东通番"圣旨，说明在沿海卫所建立初期，卫所官军很可能就参与了沿海百姓出海通番的违禁活动：

　　　　如今广东通番的百姓内有等不畏公法，专一为非，将带违禁物货私自下海，潜往外国买卖。那沿海卫所巡守官军，不行用心设法巡拿，以致诱贼不时出没劫掠良民。该府便出榜文著沿海卫所，今后不问军民，但私自下海的人，问他往何外国买卖，通诱消息，若有实迹可验的，就全家解来。赏原拿人大银两个，钞壹佰锭。若守把官军不肯用心巡拿，与犯人同罪。有能首告，一体给赏。[3]

　　沿海卫所原本用于出海哨巡的备倭船只，也陆续用作杂遣。正德《琼台志》记载洪武二十六年（1393）百户林茂驾使备倭船装运盐课赴京，永乐元年（1403）百户刘玉领军驾船装运高良姜药材。景泰元年（1450）指挥周暐督领官军驾战船五只往新会追赶海贼，编撰者作者为此感慨，"按船主备倭本境，

---

〔1〕《明太宗实录》卷86，永乐六年十二月庚子。
〔2〕《明太宗实录》卷234，永乐十九年二月辛丑。
〔3〕万历《广东通志》卷6《事纪》，第126～127页。

他急权宜调应,似不为害。若杂遣赍运,劳军驰备,则非矣"。[1]

战船用于杂遣赍运之外,更为严重的战船改造成民船买卖的情况在洪武年间也见诸史料。嘉靖《广东通志》收录洪武三十一年(1398)禁止买卖战船的圣旨,也说明当时买卖官船的现象禁而不绝,已经非常严重:

> 本朝洪武三十一年正月十六,兵部官于奉天门早朝钦奉圣旨:先为军卫官旗作弊,将官用战船私下卖与客商,改作民船驾使,已出号令禁约,至今尚有犯者,惩兵部再出榜去申明,今后敢有将官船私丁卖者,正犯人俱各处以极刑,籍没其家,人口遣发边远,若同卖之人,有能自首,与免本罪,更赏银五百两,仍给犯人一□财产,若旁知者首告,赏银二百两,全给犯人财产。钦此。[2]

那么沿海卫所的备倭作战能力又是如何呢?陈天资的《东里志》提供了潮州卫大城所于洪武三十一年(1398)倭乱中的表现:

> 洪武三十一年,倭夷寇东里。大城所原设以备倭也,至是倭掠东里,百姓皆趋避城内。东门百户顾实开门纳之,民免于难。其西南北三门百户韩马谢皆闭门不纳,遇害甚众。事闻,命械至京师。太祖曰:是闭门百户来也,皆斩于市。仍传首本所枭示,子孙革袭,永不调补。至今大城所止七百户,其三所皆缺,谓之缺所。[3]

在这个极端的例子中,大城所仅东门开门收留被倭寇残害的百姓,其他三门百户事后均被处斩。沿海卫所官军避战自保不是孤例。嘉靖《广东通志》记永乐九年(1411)倭寇攻陷昌化县,杀千户王伟,指挥李珪等不救援不追剿:

> 广东都指挥使司奏,比倭贼攻陷昌化,千户所王伟等战败,彼杀军

---

[1] 正德《琼台志》卷21《海道·海防》,彭静中点校,第466页。
[2] 嘉靖《广东通志》卷31《政事志四·战船》,第809~900页。
[3] 陈天资:《东里志》卷2《境事志》,第48页。

士，死亡甚众，城中人口仓粮军器皆被劫掠，而副总兵指挥李珪及南海卫所遣领兵指挥千百户徐茂等，初不严兵备御，贼至又不救援，贼去亦不追剿，罪当死。上曰：此不可宥姑，令捕寇赎罪，如寇不复，皆斩。[1]

备倭卫所未能真正发挥备倭作用，乡民唯有在倭乱中自保自救。宣德元年（1426）倭寇犯潮州就是一例：

> 明宣宗章皇帝宣德元年倭夷犯上里，耆民陈彝率众击走之。
> 通事刘秀勾引倭舟入泊于湾港，威召各村各里之保长赴舟领货，名曰放苏，邻村皆靡然从之，遂以肆掠，即大城所危如垒卵。至上里乡耆民陈彝力拒之。于是倭夷率众来攻。乡人皆携家避于莲花、鲤鱼二山寨。彝曰：此贼若纵其横，吾乡危矣。乃相机率众下山驱之，捶杀其酋。倭败走。众奋勇追逐，杀伤者无数。倭舟即日遁入海，地方以宁。[2]

在这起事变中，倭寇由于通事刘秀的勾引，出入自如；驱逐倭寇也未见卫所潮州卫所备倭官军的踪影。

宣德七年（1432）二月，巡按广东兼察御史陈泅奏陈广东海防情况，试图仿照福建在沿海地区设立水寨，机动应变，显示他已意识到当时明显的海防颓势：

> 巡按广东监察御史陈泅奏：广东海洋广阔，海寇屡出为患。往者调遣官军五千人、海船五十艘出海巡捕二十余年，多被漂没，无益警备。请如福建设立水寨，于潮州、碣石、南海、神电、广海、雷州、海南、廉州八卫海道冲要之处，官军操舟就粮守备，每寨用指挥一员督之，仍委都指挥一员总督以备寇，且整饬腹里诸卫官军以备应援。上谓尚书许廓曰：凡事虽有变通，然亦不可不慎。官军巡海已非一日，令欲立水寨，未知果利便与否，宜令广东三司及巡按御史定议以闻。[3]

---

[1]　嘉靖《广东通志》卷66《外志·海寇》，第1787页。
[2]　陈天资：《东里志》卷2《境事志》，第49页。
[3]　《明宣宗实录》卷87，宣德七年二月庚寅。

　　陈汭说"往者调遣官军五千人、海船五十艘出海巡捕二十余年",指的是前述永乐十九年(1421)二月广东都司所属官军五千人巡捕倭寇,距他上疏的宣德七年(1432)二十余年。[1]至于他说的"请如福建设立水寨",指的是明初福建沿海岛屿建立的五座水寨。一般认为始建于洪武年间江夏侯周德兴所设,分别为浯屿水寨、南日水寨、烽火门水寨、铜山水寨、小埕水寨。但是这些水寨实际上也维持不久,因各种原因陆续迁入内地,名存实亡,至嘉靖四十三年(1564)福建巡抚谭纶才着力恢复五水寨应对日益严峻的海防局势。[2]陈汭的奏请沿海水寨未见下文,看来是遭到其他官员的反对。既然备倭船只"多被漂没,无益警备",那么不难推测,所谓备倭军船出海巡捕的制度安排也就很难被严格执行。有学者指出,明初的海防体制"由防海为主逐渐转变为岸防为主。有的地区停止了出海巡逻,出现了以海岸防守为主的趋势"。[3]这个过程,在广东地区,至迟在陈汭上疏的宣德七年(1432)已经初现端倪了。

　　到了正统初年,备倭官卖放巡海旗军,参与走私贸易,备倭船破损不堪使用的情形相当严重。我们从正统八年(1443)朝廷敕谕新任广东按察使郭智可以窥见一二:

> 广东缘海地方设卫所城堡于要害之处,专备倭寇。比闻都司卫所官不得其人,贪污暴虐,玩法欺公,或侵用月粮或卖放军士,或私下海捕鲜,或令营干家务,以致军伍空阙,兵备废弛,脱遇警急何以应用。……今特命尔整饬缘海备倭军,务尔即同都司巡海官偏历各卫所地方,询察前弊,务从清革。[4]

　　郭智的主要使命是整饬广东沿海的备倭军。他推动的改革之一,是让备倭官军"以每月朔望于小海内驾船操习水战"。[5]这个改革举措从反面也

---

〔1〕　嘉靖《广东通志》卷66《外志·海寇》,第1787页。
〔2〕　参见黄中青:《明代海防的水寨与游兵——浙闽粤沿海岛屿防卫的建置与解体》,第85~87页;卢建一:《闽台海防研究》,第74~76页。
〔3〕　范中义:《明代海防述略》,《历史研究》1990年第3期。
〔4〕　《明英宗实录》卷100,正统八年春正月壬戌。
〔5〕　《明英宗实录》卷116,正统十年五月戊子。

可印证当时沿海兵备废弛确非虚言，连日常的水战训练都要再行规定。但郭智本人很快就因"作威索赂"遭广东都指挥姚麟等军官的反击，于正统十年（1445）被讦下狱。[1]整顿改革不了了之。在郭智之后，接任的巡海大员腐化失责者当不在少数，以至于嘉靖年间出任两广总督的谈恺就批评广东按察司巡视海道副使"但以地方广远，巡历不周，或以本司缺官兼理他务，以致备倭、守备等漫无约束，或卖放巡海旗军，或克减打手工食，贼至则以退缩为能，贼去则曰众寡不敌。相传已久，习以成风"，[2]把备倭问题完全归咎于海道副使的失责。

如果进一步放宽视野，就不难发现，正统以后广东海防危机的出现除了体制内部的腐败，与当时海陆防御重心的转移变化有密切关系。由于内陆山地的动乱，当局不断征调沿海卫所戍守内地，直接造成沿海兵备空虚。

从正统年间开始，贯通两广的西江流域瑶人持续叛乱，加速了海防体制的崩坏。"两广地方自正统年间以来被蛮贼聚众流劫厢乡，攻破城寨，烧毁房屋，杀掠人财，连年累岁，民受荼毒，无所控诉"。[3]广东与广西交界的肇庆府、高州府泷水、信宜、电白等县成为重要战区：

> 廉雷高肇四府地方，接连广西，彼此俱有瑶……不遵治化，专尚劫杀。洪武年间，大军剿杀，致数十年地方宁靖，人民安业。近年此类蕃众，其贼首赵音旺等纠合广西贼徒，动以千数，开张旗号，各执凶器，大则包围城堡，烧杀衙门，小则流劫乡村，杀房人财。已尝增筑城池，设立营堡，调拨官军分投守备。奈何瑶山星散，恃其险阻，叛服不常。我军稍失防闲，辄敢大肆侵掠。数年之间，良民被其劫杀数千余家，即今多被杀散，不敢复业，田土抛荒，税粮无征，委的民不聊生。而瑶贼虎狼之心，贪暴不已，必须动调大军，合两广总兵，协谋运策，克期夹攻，歼除渠魁，倾其巢穴……边患可息。[4]

---

〔1〕《明英宗实录》卷129，正统十年五月戊子;《明英宗实录》卷154，正统十二年五月癸卯。
〔2〕谈恺:《虔台续志》卷5《纪事四》，第34页。
〔3〕陶鲁:《地方军务疏》，收入应槚、凌云翼、刘尧诲等修:《苍梧总督军门志》卷23《奏议一》，第251页。
〔4〕于谦:《于谦集》卷3《南征类·兵部为防患事》，浙江古籍出版社2013年点校本，第142页。

山地瑶人的叛乱,直接原因是守臣对瑶人的科索,时人认为:"宣德间赐诸瑶敕谕,数十年间稍得休息,其作乱则始自正统间。镇守内臣阮能因其朝贡,多索方物,知其所畏惟达舍狼兵,乃与兵部尚书陈汝言交通,凡土官统领狼家者,百端剥削,袭荫必须厚贿。又奏将达官尽数取回,继而科道诸臣议以烦扰不便乃止。于是,寇贼四起。"[1]刘志伟指出:"明代广东地区的山海之寇,并非如一般所理解的那样,只是'少数民族'的反抗,其社会成分是相当复杂的。"明代广东的盗寇,实际上是两种看似相反的社会流动汇合而成的一股力量,一是本地"蛮夷"逐步汉化,一是原来的编户逋逃脱籍。居住在山林河海之中的"蛮夷"的汉化,为原已成为汉人的"编户"逃亡提供了庇护,而入山下海的"逋负之徒"则一方面在文化上推动了"蛮夷"的汉化,另一方面又在政治上引导其与官府对抗。[2]为了应对瑶乱,广东陆续增设总兵、巡抚、参将名目,分捕民瑶寇贼,同时从沿海卫所调用了大量官军到内地戍守剿寇。

对于是否调用沿海卫所兵力参与平息内地寇乱,其时广东官员当中存在不少争议。支持者如广东都指挥佥事姚麟,其在正统十三年(1448)奏言二事:

> 一、广东近年被蛮贼攻掠州县,沿海各卫以操守备倭为名,略不遣人策应,乞令今后遇贼逼近劫掠,一体听调策应,贼退仍回卫操守备倭。
> 一、泷水、信宜、化州、廉州等处正系蛮贼出没道路,守堡者多新袭官员,未经战阵,遇警悭怯,不能成功,比见广东按察司问发广州等卫指挥千百户等官一百一十余员,俱发沿海卫分充军,立功其间,多有勇锐,曾经征战,即今海道无虞,乞将前项立功人员调发信宜、泷水、化、廉有贼处所哨守,彼思复职必能奋勇杀贼事下兵部以所言深合事机。
> 从之。[3]

姚麟批评沿海卫所坐视内地州县为"蛮贼"攻掠而不策应,建议调用内地,待贼退后再回原地操守备倭。姚麟的建议得到朝廷支持,陆续调用沿海

---

〔1〕 嘉靖《广东通志》卷67《外志四·夷情中》,第1794~1795页。
〔2〕 刘志伟:《在国家与社会之间:明清广东地区里甲赋役制度与乡村社会》,第86~87页。
〔3〕 《明英宗实录》卷166,正统十三年五月辛亥。

卫所广海、香山、海朗、新会、东莞、大鹏、海丰、海南各卫官军前往泷水等处操守征剿。如此一来势必影响沿海防御能力。正统十四年（1449）广东总督备倭署都指挥佥事等官杜信等反对此议，认为沿海卫所理应专一备倭：

> 往者奉命所部沿海卫所专一备倭防贼。顷年广东都司将南海等卫官军调去泷水等地方操守。今又调广海、香山、海朗、新会、东莞、大鹏、海丰、海南各卫官军前去征剿。恐沿海贼徒闻知，上岸劫掠，以何为备。上曰：泷水与缘海不知何处为急，尔兵部泷水、信、雷地方即驰文与广东三司及巡按御史酌量贼情缓急以处治之，务在彼此得宜，不致误事。[1]

同年，杜信又再次上疏将原调官军退回守备：

> 总督备倭广东署都指挥佥事杜信奏：沿海东西二路备倭官军累次调入腹里操备，即今福建贼邓茂七余党奔窜海边，劫掠官民，乞将原调官军退回守备。上命镇守广东安乡伯张安及都布按三司等官从公计议。果系备倭之数即便退还，务要防贼、备倭两不失误。信又言潮州等卫所备倭船多被飓风击败，乞敕所司补造，用饬边备。从之。[2]

防贼与备倭孰为轻重缓急，很难两全兼顾。但是杜信的担忧并非多余。当时沿海卫所缺员严重，正统十二年（1447）杜信就说"缺军守城，恐倭寇登岸，难于防制，请以海南卫南山守御千户所屯军取回守城，以屯田牛具拨民承种"，建议用屯军来守城，但是遭到户部反对，认为"本处如果缺军防守，止宜摘拨正军守城操备，仍令余丁如旧屯种，务俾不失原定分数"。[3]就在杜信奏请调回沿海卫所官军的正统十三、四年（1448、1449），发生了著名的黄萧养之乱，贼船三百余艘攻击省城，寇乱波及整个珠江三角洲地区。[4]而杜信本人则殉职于景泰三年（1452）的海寇事件。

---

〔1〕《明英宗实录》卷179，正统十四年六月戊寅。
〔2〕《明英宗实录》卷174，正统十四年春正月戊子。
〔3〕《明英宗》卷152，正统十二年夏四月癸卯。
〔4〕黄瑜：《双槐岁钞》卷7《黄寇始末》，中华书局1999年，第125～126页。有关黄萧养叛乱对地方社会的影响，参见科大卫：《皇帝和祖宗：华南的国家与宗族》，卜永坚译，第79～103页。

导致杜信之死的海寇事件起于景泰三年（1452），剿捕海寇活动一直持续到天顺二年（1458），前后数年之久，为以往研究所忽略。事情的来龙去脉由于时任兵部尚书于谦的记录而得其详，[1]适可反映当时海防危机的诸多问题，值得稍加展开。

据载，在获得海寇于广海卫附近海域活动的消息之后，景泰三年（1452）总督备御都指挥佥事杜信、提督边务右参政谢佑、巡察边务副使项忠、都司委官指挥佥事张通等督率广海、南海、东莞、香山、新会五地卫所官军前往剿捕海贼。与此同时，指挥使欧信统领广州左等四卫官军前去广海卫会同杜信等剿寇，于景泰三年（1452）五月二十七日到广海卫。当时官军战船明显不足，杜信先已差人分投归德、靖康等盐场，借取槽船，至六月初三日"方得海晏场驾到槽船三十只，分派官军，不分昼夜修理"，说明当时当局已经开始征用民间船只用于海防。我们将在下一章讨论嘉靖年间官府查取民船特别是东莞、新会等地乌艚船防海的做法，兹不赘言。

广海卫备倭指挥佥事王俊差小旗施彦深等报称海贼双桅白船一只、单桅船二只在清水澳湾泊，杜信等统领官军船只于初六日晚开船，至初七日早到达清水澳，却不见所报贼船，随后南海、东莞卫所官军船只陆续集结，分投海澳密缉哨捕，同样不见前船。事实上，早在对敌之前的四月底，广海卫备倭指挥佥事王俊等驾使槽船十一只在荔枝湾海面得获白船一只，装载槟榔、苏木等物，贼人驾小船望洋奔走。王俊将原获船内槟榔、苏木等物，约二百担（一说是三百担）搬回家，[2]纵贼逃遁，并试图妄报贼情、遮掩情罪。

十九至二十日，官军与贼船遭遇，各用飞枪神炮等火器对垒，杜信被贼镖击中左肋等处，伤重殉职。在与贼船的对抗中，官船明显处于劣势，未能一举歼灭海寇：

> 缘贼船舫身高大，所驾槽船扁小，攻敌架低，风浪勇急，火器烧尽，追至未时，到于翰鞋北尖大海洋，风急，贼船望东行驶去讫。缘海洋广阔，

---

[1] 于谦：《于谦集》卷3《南征类·兵部为海贼等事》，第184～190页。以下记录这次事件，无特别说明者，皆出于此。

[2] 《明英宗实录》卷219，景泰三年八月戊辰，内称："镇守广东左监丞阮能奏：备倭指挥佥事王俊将原获贼番货三百余担私运回家，纵贼逃遁，不行追捕，以致杀死备倭都指挥佥事杜信。"

船只扁小，风浪浩大，难以追敌，收军回还石澜湾住扎。[1]

至天顺二年（1458）七月，这股海寇再次在珠江口登岸，将香山所尚未造完的船只烧毁。巡抚两广都御史叶盛上疏说：

> 近该贼人登岸，将造完在坞千料大船放火烧毁，该兵部俱奏，仍令张通会同按察司官，不妨备御海贼，设法采办钉板木料，照样打造千余料大船，不拘只数，造完给与出海官旗领驾备倭。奉圣旨：是。钦此。除照钦遵外，照得强贼座驾千料高头大船在海抛泊，勾引番贼。又驾双桅艚船，号为快马，张挂旗帜，摆列军火器械，将沿海乡村过往客商行劫。本职除会同备倭张通严督广海、东莞等卫所、县官军、民壮人等，已将在海为恶快马贼船二只擒杀外，尚有高头千料大船因惧官军追杀，开洋未知去向。目今正值汛期贼船回洋时候，又况贼船楼橹高大，官军船只低小，势不相敌，欲设法成造千料大船，一时卒难成功，若不预为处置，岂不临期误事！[2]

可见，由于刚刚造完的大船被烧毁，当时可动用之广海、东莞等卫所官军船只"低小"，根本无法与"楼橹高大"的贼船抗衡。[3]为此，叶盛接着向朝廷奏明，"目今系风汛海道防贼时月，兵部奏准打造船只，又难速成"，于是权宜批准了按察司等衙门的建议，将"钦差给事中等官前往占城国公干回还，见有座驾四桅大白船一只，空闲抛泊……拨与备倭官旗民快领驾杀贼"。[4]由此不难推测，当时广东沿海卫所并无可以调用进行外洋作战的大船。我们尚不清楚题本中"照样打造千余料大船，不拘只数，造完给与出海官旗领驾备倭"的后续情况。但几乎可以肯定，与敌方相比，沿海卫所备倭军原先装备的船

---

[1] 于谦：《于谦集》卷3《南征类·兵部为海贼等事》，第186页。
[2] 叶盛：《两广奏草》卷1《备倭急用疏》，第534页。
[3] 事件另见《明英宗实录》卷289，天顺二年三月癸卯："广东副总兵都督同知翁信奏：海贼四百余徒犯香山千户所，烧毁边大船。其都指挥张通总督不严，是致失机，乞正其罪。章下都察院，请逮问如律。别委武臣代之。上曰：通罪本难容，但今用人之际，姑宥之，仍令杀贼以赎前罪。"
[4] 叶盛：《两广奏草》卷1《备倭急用疏》，第534页。

只早已难以适应不断变化的海上形势了。

天顺二年（1458）九月，当局根据生擒海寇郑三玄、郑贺、刘保仔等人的口供，了解到："贼首严启盛，称王喇嗒，先在福建结拘强徒反狱，聚众打造千料大船，在海行劫，及将福建官军杀死，结连外番，往来劫掠，又在广东与官军对敌，将杜信杀死，一向仍于地方行劫，将香山所造完千料官船烧毁，然后统领贼徒坐驾三桅大船开洋通番而去。"在获得情报之后，叶盛调用差往占城国公干回还六百料大船一只，修整齐备，调用南海香山东莞等卫所官军，召募东莞等县民勇坐驾战艚船只，亲自督兵出海，最终生擒贼首严启盛及番贼等。[1]

由上所述，从正统年间开始，广东就面临内有海寇腹心之患，外则瑶黎有边境之虞的复杂的海陆局势，内外交困。如何兼顾海陆兵防，避免顾此失彼，广东当局也尝试变通改革。天顺六年（1462）叶盛提出折中的办法，建议将广东防区划分为三部分，新设副总兵等官分管附近广州、肇庆、韶州、南雄四府地方，总督备倭分守廉、雷、高、琼四府地方，守备分守潮、惠二府地方，最终统一由总兵官节制：

> 看得广东地方，比之广西数倍广阔。先年无事之时，仅设海道备倭都指挥。近因反贼黄萧养及广西流贼越境出没，复设副总兵等官。今各府有贼，地方目下进剿稍宁，终是出没不常。止有副总兵欧信，倘闻东西警报，人船水陆，往复经月，不能得到，岂不有误事机。虽有总督备倭张通专管海道，亦因沿海路远，东抵福建，西抵广西，相去曲折，并琼州海道，周围八千余里，往来不便，照顾不周。若不因时制宜，边备终非久计。乞敕该衙门计议，合无比照广西事例，副总兵等官分管附近广州、肇庆、韶州、南雄四府地方，其见在总督备倭指挥使张通并守备石鑨俱系奉敕官员数内，张通稍优，合无令其分守廉、雷、高、琼四府地方，石鑨分守潮、惠二府地方，俱仍听总兵等官节制，其各官分守地方，俱不妨提督官军民壮，抚安民夷，防截盗贼，兼管各该海道备倭。其张通地方，系两广交界，即今尚剿流贼，事体甚重，本官节次有功，未蒙升赏，乞量与将官名目，实为便益。[2]

〔1〕叶盛：《两广奏草》卷2《杀获海贼疏》，第538～539页。
〔2〕叶盛：《两广奏草》卷12《调拨各路将官疏》，第612～613页

　　叶盛的改革设想，目的是通过让总兵、总督备倭、守备分守地方，处理当时沿海与内地兵力难以协调的问题，在各自辖区内既"抚安民夷，防截盗贼"，也"兼管各该海道备倭"，原先调用沿海卫所官军入内地剿寇的争议似可迎刃而解。但这样一来，原本总督备倭官专管海防事务的权力也就被一分为三，由总兵和守备共同承担。这也就意味着，总督备倭指挥的权力走向弱化，明初确立的总督备倭指挥负责全省海防事务的制度由于海陆局势的变化至此已经难以为继了。

　　需要补充的是，尽管正统天顺年间海防问题已经相当突出，但沿海卫所旗军调戍内地并未因此停止。至成化五年（1469）两广总督衙门在广西梧州府创设，[1]根据韩雍的奏请，调拨广东官军轮戍梧州成为常规制度安排。我们在前面讨论备倭军时提到碣石卫、香山所、新会所等卫所在备倭军中分出梧州征调旗军，正是在这样的背景下产生的。

　　崇祯《梧州府志》卷12《兵防志·班军》载：

> 　　成化间，督臣韩雍开府梧州，始议调拨广东广州等卫所官军一万员名戍梧，派广肇韶三府属两米五万石解梧，以备行粮。[2]

　　轮戍梧州的广东班军，是明代对军事要塞轮流番戍的制度安排。[3]《苍梧总督军门志》记载轮戍之法分作两班，半年一换：

> 　　官军二班，每半年一换，一班，四千四百三十二员，每年二月二十日上班，八月二十日下班；二班，四千二百零七员名，每年八月二十日上班，二月二十日下班。达官军二班，俱三月一换，一班以正月七月十五日上班，二班以四月十月十五日上班，遇闰俱不计。

---

〔1〕 参见陈家副：《明代两广总督兵源与饷源研究》，台湾中大历史研究所硕士论文2005年，第8页。

〔2〕 崇祯《梧州府志》卷12《兵防志·班军》，广西人民出版社2013年点校本，第12页。

〔3〕 参见彭勇：《明代班军制度研究》，中央民族大学出版社2006年，第90～91页。彭勇指出，明代的班军，除了入卫京师的京操班军外，在北边有诸镇入卫京畿蓟镇的入卫军（兵）、江北诸司旗军番戍北边重镇的边操军和防秋、防冬军（兵），有各都司卫所内部对本都司内重要地区（如省城或关隘等）的番戍，还有几个都司或一都司对军事要塞的轮流番戍。

先自梧州开府,于广东卫所调拨官军共一万余员名,更番赴梧戌守州县。嗣后,惠州、碣石等卫所请留守城,并裁革总兵侯伯,衙门撤回,共减官军三千九百余员名,逃亡事故复一千三百余名。[1]

彭勇的研究指出,广东班军由广州四卫、南海卫、清远卫、广海卫、惠州卫、潮州卫、碣石卫,以及香山所、蓬州所、捷胜所、韶州所、增城所、新会所、东莞所、南雄所、海丰所、大鹏所、海门所、靖海所、平海所、甲子门所、龙川所、河源所等10卫16所构成,最多时两班共有一万多人。从嘉靖三年(1524)开始,除正旗军之外,来自南海、广海、惠州、碣石4卫和长乐、甲子、东莞、新会、香山、平海、捷胜、海丰、龙川9所的余丁共4751名,分作三班,称为"精兵",轮流赴军门听拨哨守,半年一换。[2]

大规模征调沿海卫所旗军番戌,进一步加剧了海防空虚的局面。为此,万历《惠大记》编撰者郑维新就不以为然,认为:

> 惠郡南海之滨,国初于此屯重兵,曰平海、海丰、碣石、捷胜、甲子门,所以扼海道也,苍梧番戌,昉于近代,空此以备彼,岂计之两得哉。[3]

嘉靖年间官至工部左侍郎的潮州海阳人陈一松代调戌士兵草拟的《为盗贼纵横恳乞天恩复回守御以急救生灵疏(代潮征士草)》,也痛陈将士调戌梧州使得本地"尺籍空虚"、"城守缺人":

> 切照民出食以养军,出力以卫民,实相借以为安者也。潮郡西北负山,东南望海,山海二寇出没为患,盖自昔然矣。国初设立潮州卫,管辖十所,共旗军一万余名,分布内外,地方以宁。至成化间广西□瑶作乱,提督军门暂将本卫所军借调若干,更戌梧州,往还三千余里,水土不服,十九疾病,十五生还,以致尺籍空虚,见今仅存若干。而环潮之疆,群盗巢穴奚啻数十,包藏祸心,变且不测,城守缺人,又且借调不以,岁复一岁。

---

[1] 应槚、凌云翼、刘尧海等修:《苍梧总督军门志》卷11《兵防八》,第135页。
[2] 彭勇:《明代班军制度研究》,第94～95页。
[3] 嘉靖《惠大记》卷1《迹考上》,第12页。

为此，陈一松提出"免军出征"的变通办法，将每年应调旗军饷银行粮汇解总督衙门，就地雇募将士战守，如此本地卫所不至于"虚设"。[1]

卫所旗军逃亡缺额是明代各地卫所的普遍情形，有研究估算，到了嘉靖年间广东沿海卫所旗军的缺额高达69.8%，显然已经无法承担巡海备倭的重任。[2]把上述沿海卫所大规模的征调置于卫所制度走向崩溃的更大的历史背景中，也就不难理解通过军事改革，调整以卫所备倭军船为中心的海防体制运作模式，势在必行。这将是我们下一章准备重点讨论的问题。

四、小　结

通过梳理广东地区现存各类地方文献，本章有以下几个主要发现：

第一，以沿海卫所建置为中心的海防体系，出自时任广东都指挥同知花茂的构想和推动。明初广东当局一方面尽力收编蛋户为军，一方面在沿海地区陆续拨军屯守，出现了很多营堡据点，防范沿海百姓与不受管辖的岛夷接济勾结。在上述编军、迁民之外，花茂最重要的海防举措是奏设沿海卫所，构筑岸线的防御体系。这些举措皆得到朝廷认可推行，以洪武二十七年（1394）安陆侯吴杰训练沿海卫所官军以备倭寇为关键节点，广东海防体系初步建立起来。

第二，明初海防体制以卫所制度为基础，在职官、兵力、战船、巡防等方面均有完整的制度安排。在专管海防备倭事宜的将官设置上，文职为按察司副使兼领巡视海道副使一员，武职则有都指挥一员、卫指挥一员等。

其中，广东巡视海道副使既驻扎省城，也在汛期统领官军移驻珠江口南头半岛的东莞千户所，因此在明代广东地方文献出现两个海道衙门并存的特别安排。我们发现，广东巡视海道副使并非明初以来就有的职官设置，而是正统年间才出现的制度安排。以往学者误认为明初派遣官员巡视海道，其实不然。专管备倭事宜的都指挥一员全称总督广东备倭都指挥，有领敕钦差的

---

〔1〕 陈一松：《陈侍郎集·为盗贼纵横恳乞天恩复回守御以急救生灵疏（代潮征士草）》，冯奉初编《潮州耆旧集》卷19，香港潮州会馆1980年影印本，第336页。

〔2〕 军事科学院主编：《中国军事通史》第15卷《明代军事史》，下册，第651页。廉州、雷州、神电、广海、南海、碣石、潮州等沿海卫所原额39 200名，旗军数27 440名，到了嘉靖后期只有8 281名，缺额比例达69.8%。

性质,并非明代的定制,而是因事因人而设。随着日后海防问题的恶化,总督备倭都指挥的权力逐渐下降。在卫所系统之下,武职的将官除了上述备倭卫所官的设置之外,广东地方文献还记载了专门为备倭巡海而设的提督、总督等特殊制度安排。

第三,在沿海卫所的体制下,备倭军在员数、月粮、战船配备和操习训练方面均有规制。但沿海卫所分布极广,即便在同一个省区,卫所的情况也千差万别,《明会典》记载的庞大规整的备倭军船额数可能从一开始就没有被严格执行,无论是备倭军还是备倭船,广东全省各地卫所的额数并无整齐划一的做法。在以上列举的几个卫所中,即使是隶属同一个卫的各个千户所的状况也不尽相同。这可能与各地的海防形势轻重缓急不同有关。分班出海巡哨捕倭是备倭军最主要的任务。资料显示汛期出海巡捕是备倭军船制度安排的常态,但当时各个卫所出海哨巡的汛地范围和划界会哨情况不得而知。备倭船只为官造无疑,但并非以往学者所论皆赴省城打造。

第四,明初建立的海防体制在各地的实际效力有限。广东的资料显示,至迟在宣德年间备倭军船巡海捕倭的海防体制已经开始失效,至正统年间则出现失控的局面。正统以后广东海防危机的出现除了体制内部的腐败,与当时海陆防御重心的转移变化也有密切关系。由于内陆山地的动乱,当局不断征调沿海卫所戍守内地,直接造成沿海兵备空虚,推动了相应的军事改革。

第四章　军事财政改革与兵船雇募制之展开

从正德到嘉靖年间,广东当局推动了一系列深刻影响海防走向的财政和军事改革,使得在上述卫所军船巡海备倭体制难以维持的背景下,以兵船雇募制为核心新的海防体制逐步走向制度化和常态化。本章围绕这些改革展开的过程,重点讨论当时错综复杂的政治军事局势和人事纠葛对改革进程的影响。正如下文将要指出的,从嘉靖末年开始,广东沿海地区面临前所未有的倭寇海盗问题,与其说当局一开始就对海防全局有通盘的考量和制度安排,毋宁是在一系列海上危机发生后进行调整应对,其间不仅要解决广东海防体制运作内部的矛盾,还要面对与邻省福建合作剿寇的困难。某种意义上说,大规模的倭寇海盗事件直接促成以兵船雇募制为中心的新的海防体制在本地建立起来,戴璟、吴桂芳、张瀚、俞大猷、刘尧海等督抚将官则发挥了主导作用。

一、军饷与兵船：正德至嘉靖初年的海防改革及其影响

在前述正统以后海陆防御危机的背景之下,对于广东当局来说,剿寇息乱必然要面对军饷筹措和兵力调动两个核心问题。

前面说过,成化五年(1459)在两广交界的广西梧州府开设总督衙门,最主要的目的是协调两省共同应对广西的"瑶乱"。由于征伐"瑶乱"的战争频繁,[1]

---

〔1〕 有关明代广西瑶乱及其影响, 参见 David Fure, The Yao Wars in the Mid-Ming and their Impact on Yao Ethnicity, *Empire at the Margins: Culture, Ethnicity, and Frontier in Early Modern China*. Pamela Kyle Crossley, Helen F. Siu, Donald S. Sutton edt. pp.171~189, University of California Press. Berkeley, CA. 2006;唐晓涛:《僚倮何在——明清时期广西浔州府的族群变迁》。

两广地方财政越来越依赖于广东一省的税收，从16世纪初期的正德年间开始，原本来自海外的朝贡活动逐渐变得与地方经济和军事局势息息相关，地方社会依赖朝贡贸易所得的趋势也愈来愈明显。嘉靖八年（1529）两广提督林富指出，"广西一省全仰给于广东。今小有征发，即措办不前"。[1]林富此论是为他提议开海贸易，从中抽税做铺垫，我们下面还要详细讨论。不管如何，从海外贸易中抽税以补充军用是当时地方政府试图解决军饷缺口的开源办法之一，但由此放宽民间海外贸易，又随之加剧海上走私和寇乱等一系列问题，实属两难。

以广东军需为由题请从海外贸易中抽税的记载，目前可知从正德四年（1509）开始。该年有暹罗船遇风漂到广东，地方官员会议"税其货以备军需"，据说市舶司太监熊宣试图从中牟利，结果被告发调离广东：

> 暹罗国船有为风飘泊至广东境者，镇巡官会议税其货以备军需。市舶司太监熊宣计得预其事以要利，乃奏请于上。礼部议阻之。诏以宣妄揽事权，令回南京管事，以内官监太监毕真代之。[2]

从广东当局试图从中以抽税供应军需推测，来到广东的暹罗船只装载的番货数量理应不在少数，可见其中必然有足够的利润可图。

我们知道，明太祖朱元璋即位之初就遣使诏谕安南、暹罗、爪哇、琉球、日本、西洋、苏门答剌、占城诸国，表达承继正统、欢迎海外各国朝贡的愿望。暹罗国是当时载入《皇明祖训》领有勘合的朝贡国之一。对于海外各国来华朝贡的贡期、贡道、规模和接待管理机构，明政府均有一套完备的规范和程式，于《大明会典》"朝贡"篇目中有相当详细的记载。[3]洪武三年（1370）分别

---

〔1〕 林富：《两广疏略》卷上《请通市舶疏嘉靖八年七月十五日》，全文转引自见井上彻：《明朝的对外政策与两广社会》，收入复旦大学文史研究院编：《都市繁华——一千五百年来东亚城市生活史》，第157页。

〔2〕《明武宗实录》卷48，正德四年三月乙未。

〔3〕 参见申时行等纂：《明会典》卷105～112，第571～596页。有关朝贡的国家、朝贡通例、给赐物品、接待礼仪等，见诸礼部主客清吏司条目之下，内容繁冗，不一一列举。关于明代朝贡制度的基本情况，参见李云泉：《万邦来朝——朝贡制度史论》，新华出版社2014年，第60～109页。

在泉州、明州和广州三地置市舶司，七年（1374）一度废除。永乐元年（1405）复设三市舶司如洪武初制，有提举1人，副提举2人，并置内官提督，称提举市舶太监，"掌海外诸蕃朝贡市易之事，辨其使人表文、勘合之真伪，禁通番，征私货，平交易，闲其出入而慎馆谷之"。[1]广州为海外交通重镇，广东市舶司通占城、暹罗和西洋各国，贡使历年不断，永乐三年（1405）设怀远驿，负责接待来华贡使等，有驿丞一员。据载广州怀远驿全盛时有驿舍120间之多。[2]一直到16世纪初的嘉靖二年（1522），兵科给事中夏言奏言"倭祸起于市舶"，福建、浙江二市舶司遭革除，广东市舶司仍被保留下来，足可见本地海外交通的重要地位。[3]

上述的暹罗船"有为风飘泊至广东境者"，表明这是非贡期的船只。实际上，"漂风"往往成为明清时期中外商船贸易惯用的借口，用以打破官方贡期的限制，官方朝贡制度并不能满足民间贸易的实际需要。[4]到了15世纪末16世纪初的弘治年间（1488～1505），广东沿海地区私通番舶的情况已经十分普遍，许多原本肩负海防稽查任务的沿海官军都参与进去，从中获利，所谓官方的朝贡逐渐变得有名无实。《明孝宗实录》卷73弘治六年（1495）三月丁丑条记载了两广总督闵珪的奏议及礼部的答复，比较清楚地反映了这种逐步失控的局面：

> 两广总督都御史闵珪奏：广东沿海地方多私通番舶，络绎不绝，不待比号，先行货卖。备倭官军为张势，越次申报，有司供亿，糜费不赀，事宜禁止。况夷情谲诈，恐有意外之虞，宜照原定各番来贡年限事例，揭榜怀远驿，令其依期来贡。凡番舶抵岸，备倭官军押赴布政司比对，勘合相同，贡期不违，方与转呈提督市舶太监及巡按等官具奏起送。如有违碍，捕获送问。下礼部议。据珪所奏，则病番舶之多为有司供顿之

---

[1]　张廷玉等撰：《明史》卷75《职官志四·市舶提举司》，第1848页。

[2]　光绪《广州府志》卷162《杂录》，广东历代方志集成，岭南美术出版社2009年影印，第2545页。

[3]　张廷玉等撰：《明史》卷75《职官志四·市舶提举司》，第1848页。

[4]　陈春声描述过潮州商船以漂风为由往返琉球日本贸易的情况，参见陈春声：《〈历代宝案〉所见之清代潮州商人的海上贸易活动》，《潮学研究》第9辑，花城出版社2001年，第126～133页。

苦。据本部所见,则自弘治元年以来,番舶自广东入贡者惟占城、暹罗各一次。意者私舶以禁弛而转多,番舶以禁严而不至。今欲揭榜禁约,无乃益沮向化之心,而反资私舶之利。今后番舶至广,审无违碍,即以礼馆待,速与闻奏。如有违碍即阻回,而治交通者罪。送迎有节,则诸番咸有所劝而偕来,私舶复有所惩而不敢至,柔远足国之道于是乎在。从之。[1]

这段史料最值得重视的地方,在于表明"私舶以禁弛而转多,番舶以禁严而不至",说明民间海外贸易的需求巨大,海禁管理渐渐松弛,私人贸易得以迅速发展。严海禁,番舶因无利可图而减少,在禁和弛之间官府确实面临两难处境。

正德五年(1510)九月,番货抽分制在广东被批准实施:

> 户部覆议两广镇巡官奏,谓盗贼连年为乱,军饷不支,乞将正德三年、四年抽过番货,除贵重若象牙、犀角、鹤顶之类解京,其余粗重如苏木等物,估价该银一万一千二百有奇,宜变卖留充军饷。报可。[2]

朝廷批准两广当局变卖部分抽过番货充军饷,事在正德五年九月。但既然提到"乞将正德三年、四年抽过番货",说明广东当局的抽分至迟在正德三年(1508)已经开始。事情由两广总督陈金发起,抽分比例为十分之三。对此嘉靖《广东通志》载:

> 布政司案查得正统年间以迄弘治,节年俱无抽分。惟正德四年,该镇巡等官都御史陈金等题,要将暹罗、满刺加并吉阐国夷船货物俱以十分抽三。该户部议,将贵细解京,粗重变卖,留备军饷。[3]

陈金在正德二年(1507)八月以右都御使总督两广,三年(1508)十月改

---

〔1〕《明孝宗实录》卷73,弘治六年三月丁丑。
〔2〕《明武宗实录》卷67,正德五年九月癸未。
〔3〕嘉靖《广东通志》卷66《外志三·夷情上·番夷·抽分则例》,第1784页。

南京户部尚书。[1]可见陈金题请抽分也应在正德三年（1508）内，上引嘉靖
《广东通志》将之系于"正德四年"有误。

　　抽分制实施的意义重大。贡物抽分和番货定价本来就是朝贡贸易税收
管理的中心，但却是以给赐的方式进行的，并非自由贸易，所谓"凡入官货
物……照依官例具奏，关给钞锭，酬其价值"，估价给值是主客清吏司的主要
职责之一。[2]但显然，正德三年（1508）两广总督陈金提出对朝贡船的附搭
货物抽分十分之三，进行变卖，以充军饷，打开了将贡物进行民间贸易的缺
口。是年陈金调用两广汉达官军及土兵六万余，多次征讨广西府江瑶乱，对
军饷的需求不言而喻。[3]最早对明代广东对外贸易进行深入研究的李龙潜认
为："这样，原来的贡舶贸易制度便遭到破坏，不能照旧维持下去。……商舶
贸易逐渐代替贡舶贸易而兴起，开创了明代广东对外贸易的新阶段。"[4]万明
认为："变化的重要意义在于，明廷实际上放弃了只有朝贡才能互市贸易的苛
刻限制，向海外民间海商敞开了国门。"[5]日本学者井上彻更加指出，始于正德
三年的抽分制的实施，意味着翻天覆地的变化，即承认明初以来朝贡一元体
制所禁止的民间商业贸易，由番船附搭货物获得关税收入。从广东方面提出
"盗贼连年为乱，军饷不支"的情况看，当局迫切需要从海外贸易中"开源"以
应付地方军事局势的变化。而这个时间节点，恰是当时平定广西瑶乱而急需
军费之时。[6]

　　但是，抽分制实施没多久，至正德九年（1514）停办，反对者认为由官方
完全垄断的朝贡贸易一旦开启了民间渠道，必然成为引致地方动乱的根源。
广东布政司参议陈伯献奏称：

〔1〕　吴廷燮：《明督抚年表》，中华书局1982年，第653～654页；汪森辑《粤西丛载》说是正德
　　　四年春改任南京户部尚书，可能是陈金到任的时间，参见汪森辑：《粤西丛载校注》，黄振
　　　中、吴中任、梁超然校注，广西民族出版社2007年，第358页。
〔2〕　申时行等修：《明会典》卷113《礼部·主客清吏司·给赐》，第598页。
〔3〕　汪森辑：《粤西丛载校注》卷26《明朝驭蛮》，第1109页。
〔4〕　李龙潜：《明代广东的对外贸易及其对社会经济的影响》，收入氏著：《明清广东社会经济
　　　研究》，第179页。
〔5〕　万明：《中国融入世界的步履——明与清前期海外政策比较研究》，社会科学文献出版社
　　　2000年，第132页。
〔6〕　井上彻：《明朝的对外政策与两广社会》，收入复旦大学文史研究院编：《都市繁华——
　　　一千五百年来东亚城市生活史》，第139～169页。

岭南诸货出于满剌加、暹罗、瓜哇诸夷，计其产，不过胡椒、苏木、象牙、玳瑁之类，非若布帛菽粟民生一日不可缺者。近许官府抽分，公为贸易，遂使奸民数千驾造巨舶，私置兵器，纵横海上，勾引诸夷，为地方害，宜亟杜绝。事下礼部议，令抚按等官禁约番船，非贡期而至者，即阻回，不得抽分，以启事端，奸民仍前勾引者治之。报可。[1]

可见，由于开放了民间买卖，民众参与海外贸易蔚为风潮，最终还是让步于海防安全问题。到了正德十二年（1517），广东布政使吴廷举又奏准恢复，抽分税率为十分之二。黄佐《广东通志》载，两广总督陈金会同吴廷举奏请或仿宋朝十分抽二，或依近日事例十分抽三，"贵细解京，粗重变卖，收备军饷"，最后题议只许十分抽二。[2]但这样做仍遭到不少责难。《明实录》"正德十二年五月辛丑"条载：

命番国进贡并装货舶船，榷十之二，解京及存留饷军者，俱如旧例，勿执近例阻遏。先是两广奸民私通番货，勾引外夷，与进贡者混，以图利，招诱亡命，略买子女，出没纵横，民受其害。参议陈伯献请禁治之。其应供番夷不依年分亦行阻回。至是右布政使吴廷举巧辩兴利，请立一切之法，抚按官及户部皆惑而从之。不数年间，遂启佛朗机之衅。副使汪鋐尽力剿捕，仅能胜之，于是每岁造船铸铳为守御计，所费不赀，而应供番夷，皆以佛朗机故，一概阻绝，舶货不通矣。利源一启，为患无穷，廷举之罪也。[3]

正德十五年（1520），顺德人、御史何鳌也上疏说：

佛郎机最凶狡，兵械较诸蕃独精。前岁驾大舶突入广东会城，炮声

---

[1]《明武宗实录》卷113，正德九年六月丁酉。

[2] 嘉靖《广东通志》卷66《外志三·夷情上·番夷》，第1784页。戴裔煊引郑晓《吾学编·名臣记》卷25《尚书吴公》条，指出吴廷举于正德九年出任广东右布政使，认为吴廷举立法抽税事在正德九年（1514），与通志记载不同，姑存一说，参见戴裔煊：《明史佛郎机传笺正》，中国社会科学出版社1984年，第12页。

[3]《明武宗实录》卷149，正德十二年五月辛丑。

殷地。留驿者违制交通,入都者桀骜争长。今听其往来贸易,势必争斗杀伤,南方之祸殆无纪极。祖宗朝贡有定期,防有常制,故来者不多。近因布政吴廷举谓缺上供香物,不问何年,来即取货。致番舶不绝于海澨,蛮人杂沓于州城。禁防既疏,水道益熟。此佛郎机所以乘机突至也。[1]

前引《明实录》的作者和何鳌明显均对吴廷举奏复抽税的做法颇为不满,认为这样做祸患无穷,使得海防出现问题,特别提到葡萄牙人突入广州城下的"佛朗机之衅"。但前此陈金、吴廷举的大军在广西府江东西两岸用兵频密,打通大藤峡,军饷的缺口巨大,抽分也有不得已的原因。[2]巧合的是,同年因为发生葡萄牙船队突然抵达广东海域,进入广州城下的"鸣炮"事件,引发巨大风波,导致朝贡贸易中断。[3]

16世纪初期围绕市舶贸易的开与禁,利与弊,朝野中存在巨大争议。在发生葡萄牙人突入广州事件之后,由于"海舶悉行禁止",导致"例应入贡诸番亦鲜至者,贡舶乃往漳泉,广城市萧然非旧制"的局面。[4]嘉靖八年(1529)两广提督林富疏请重开贸易,反映了地方拥护市舶一派的基本观点,他在《请通市舶疏》一口气列举了四大有利影响:

> 旧规,番舶朝贡之外,抽解俱有则例,足供御用。此其利之大者一也。除抽解外即充军饷。今两广用兵连年,库藏日耗,借此可以充羡,而补不虞,此利之大者二也。广西一省全仰给于广东,今小有征发,即措办不前。虽折俸椒木,久已欠乏,科扰于民,计所不免。查得旧番舶通时,公私饶给,在库番货,旬月可得银两数万,此其利之大者三也。贸易旧例,有司择其良者,如价给之,其次恣民卖买,故小民持一钱之货,即得握椒,展传交易,可以自肥,广东旧称富庶,良以此耳。此为利者四也。助国给军,既有赖焉。而在官在民,又无不给。是因民之所利,而利之者

〔1〕 张廷玉等撰:《明史》卷325《外国六·佛郎机》,第8430～8431页。
〔2〕 汪森辑:《粤西丛载校注》卷26《明朝驭蛮》,第1109～1110页。
〔3〕 关于此次事件,参见戴裔煊:《明史佛郎机传笺正》,第11～12页,吴志良、汤开建、金国平主编:《澳门编年史》,广东人民出版社2009年,第26～27页。
〔4〕 嘉靖《广东通志》卷64《外志三》,第1783页。

也。非所谓开利孔为民罪梯也。[1]

黄佐的《泰泉集》所录奏疏收有《代巡抚通市舶疏》,内容与林富疏大致相同。一般认为林富基于广东地方需求列举的四大有利因素出自黄佐之手。[2]黄佐出身香山商贾家族,熟知广东经济社会,自然明白海外贸易于滨海地方民众生计的意义所在。更重要的是,明代两广的大部分军费出自广东的地方财政收入,"开源"对当局来说意义重大。科大卫的研究提到两广总督自筹经费兼顾海防的问题,故对批准贸易活动获利颇为积极。[3]但是,"舟楫往来,皆经给票,商旅货物尽为抽分,是沿海之舟楫商旅无一而非海寇之人",[4]倭夷海寇问题愈发不可收拾。正因如此,随着倭乱自江浙、福建向南蔓延,越到后来,广东海防问题越严重,地方财政更加捉襟见肘,当局越依赖海外贸易。由于卫所官军不堪应付日益严峻的山海寇乱,募兵需要大量军饷,当局也越倾向于招抚而不是剿灭,"官府不能禁,多招抚,会无何辄掠略如故"。[5]

与以抽分制补充军饷同时进行的,是以定额化为中心的地方赋役改革,由此沿海兵船的雇募费用得以从中支取并逐步走向制度化。

我们在上一章表明,以沿海卫所军船为中心的海防体制至迟从宣德年间开始失效,至嘉靖年间,每况愈下,"贼至则以退缩为能,贼去则曰众寡不敌",[6]"此养者非所用,用者非所养",[7]备受时人诟病。卫所旗军既然不能御侮,唯有召募民间兵船充实海防。类似的"募渔船以资哨守"的做法,在明代中后期东南沿海各地普遍存在。[8]不过,召募兵船或出价雇取,或临时编

[1] 林富:《两广疏略》卷上《请通市舶疏嘉靖八年七月十五日》,全文转引自井上彻:《明朝的对外政策与两广社会》,收入复旦大学文史研究院编:《都市繁华——一千五百年来东亚城市生活史》,第157页。
[2] 戴裔煊:《明史佛郎机传笺正》,第28页。
[3] 科大卫:《皇帝和祖宗:华南的国家与宗族》,卜永坚译,第186~187页。
[4] 林大春:《论海寇必诛状》,收入林大春《井丹诗文集》卷8《状》。
[5] 张元:《广东按察司副使施公儒墓志铭》,收入焦竑:《国朝献征录》卷99《广东一》,第4414页。
[6] 谈恺:《虔台续志》卷5《纪事四》,第34页。
[7] 霍与瑕:《霍勉斋集》卷12《上李培竹都堂》,广西师范大学出版社2014年据中山大学图书馆藏光绪丙戌年重刊本影印,第730页。
[8] 张廷玉等撰:《明史》卷322《外国三·日本》,第8352页。

差,所需费用极大。由于最初并非取用军饷雇募民兵民船,如何筹措经费成为新制度能否有效运作的关键。在广东地区,这一难题在嘉靖十四年(1535)巡按御史戴璟任内才得以解决。

戴璟字孟光,浙江奉化人,嘉靖十四年(1535)巡按广东,对本地区的赋税征派进行了全面整顿,据载他曾编成《戴公出巡录》,[1]详细记载其改革的各种规章禁约。《戴公出巡录》已不可获见,但是由他编纂的《广东通志初稿》却史无前例地把他的改革举措都收录进去,提供了难得的资料。

戴璟巡按广东期间对全省赋役征派的整顿、民壮的改革对海防体制有直接影响。众所周知,民壮是明代民兵中最普遍的一种,一般认为始于正统十四年(1449)诏令各地招募民壮,遇警调用。[2]在戴璟之前,广东各地佥编民壮的办法,或按粮额编排,或按丁佥充,或兼而有之,是一项繁重的徭役。戴璟的改革,可概括为"随粮带征法":各府州县依照先年编定的民壮原额,根据每名每年工食银七两二钱、器具银二钱共七两四钱的标准,算出本州县应征总额,摊派在田粮中征收,原先的役务则由官府雇人充当。[3]由此,全省各府的民壮工食银两被定额化,沿海各地雇募兵船的费用得以从中支取。

在其编纂的《广东通志初稿》中戴璟对兵船改革也有详细说明,既保存了他初拟的各地雇募兵船巡哨方案,也一一记录了潮州府呈备通判范维恭、备倭指挥李森和带管佥事吴大本对原方案的建议和修订意见,为了解这一时期兵船雇募制的确立提供了最直接的资料。在初拟的兵船方案中,戴璟指出:

> 节年旧规,每年春末夏初风迅之期,通行督发沿海府卫所县各该捕巡备倭等官军兵出海防御倭寇番舶。及议于潮州府民壮七百八十三名数内抽追五百名工食银两,行令该府委官就近又选募本处惯经水战打手与驾船后生共五百名,每名日给工食银六钱,口粮三斗,就于大城所仓关支,查取海阳等县艚船坐驾,委官部领前去柘林等处海澳,协同各该备倭

〔1〕　郭棐:《粤大记》卷9《宦绩类·戴璟》,第246页。

〔2〕　参见梁方仲:《明代的民兵》,收入刘志伟编:《梁方仲文集》,第249～275页;李渡:《明代募兵制简论》,《文史哲》1986年第2期。

〔3〕　刘志伟:《在国家与社会之间:明清广东地区里甲赋役制度与乡村社会》,第141～142页。

官军防守,仍听东路备倭官员不时点闸。其余民壮二百八十三名工食银两仍旧发解东莞县贮候,雇募南头、福永、西乡等处骁勇兵夫与驾船后生共一千五百名,查取该县乌艚船每年三十只,分拨五百名驾船十只,前去高雷廉等处紧关海澳,听各备倭官员部领防守。一千名驾船二十只,分发在于南头海澳及佛堂门、伶仃洋等处协同备倭官员防御巡缉。每月支给工食银六钱,口粮三斗,就在附近仓分关支。若非调遣,不给口粮。如前项民壮工食银两支给不敷,合于布政司库贮军饷银内动支,解发东莞贮候支用。前项船只验其装载,如十万以上给银一两五钱,十万以下给银一两。东莞县雇募,于军饷银内支用,海阳等县船只于该府库贮无碍官银内支领。俱九月终旬风迅宁息,海洋无事,方才掣散,将支用过银米造册缴报,呈奉抚按衙门详允同行雇募前项兵船防御,及呈请动支布政司军饷银五千两给发东莞县贮候支用。[1]

戴璟开篇回顾了以往的做法("节年旧规"),每年于春末夏初汛期,通行督发沿海府卫所县各该捕巡备倭等官军兵出海防御倭寇番舶。而今从潮州府民壮783名内抽调500名的工食银两(按上述"随粮带征法"每名每年七两四钱的标准,折合3 700两)作为全省三路雇募兵船费用用于海防,余数则从布政司库存军饷银内动支。具体做法有如下四项:在潮州府本地募兵500名,查取该府海阳等县艚船为坐驾,主要防守柘林海面;在广州府东莞县募兵1 500名,每年雇募该县乌艚船30只,分拨中、西路海面防守。中路兵1 000名、船20只;西路兵500名、船10只;每名水兵每月支给工食银六钱(每年七两二钱),口粮三斗;募船费用,验其装载大小,或给银一两五钱,或给银一两。

戴璟的雇募方案出台后,潮州府呈备通判范维恭牒称:

> 原蒙专委潮州卫指挥一员带领蓬州、海门、大城各千户所并本卫旗军共六百余名守把柘林、深、清等澳,并蒙海、蓬等衙门议募海夫五百名坐驾艚船,另委千百户一员管押,协同潮州卫所官军防守,每年四月初旬风迅之期,上班至九月终旬风息掣散,其工食议于本府军饷银内支给,口粮就于大城所逐月关领,近因漳州海贼越境劫掠人财,本官召募本土蛇

---

[1] 嘉靖《广东通志初稿》卷35《海寇·防御海道旧规》,第577~578页。

江都大家井惯战海夫余严八等五百名，俱以拣阅纪籍在官，欲以四月初旬上班只雇海夫三百名，刷驾大艚船与同备倭官军在于柘林等处防守，九月终旬掣散。如有倭寇重大则添雇二百名与同班兵夫捍御。下班空月海洋有警，亦听动支官银临时雇募，无事则此二百名即时掣回。住支工食，原议在于本府军饷银两解募东莞兵船，嘉靖十年间被许折桂等作耗，则权追本府属县民壮七百八十三名雇募截捕，后于本处雇募兵船听调。近因各处山贼窃发，城池缺人防守，呈允抚按衙门存留民壮防护，雇募兵夫，合当遵照原议，每年于盐利、军饷银内照数动支，刷驾本处艚船亦合遵照前议月给脚银。及称各备倭官军九月终旬退回水寨，守把非系贼行紧关处，所以致海贼乘虚突来，无兵瞭望，恣其湾泊肆劫，欲行令备倭官军遵照，于九月掣班之时，常川在柘林驻扎，与附近大城所官军在彼日□巡瞭，哨守缉捕，不许坐视等因。[1]

在潮州府呈备通判范维恭的意见中，主要依据潮州本地的经验做法，关键一点是如何根据汛期变化安排兵船数目和巡哨以应对海寇问题，也表明实际上潮州本地此前已经开始召募本土"惯战海夫"数百名协助备倭官军防海。这也说明，戴璟的方案某种程度上也是对地方经验的确认。

另一个提出修订建议的是备倭指挥李森。其意见主要集中在抽取原议南头兵夫协助哨守沿海一带，不必集中太多兵力在南头一地戍守：

　　　　原议坐守南头兵夫一千名，合无于内摘发二百名，坐驾高大乌艚船四只，委官一员部领前去。公同哨守□东海澳碣石卫备倭千户李□官军在于海丰长沙碣石湖东，潮州柘林等处沿海一带往来巡缉，遇有贼寇出没，即便会同附近卫所府县备倭巡捕哨守巡司官军兵□人等并力擒拏解报，尚有兵夫八百名，内将四百名坐驾艚船八只，委官一员，在于佛堂门、十字门、冷水角、老万山、伶仃洋、屯门、鸡栖海澳一带江道尽来巡哨，遇有海贼出没，即便擒解。其南头地方，存留兵夫四百名，艚船八只，委官一员，协同南海卫东莞大鹏三哨官军防守海澳，庶几一举两便，方克有

---

〔1〕　嘉靖《广东通志初稿》卷35《海寇・增减夫船新议》，第578～579页。

济,地方无虞等因。[1]

总之,戴璟采纳了上述基层官员的建议,对兵船方案做出三项修订:一是减少兵船的数量,即全省募兵减至1 100名,募船22只。其中,东路仍于潮州募兵,中、西路于东莞募兵,"东路三百名,西路二百名,中路六百名,各路将三之一哨巡,三之二营守,每兵夫五十名艚船一只,共船二十二只"。二是改变兵饷的来源。此一项最为关键。即不再动用潮州府的民壮工食银,"各项用费,惟于军饷银内取办"。三是下放海防权力,"一遇有警,又许径自动支添募兵夫,不必直待文移,动经旬月"。[2]

戴璟的兵船改革对海防问题的整体构想,并非仅仅着眼于雇募兵船巡海哨守而已。为了提高海上作战能力,戴璟要求沿海备倭官将各路兵船编号定甲,勤加操练,要求海道官经常出巡,他在《议练兵船》中说:

> 看得广东旧设各路备倭官及兵船防御,若足以御寇矣。而海寇窃发不止,何也?彼其平日将海上军快卖放逃回,至缓急方聚乌合,虚张声势。彼见风涛震荡,目眩气夺,而凡锋刃交接,有不信丧魄落者哉!以愚见言之,莫若仿南直隶操江事体,令各备倭官将各路兵船编号定甲,烦长兵短兵、弓射弩射不时海上操练,凡使船水手教之以接潮迎风之法,而使之出没往来如神。海道官不时出巡,严加比练,以行赏罚,何患兵之不□乎![3]

戴璟也注意到本地沿海奸民接济导引海寇的情形,因此提出仿照王阳明的"十家牌法",推动沿海居民连坐制度:

> 中路佛堂门、十字门、冷水角等处,实滨海要害之地。要其急,则柘林,海道门户;南头,海道咽喉也。昔年南头设有海道驻扎衙门,岂非以此地控其枢□而居中调度哉。但今日某路兵夫若干,某路兵夫若干,皆

---

[1] 嘉靖《广东通志初稿》卷35《海寇·增减夫船新议》,第578～579页。
[2] 嘉靖《广东通志初稿》卷35《海寇·增减夫船新议》,第578～579页。
[3] 嘉靖《广东通志初稿》卷35《海寇·议练兵船》,第579～580页。

不过虚糜府库钱粮,率饱备倭囊蠹云耳。尔必欲为长治之算,可不循名
而责实哉。且贼之所以横行,皆缘本处熟识为向导也。夫□人先以籴谷
为由,而奸民因之为市。其究也,奸民贿结军哨,而外翼之,上之人岂能
知哉。近年海贼劫,萧廷昌据擒获大半,皆潮阳之土著也。其劫居民王
朝用离靖海所不越数里,而半月不捕,军政之驰至此可慨矣。故欲治外
必先治内,势之最急也。昔叶义问有言,土豪练海道之夷险,能使船户,
凡沿海以土豪为寨主,而饶于舟楫之间,官军不过扼堵岸之口,此策之上
也。以愚见言之,必以土豪用之海道,恐滋土民交通之□,亦岂得为上□
哉。吾谓不若仿新建伯十家牌式,凡沿海居民以十家为一牌,一人为盗
九家不举者连坐,亦为得之,而其要在府官。若辈若逐县官若□□斯可
矣。其隘口去处莫若如邓海道建议,于各隘居民,令其自御各村,盗贼,
每岁量计兵器之费,有功则□□□重赏之。是亦村自为保,人自为战之
意。岂非先人有制人之心哉。故欲御海寇,当知勤我宪节,严我军法,三
□保甲,而海道之说思过半矣。[1]

王阳明在赣南地区平盗弭寇,厉行十家牌法,其做法见诸《十家牌法告谕
各府父老子弟》、《申论十家牌法》、《批再申十家牌法》等篇,试图用连坐的
方式弭盗安民,防止盗寇窝藏,内容大致是登记某县某坊民户某人及其经营
差役等事项,轮流巡查,一家藏匿寇贼,九家连坐。[2]事实上,研究表明,王阳
明的做法并不理想,地方官往往敷衍了事,收效甚微。[3]在戴璟之前,广东沿
海先后发生了两起影响较大的海寇事件,一则是嘉靖十年(1531)海贼黄秀
山之乱;一则是嘉靖十一年(1532)海贼许折桂之乱,他们都是东莞等县民,
虽然方志说"东西二路沿海乡村居民商船屡被其害",[4]但是从他们"勾集惠
潮雷廉闽浙亡命"的规模之大来看,参与者不在少数,显示推动沿海居民连坐

〔1〕 嘉靖《广东通志初稿》卷35《海寇·议守关隘》,第580页。
〔2〕 参见王阳明:《王阳明全集》,上海古籍出版社2011年点校本。相关内容见诸该书卷16
    《别录八·公移》。
〔3〕 参见唐立宗:《在盗区与政区之间——明代闽粤赣湘交界的秩序变动与地方行政的演
    化》,台湾大学出版委员会2002年,第385~395页;黄志繁:《"贼""民"之间:12~18世
    纪赣南地域社会》,生活·读书·新知三联书店2006年,第148页。
〔4〕 事见嘉靖《广东通志》卷66《海寇》,第1788~1789页。

制度的必要性。戴璟的改革是假定地方官员能够切实推行，所以说"其要在府官"，抓住了问题的要害。

由于没有直接的文献记载，我们尚不清楚在戴璟之前广东沿海各地用于协助卫所旗军出海巡哨的民壮、民船是否编有定额，抑或临事佥派。但经过此番改革，雇募兵船从动支民壮工食银转为全面取用地方军饷，从费用到数量均走向定额化和制度化。由此，募兵成为正规的海防常备军，建立在兵船雇募制基础上的新的广东海防体制已经初具轮廓。由此看来，广为征引的《筹海图编》（嘉靖四十一年初刻，1562）所描述的广东海防"旧制"，即"每岁春末夏初风汛之期，……动支布政司军饷银，雇募南头等处骁勇兵夫与驾船后生，每船分拨五十名"出海防御倭寇番舶，[1]正是在戴璟的兵船改革之后形成的"新制度"，而非明代备倭从来如此的安排。以往的研究多依赖《筹海图编》的记载来讨论明代广东海防体制的变化，实则其记载的"旧规"也是变化的结果。

仔细观察上述戴璟最初及修订之后的兵船方案，不难发现官府主要在东莞县募兵及雇募该县的乌艚船。上引《筹海图编》所载广东海防"旧制"，也明确指出雇募的是"南头等处骁勇兵夫与驾船后生"。这里的"南头"，指的是位于珠江口的东莞县南头半岛。[2]在潮州地区，虽然上述的兵船方案均声称在本地募兵及查取当地海阳等县艚船防守柘林澳，但不久也"益以东莞乌船，号子弟兵，又数百"。[3]嘉靖三十三年（1554），广东海道副使汪柏将防守潮州柘林、惠州长沙等处海澳的兵船合并为柘林水哨，又雇募东莞乌艚船20只。[4]若据上揭"每兵夫五十名艚船一只"的官方标准推算，这批东莞乌艚船需募兵1 000名。由于各地兵船主要来自东莞等地，戴璟任内专门出台"禁约"，令当地沿海居民编立船甲：

为今之计，莫若通行各县，责令沿海居民各于其橹编立船甲长、船甲

---

〔1〕 郑若曾：《筹海图编》卷3《广东兵制·沿海卫所战船》，第240页。
〔2〕 南头是广东海防的重要军事据点，先后设立东莞千户所及巡视海道副使衙门。关于该地的重要性，可参见萧国健：《明代粤东海防中路之南头寨》，《明清史研究论文集》，珠海学院1984年，第39～51页。
〔3〕 嘉靖《潮州府志》卷1《地理志》，第20页。
〔4〕 严从简：《殊域周知录》卷2《东夷·日本》，第80页。

副,长副不拘人数,惟其船之多寡,一依十门牌内循序应当。如船上二十只,总统于船甲长,内以十只分统于船甲副,其个船仍于船尾船外大书某县船,其甲下某人,十字□刻墨填以为记。认其甲长甲副,各置簿一扇,备载乡中船数,并某样船只某项生理,一一直书。每岁具呈于县以凭查考。[1]

简言之,戴璟编立船甲的具体做法是,责令船户编立船甲长、船甲副。前者负责管理20艘船,后者10艘。每一船身均刻记某县船、某甲下某人。船甲长、副各置簿册一本,备载乡中船数及某样船只某项生理。每年呈送官府查考。如此"军门欲用船只之际,可以按簿呼召,给价差用,而不致卖放之弊"。[2]

可以看出,在嘉靖年间形成的新海防体制中,来自东莞的兵船有着举足轻重的地位,以至于后来黄佐的《广东通志》称"(东莞)县有乌艚船号子弟兵者,东西二路防守莫不用之"。[3]

在东莞、新会、香山等珠江三角洲地区,出海船商长期雇养壮夫撑驾,或谓"子弟兵",或谓"驾船后生",是相当普遍的社会现象。明代广东著名士绅、香山人黄佐(1490~1566)指出,备受官府青睐的乌艚船主要在海上贩盐,曾协助擒拿海寇何亚八而声名大噪:

> 乌艚船子弟,昔自中路首擒何寇,子弟兵俗呼"莽仔",其商贩颇类淮海盐徒而无对阵相劫之恶。何亚八乱时,谒县报效,盖因寇阻其商贩之路也。知县何价不许。及海道用之,素熟地利,竟从指挥王沛擒亚八,成奇功。[4]

---

〔1〕 嘉靖《广东通志初稿》卷35《海寇·巡按御史戴璟禁约》,第579页。
〔2〕 嘉靖《广东通志初稿》卷35《海寇·巡按御史戴璟禁约》,第579页。
〔3〕 嘉靖《广东通志》卷66《外志三·海寇》,第1784页。
〔4〕 嘉靖《广东通志》卷66《外志三·海寇》,第1792页。海寇何亚八之乱发生在嘉靖三十二至三十三年间(1552~1553),其活动区域遍及珠三角至潮州地区。事件在广东地方文献中有很多记载,较集中的描述可参见顺治《潮州府志》卷7《兵事部·何亚八等之变》,第257页。

　　黄佐的说法可与当时另一著名士绅、南海人霍与瑕的描述相印证,后者称"广东沿海备倭兵将原有可恃者,以东莞、香山多走海南及生盐艚船轮差守御"。[1]

　　隆庆二年(1568)带管广东总兵俞大猷在写给两广总督张瀚(1511～1593)的呈文中对广东民船状况也有一番类似的描述:

　　　　照得二十载前,本镇叨任都司,见广之东莞县有乌尾船二百余只,新会县有横江船一百余只。其船各系富家主造,其驾船之人名曰"后生",各系主者厚养壮夫,每船各四五十人。南至琼州载白藤、槟榔等货,东至潮州载盐,皆得十倍之利。[2]

　　在各类明代官私文献中,东莞乌艚船与新会的横江船(又称"尖尾船")合称"广船"。有时"广船"也统称"乌艚",与之对应的是被称为"白艚"的福建船式——"福船"。[3]时人谓"广船非我军门所辖"、"鱼盐之利自多,区区价微,不乐于雇",说的就是这类常被召募于巡海备倭的广东民船。[4]

　　东莞乌艚船别称较多,或曰"乌尾船"、"大乌船"、"大乌艚"、"大头船"等,顾名思义,均指其船式特征。这类船只经过改造,之所以能够制胜于海上,主要因其船体巨大,木质坚实。福建船和倭船一般以松杉木打造,广东船以铁栗(梨)木打造,海上作战优势明显。[5]嘉靖二十七年(1548),福建按察司巡视海道副使柯乔给浙江巡抚兼理福建军务朱纨(1494～1549)的呈文中

─────────────

〔1〕　霍与瑕:《霍勉斋集》卷12《上潘大巡广州事宜》,第635页。
〔2〕　俞大猷:《正气堂全集·洗海近事》卷之上《呈总督军门张(隆庆二年七月初九日)》,廖渊泉、张吉昌整理点校,福建人民出版社2007年,第813页。
〔3〕　明代的兵书和图谱,如《筹海图编》、《登坛必究》、《武备志》、《三才图会》等,对广船和福船的名号和船式均有记载。由于辗转抄录,其描述的内容大同小异。参见王冠倬:《中国古船图谱》,第217～231页。
〔4〕　郑若曾:《筹海图编》卷13《经略五·兵船·广东船图说》,第857页。
〔5〕　铁栗木又写作"铁梨木"、"铁力木"、"铁木",主要生长于中国广东、广西、云南及泰国等地。木质坚实,至今仍是军工和造船的重要材料。当然,船只的造价也相对较高。因此,时人有言:"广船若坏,须用铁栗木修理,难乎其继";又谓:"广船用铁力木,造船之费加倍"。参见郑若曾:《筹海图编》卷13《经略五·兵船·广东船图说》,第857页;王在晋:《海防纂要》卷6《广船》,第573页。

对广东的乌艚船大加推崇：

> 查得广东东莞有乌尾船者，其打造以铁梨木，其板厚七寸，其长
> 十丈，其横阔三丈有奇，其硬如铁，触之无不碎，冲之无不破。远可支
> 六七十年，近亦可耐五十年。是佛郎机所望而畏焉者。

为此，柯乔提议"差官移咨广东军门，转行东莞县，将民间乌尾大船加价收
买"，每只"或费七八百两"，同时雇佣骁勇兵夫撑驾御敌。[1]嘉靖三十五年
（1556）江浙"倭情"告急，从广东一次性调募"乌尾、横江大船一百八十只"，
用于"分拨浙直海洋，哨御定海"。[2]嘉靖四十三年（1564）前后，曾任广州
知府的福建海澄人谢彬在写给家乡官员、海防同知邓士元的《剿抚事宜议》
中，也提到："彬前在广州，患乌艚之为害，逐一编号，轮流上班。该班者借其
兵力出海捕贼；下班者听其揽载商货，前往海南等处贸易，彼有所利，自不为
盗，而官府亦赖其用足，省兵粮"，因此建议对待本地的民船"似亦可以仿此行
之"。[3]可见，乌艚船的声誉并不局限于广东地区，雇募改造这类兵船成为时
人眼中的制敌法宝。广东编差乌艚船轮班巡海的做法，也被认为是可以效仿
的海防良策。

究竟嘉靖十四年（1535）戴璟的兵船改革实际运作的情形如何？在戴璟
之后成书的黄佐《广东通志》列举沿海各地海澳的兵船情况，大致可以反映
嘉靖三十一年（1552）前后的海防兵船情况：

> 东莞县南头、屯门、鸡栖、佛堂门、十字门、冷水角、老万山、伶仃洋
> 等澳。募东莞县兵夫后生二百名。□追捕去远，仍每名月支行粮人各
> 三十，与该县民壮一百名驾大乌艚民船四只，每只布政司月支十万斤以
> 上银一两二钱至一两五钱，十万斤以下月银一两，并该县大战船二只，

---

〔1〕 朱纨：《甓余杂集》卷9《公移·阅视海防事》，四库全书存目丛书集部第78册，齐鲁出版
　　　社1997年影印本，第245页。

〔2〕 范涞：《两浙海防类考续编》卷2《各区战船》，四库全书存目丛书史部第226册，齐鲁出版
　　　社1997年影印本，第315页。

〔3〕 谢彬：《剿抚事宜议上邓司理》，载崇祯《海澄县志》卷19《艺文志》，稀见中国方志汇刊第
　　　33册，中国书店1992年影印本，第637～639页。

委千户或指挥一员部领，自四月风迅起至九月终止，有事留守，仍与一体支给。

香山县浪白澳。募东莞县兵夫后生五百名，每名布政司月支银六钱，仍于所在仓月支行粮三斗，驾大乌艚民船八只，每只布政司月支十万斤以上者银一两二钱，至一两五钱，十万斤以下一两，并海道随捕快马船八只，委指挥一员部领，自四月风迅起至九月终止，有事留守，仍一体支给。

广海卫望峒澳。募新会县兵夫后生二百名，每名布政司月支工食银六钱，仍于所在仓支行粮三斗，驾横江大船四只，系民船，每只布政司支银十万斤以上者月银一两二钱至一两五钱，十万斤以下者一两，委千户或指挥一员部领，自四月风迅起至九月终止，有事留守，仍一体支给。

潮州柘林澳。系中州切界，兼外抵诸番，岁募鲩江兵夫三百名，驾潮州白艚大船十五只，委备倭官一员统领，东莞县兵夫后生六百名，驾大乌艚船十五只，委指挥一员统领，防捕大船，每只月给脚价银四两，兵夫后生每名月给工食银六钱，行粮三斗，俱于该府并附近官仓支给，自四月风迅起至九月终止，有事留守，仍一体支给。

碣石海澳。在惠州东二百里防守，东莞县海夫四百名，每名月支永丰仓粮三斗，该府盐利银六钱，雇艚船十只，每只脚价银四两。

惠来县靖海澳。在本县东，靖海所旗军一百名。甲子门澳。在本县西，甲子门所旗军一百名。

石城县两家滩海澳。在县治东南三十里，通大海，贼船多泊于此，石城遂溪二县所遇警，轮拨军壮防守。

吴川县广洲澳。在南三都地方，东南滨海，离县四十里，宁川所旗军七十七名，民壮电白县四十名，吴川县六十名，驾哨船二只防海寇。

钦州龙门港。嘉靖二十八年安南贼范子仪等驾船突至钦州龙门港口，议雇东莞乌艚船六只，新会横江船四只，于布政司军饷银内每只大船月给脚银五两，中银三两，后生兵夫五百名，每名月银六钱，俱廉州府于布政司发到军饷银支给，口粮三斗，永丰仓米支给，委廉州四卫指挥一员领往防守，嘉靖三十一年挈守琼雷各港，今无。

琼雷二府白沙、石𨒂、官头、文昌各港。雇兵夫后生五百名，驾东莞乌艚船六只，新会横江船四只，俱布政司，每船一只月给银五两，后生兵夫月给银六钱,指挥一员统领,与备倭官军更番戍守,以防海寇,无事于海北珠池巡捕,旧守龙门港,嘉靖三十一年移此。

　　雷州海安、海康二所海港。造大船六只,并镖牌铳器等件,每只雇惯战水手捎夫十名,并备倭守哨旗军达官舍余四十名,听总委备倭官一员管理,专在二所驻守,有警听海北、海南分巡参将调遣截捕,嘉靖三十一年行。[1]

同书对三路战船分布的记载又有:

　　备倭分三路。中路,在广州府东莞县南头、屯门等澳大战船八艘、乌艚二十艘,广海卫望峒澳战船四艘。……东路,在潮州府柘林澳战船二艘、乌艚十五艘,碣石靖海、甲子门等澳艚船十艘,哨船各二只。西路,在高州府石城、吴川湾澳各哨船二艘,廉州府海面战船一艘、琼雷二府海港乌艚各六艘,雷州海港战船六艘。[2]

　　对比戴璟募兵1 100名、雇船22只的兵船方案,可知随后各地实际雇募的兵船,已经大大超出戴璟的数目,一共雇募兵夫3 100名,雇佣大乌艚船、横江大船、白艚大船等民船66只。用卫所旗军防海只占其中的一小部分,如靖海澳、甲子门澳、广洲澳、龙门港等,所需费用除了布政司之外,还动用了本地的盐利。戴璟提出每名水兵每月支给工食银六钱(每年七两二钱),口粮三斗;募船费用验其装载大小,或给银一两五钱,或给银一两,也是得到遵行的。

二、柘林兵变与吴桂芳的应对策略

　　如上所述,经过戴璟的兵船改革,广东沿海形成了雇募兵船防守各大海澳的军事格局。由于浙闽两省御倭战事逐渐取得成效[3],大约从嘉靖三十一年(1552)开始"倭患"向南蔓延,广东海防危机从闽广交界的潮州地区开始,山海寇盗呼应,原有的军事格局和兵力也愈来愈不足应对新的形势。时

─────────

〔1〕　嘉靖《广东通志》卷31《军制·海道江道哨兵》,第804~805页。
〔2〕　嘉靖《广东通志》卷31《政事志四·战船》,第810~811页。引文着重号为笔者所加。
〔3〕　有关明代中后期浙闽等地"倭患"的情形、御倭战事和发展趋势,可见郑樑生:《明代倭寇》。

任南赣巡抚、后来升任两广总督的谈恺在嘉靖三十三年（1554）上奏《条陈备倭事宜》，其中对比浙闽广的海防状况指出：

> 照得苏松、浙江、福建、广东皆滨大海，计程从陆道里虽远，乘风泛海旬日可至，今苏松有钦发山东枪手，有召募徐邳乡兵，有调到广西狼兵，湖广土兵，是苏松已有备矣。浙江有处州乡兵，有漳州海兵，今又召募东莞等县打手，是浙江已有备矣。漳泉虽未调集而海沧之兵素号强悍，贼每失利，多不敢犯，是福建亦有备矣。惟广东惠潮等府，素有富饶之名而无备御之实。虽节经牌案行令守巡兵备海道及备倭守备等衙门严加备御，固常小有俘获，而地方广远，顾此失彼，况倭寇于苏松、浙江、福建等处俱不能犯，诚恐纠集大众顺风扬帆，群至惠潮地方，贼众我寡，何以御之。[1]

谈恺认为惠潮沿海广远，顾此失彼，他同时也批评船只问题，认为雇募兵船实同受贿卖放，应该尽快修整卫所战船：

> 查得惠潮等卫所原有战船，俱以料价不敷，失于修整，置造日久，朽坏不堪。一遇有警，即行有司雇募刷取。雇募者量给价值，刷取者径行取用。各该船户生理所系，一闻此风，每至大洋逃避。而有司差遣人役又多受财卖放。其报官者非敝坏之旧船，即贫乏下户也。士卒驱命所关，地方安危所系，而可轻视若此乎。合无行令巡视海道通查惠潮等卫所船只见在若干，堪修若干，应该添造若干，见在料银有误足用。如有不足，即查惠潮等府县库贮军饷银两做速打造，以备夏秋之用，不许稽迟延缓有误海防。伏乞圣裁。[2]

由于"贼众我寡"，"无备御之实"，嘉靖三十一年（1552）从闽浙南下的海寇长驱直入潮州府境，当局几乎招架不住：

---

[1] 谈恺:《虔台续志》卷5《事纪》。
[2] 谈恺:《虔台续志》卷5《事纪》。

先是,嘉靖壬子,倭寇初犯漳泉,仅二百人,真倭十之一,余皆闽浙通番之徒。……至是犯潮州,大船一十三艘,其徒八百余人,大都皆漳泉温绍产也,突入揭阳大家井村劫财杀人,房屋尽毁。至蓬州千户所,从崩城拥入城中,杀死百户李日芳等。报至,海道副使林懋举先往潮州,提督都御史王鈇调集汉达狼兵并募广州新会顺德打手,未至,知府春芳豫集乡夫御之。[1]

这批犯率先南下劫掠潮州的"倭寇",是早前在浙江被擒杀的著名海寇集团王直的党羽,当时人注意到他们多是本地通番之人,发现他们"翦项前发而椎髻向后以从之,然发根不断,与真倭素秃者自别,且战虽同行,退各宿食,此其异也"[2]。因此内外呼应蔓延,措手不及。霍与瑕提出:"官司之所困,征役之所穷,富豪之所侵,债负之所折,怨入骨髓,有思乱之心久矣,今强寇在境,不亟捕灭,势当内外连结蔓延,滋大事可深忧。"[3]

由于担忧"倭患"进一步延及惠潮,广东督府移檄巡视海道讨论战守事宜以靖海防。嘉靖三十三年(1554)广东巡视海道副使汪柏提出将防守潮州柘林、长沙等处海澳兵船并为柘林一哨,雇募东莞乌艚船二十只、潮州白艚船十只,共拨兵一千二百名,委指挥黑孟阳为中军统领,指挥李爵、李鉴、千户王诏、虞钦、尚昂载、应先等部领,往来巡哨,"议上,督府允之"[4]。根据上一节提到嘉靖十四年(1535)戴璟兵船改革以后的海道哨守安排,原来东路兵船分布潮州、惠州二府海域,分别在潮州柘林澳、碣石海澳、惠来县靖海澳和甲子门澳哨守,雇募水兵1 300名,旗军200名。这样一来,早前分散哨守惠潮二府海域的兵船归并到潮州柘林哨,担负起入广门户的海上巡哨。

汪柏的改革,是集中兵力防御闽广交界的潮州海域,堵截海寇从闽浙进入广东的海路。但是海寇出此入彼,集中防御的结果必然导致重防潮州,虚空惠州海域的弊病,遭到惠州地方官的反对,将之归结为导致"倭寇残破惠州府地方"的原因:

〔1〕　嘉靖《广东通志》卷66《外志三·海寇》,第1789页。
〔2〕　嘉靖《广东通志》卷66《外志三·海寇》,第1789页。
〔3〕　霍与瑕:《霍勉斋集》卷12《上潘大巡广州事宜》,第612页。
〔4〕　谈恺:《虔台续志》卷5《事纪》。

嘉靖壬子,海寇猖獗,惠潮守备梁希孔请于海道召募打手二百五十人,乌艚五艘,每艘水手三十人,分戍湖东、鱼尾、石桥、南沙、大德、长沙诸港,居民赖以少安。甲寅本道尽撤打手乌艚,并其工食更募三哨游击兵船,原立之意,以为防守于内港,不若巡缉于外洋,其论亦奇矣。但游击之船,往来无常,而滨海之地,俱已驰备,贼每乘虚而入,如蹈无人之境,民甚病之。丁巳守备张岳复请于分巡道,知县张济时力赞其决,乃复募打手二百五十人,以百人戍石桥、湖东、鱼尾三港,五十人戍南沙、大德二港,百人戍长沙,民间复有倚庇,免于屠戮,甚盛惠也。但各夫工食俱扣碣石卫逃故军粮,每季于本府领给,恐其不继,或有更张,则将来之祸有不可胜言者矣。[1]

由上可知,惠潮守备梁希孔在嘉靖三十一年(1552,壬子)召募水兵250人,乌艚船5艘,分别戍守本地各海港。经过汪柏的改革,变成柘林一哨的游击兵船,更具机动性,但滨海驰备的问题出现。至嘉靖三十六年(1557,丁巳)重新召募打手250人,戍守海港,以静制动。值得注意的是其工食乃扣除碣石卫的军粮,前面提到下放海防权力,"一遇有警,又许径自动支添募兵夫,不必直待文移,"但是财政支持问题没有解决,仍不是长久之计。

嘉靖《海丰县志》的编纂者认为,现在官军戍守,"始以备倭,至海寇之势盛,不得不益以召募",而一度"三哨游击兵船",把原先戍守各海澳的兵船变成游击部队,"徒拥虚名",建议把"将三哨乌艚分布各港,平居则各自为守,有警则互相救援,至于追逐则各港俱集,既不失游击之名,抑且有防守之实,岂非两利之道乎?"反映了地方上的一般意见。从长远来看,这种守信地的做法,用兵船戍守海港,也很符合后来水寨兵船的体制。

广东当局调兵遣将,防范来自海上的威胁,殊不知倭患的处理,关键在官员应对得当与否。嘉靖三十五年(1556),广东著名士绅霍与瑕在京师听闻倭寇残破惠州地方,即撰成《平东广倭寇议》,公开质疑家乡官员在变乱中推诿塞责:

近阅报见广东以倭寇残破惠州府地方,止参通判一员。此食诬以塞

---

[1] 嘉靖《海丰县志》上卷《舆地志·戍守》,第155~156页。

责者也。巡抚提督兵将亲临惠州,不能靖寇,时则分巡兵备道、海道、参将等官俱在委任,岂所用者止通判一人耶。今皆互相容隐,委罪卑官,刑赏如此,何以使下,此须驳勘。要见倭寇所残地方,委系何人,守御通判当时领兵多少,驻扎何处,兵备领兵多少,驻扎何处,参将等官领兵多少,驻扎何处,地方有事,各官如何不见保障。通判失事,挂冠如何不见捄(救)应。若各官领兵坐视,通判不捄,则各官何心者也,若各官束手尽付,合省之兵与一通判,则各官何为者也。且通判小官也,如不堪用,当先时处治,如有误事,当临时处决,此有不待参奏者,今止参通判而各官无事,又何为者也。合将分巡、兵备、参将等官重者革职,轻者驻俸,各戴罪杀贼,以勉后功,庶几法有必行之信,怀严惮之心,革苟且之谋,事有慎图之望,同心一力,寇可殄,而民可保也。古人高坐庙堂,而明见万里,运筹帷幄,而制胜四方,凡以持此纪纲之柄也,因循姑息之弊,在近日不可不痛革也,是万民之命也。[1]

在呈送广东巡按陈联芳的书信中,霍与瑕也指出:

> 盗贼啸聚江海,责在海道、兵巡。若兵巡号令明,赏罚信,士选兵练无有滥食,则岂有数千民壮不能胜百十寇。[2]

霍与瑕是霍韬的次子[3],熟知广东官场和社情,陈述不留情面,从反面足见当时海防管理体制的积弊。

果不其然,嘉靖四十三年(1564)戍守广东潮州饶平县柘林澳的水兵因缺饷叛变,随后驾船攻击省城广州,扰攘数月才被平息(图四)。原本受雇戍守巡哨海澳的水兵监守自盗,公然举兵叛乱,影响之大反倒比倭夷海寇更为棘手。

---

〔1〕 霍与瑕:《霍勉斋集》卷12《书·平东广倭寇议》,第609～611页。

〔2〕 霍与瑕:《霍勉斋集》卷12《书·拟罪言上代巡陈青田公》,第702～703页。

〔3〕 南海石头霍氏是明代广东最为显赫的家族之一,霍韬在嘉靖初年官拜尚书,建立宗族,在朝野均有广泛影响力。有关霍韬家族的兴起,参见科大卫:《皇帝和祖宗:华南的国家与宗族》,卜永坚译。

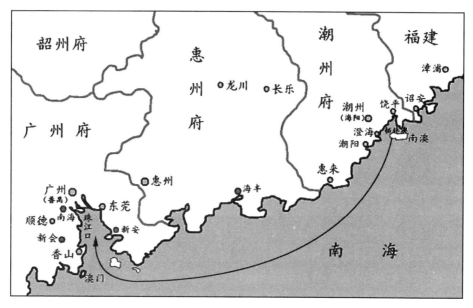

图四　柘林水兵进逼省城路线示意图

注：据谭其骧主编：《中国历史地图集》第7册《明时期·广东》（中国地图出版社1982年，第72～73页）重绘。

　　对此震动朝野的重大突发事件，历来官私文献均有不少记载。由于当局曾借用澳葡兵船参与平叛，故以往有关早期澳门史的论著，或多或少都提到这起兵变，说明的是葡萄牙人以协助明政府"赶走海盗"为由窃据澳门之前因后果，以戴裔煊、汤开建等学者的研究为代表；[1] 或将之作为地方动乱的一部分加以叙述，说明的是当时广东沿海"民盗难分"的激烈社会动荡，以陈春

---

〔1〕　参见戴裔煊：《关于澳门历史上所谓赶走海盗问题》，原刊《中山大学学报》（社会科学版）1957年第3期，收入蔡鸿生：《戴裔煊文集》，中山大学出版社2004年，第228～231页；戴裔煊：《〈明史·佛郎机传〉笺证》，第77～79页；汤开建：《佛郎机助明剿灭海盗考》，收入汤开建：《澳门开埠初期史研究》，第104～130页；万明：《中国融入世界的步履——明与清前期海外政策比较研究》，第269页；黄庆华："助剿海盗得赐澳门"之说探源——兼述葡萄牙人谋求澳门主权》，中国明史学会编：《明史研究》第9辑，黄山书社2005年，第23～34页；金国平、吴志良：《早期澳门史论》，广东人民出版社2007年，第75页；林发钦：《澳门早期对外战争与军事防御》，收入吴志良、金国平、汤开建主编：《澳门史新编》第三册，第833～868页。

声的研究最具深度。[1]然而,对于这起兵变的来龙去脉,特别是对当时和后续发生的一系列历史事件和海防军事改革造成的深刻影响,尚未得到深入而细致的探讨。

前面我们分析沿海冲要时指出,潮州饶平县南端的柘林澳地处粤闽交界,"番舶自福趋广,悉由此入",三面环海,有"南粤海道门户"之称。[2]从军事角度而言,由于"暹罗、诸倭及海寇常泊巨舟为患",[3]柘林海防不仅关乎潮州一府,对广东全境也有重要意义。因此,嘉靖四十三年(1564)初发生的柘林兵变很快惊动朝廷,牵连一众本地官员。《明实录》载其事曰:

> 广东东莞水兵徐永泰等四百人守柘林澳,五月无粮,皆怨望思乱。会领军指挥韩朝阳传总兵俞大猷檄,调戍潮阳海港。诸军益怒,遂鼓噪执朝阳,数入外洋,与东莞盐徒及海南栅诸寇合,进逼省城。抚按官遣人责问乱故,以潮州知府何宠不发军粮对。朝阳亦归罪千户于英。事闻,诏下朝阳、宠、英于御史问。夺海道副使方逢时、佥事徐甫宰,戴罪杀贼。[4]

由上可见,兵变的主因是粮饷没有如期发放,导火线则是时任广东总兵官俞大猷(1503~1579)欲调遣柘林水兵戍守潮阳的传檄。为首的叛兵叫"徐永泰";而在其他一些地方文献中,也往往把"贼首"写成"谭允传"、"卢君兆"等。[5]除此之外,我们对叛兵的内部组织所知甚少。

不管如何,上引实录最值得注意之处,是这些戍守柘林澳的军队乃"东莞水兵",表明他们来自广州府东莞县,并非潮州本地人。这说明,参与叛变的柘林水兵乃从东莞召募而来,并非抽调自沿海卫所的旗军。由于兵变之际正值三四月份,东南沿海受东北季风气候影响,船只自潮州出海南下,无需唱风,得天时之便;加上这些叛兵来自东莞,熟知珠江三角洲水道地理,哗变出

[1] 陈春声:《从"倭乱"到"迁海"——明末清初潮州地方动乱与乡村社会变迁》,收入朱诚如、王天有主编:《明清论丛》第2辑,第73~106页。
[2] 郑若曾:《筹海图编》卷3《广东事宜》,第244页。
[3] 嘉靖《潮州府志》卷1《地理志·饶平·柘林澳》,第20页。
[4] 《明世宗实录》卷532,嘉靖四十三年三月甲寅。
[5] 郭子章:《潮中杂纪》卷11《国朝平寇考下》,第80页;顺治《潮州府志》卷7《兵事部·柘林叛兵谭允传等之变》,第261页。

海后又纠结东莞盐徒和寇盗，[1]很快穿越珠江口，"突至莞城"，[2]随后逼近省城广州，官府措手不及。据曾任潮州知府郭子章（1542～1618）所言，叛兵直抵省城"初犹以告粮为名"。由于官府处置不当，"径议发兵剿之，大为所败，于是各叛兵横肆钞掠，省会戒严"，[3]局面一发不可收拾。葡萄牙驻印度总督派往中国的大使热尔·哥依斯的文案若昂·德·埃斯科巴尔在1564年目睹了事件经过，他在次年（1565）写成的《热尔·哥依斯使团纪实》中谈道："洗劫广州后，他们自称是暴动的海盗。从此之后，他们增加武器、大炮和军火，力量更为强大，无人敢冒犯。为求安全，他们选择东莞修筑城堡炮台，以便在海上活动后有地方休整娱乐。东莞距广州仅一天路程，故每当他们洗劫广州，便先在东莞集结，如入无人之境。当地居民胆小怕事，为了活命，连家产都不顾。广州官吏便将东莞居民迁往内地居住，这更使海盗胆大妄为。"[4]

对嘉靖末年已相当棘手的广东沿海局势来说，柘林兵变无疑火上浇油。在内阁首辅徐阶（1503～1583）力荐下，吴桂芳（1521～1578）于嘉靖四十二年（1563）九月受命提督两广军务兼理巡抚。[5]他上任不久就调兵遣将，指挥总兵俞大猷等开展大规模剿寇行动。[6]前述俞大猷欲调柘林水兵戍守潮阳，以及一些地方文献往往把导致兵变的缺饷问题归咎于"时倭寇潮州，海兵饷

---

〔1〕 此处"海南栅"是明代东莞县地名，为一海岛村落，隶属县西南第七都。参见崇祯《东莞县志》卷1《地舆志》，第64页。

〔2〕 崇祯《东莞县志》卷3《兵防》，第158页。

〔3〕 郭子章：《潮中杂纪》卷11《国朝平寇考下》，第80页。

〔4〕 若昂·德·埃斯科巴尔：《热尔·哥依斯使团纪实》，澳门《文化杂志》编《十六和十七世纪伊比利亚文学视野里的中国景观》，大象出版社2003年，第72页。

〔5〕 吴桂芳调任广东事见《明世宗实录》卷525，嘉靖四十二年九月乙巳。吴桂芳主政广东，接替被给事中陈懋观弹劾"纵寇殃民"而致仕的总督闽广都御史张臬，时广东山海盗寇频发。在给吴桂芳的信函中，徐阶表示："当执事初受命时，忌仆者以为仆私执事，寇决不可平也"，可知吴桂芳主政广东乃徐阶力荐促成，主要任务是平息广东寇乱。详见徐阶：《世经堂集》卷24《书三·复吴自湖》，四库全书存目丛书集部第79册，齐鲁出版社1997年影印本，第130～131页。徐阶于嘉靖三十一年（1552）入阁，四十一年（1562）继严嵩任内阁首辅，前后掌首揆七年。有关徐阶生平与政治活动，详见姜德成：《徐阶与嘉隆政治》，天津古籍出版社2002年。

〔6〕 有关吴桂芳在粤东剿寇活动，参见阮元：《广东通志·前事略》，《岭南史志三种》，第197页。

不时给"[1]、"倭驻潮州,府藏不继"[2],均与此大背景有关。

当叛兵一路进逼省城之际,吴桂芳正集中兵力征剿盘踞在广东中北部长乐、龙川一带以叶丹楼(茂)为首的山寇。他一方面公开招抚叛兵,为整兵备船争取有利战机,一方面急命总兵俞大猷、海道副使方逢时等前往省城平乱。官方集结的兵船一路"自内海出",一路"自外洋入",采取内外夹击的作战策略。[3]这些兵船主要调募自东莞南头、白石等地的民兵商船,其中包括屡屡被学者提到、来自澳门的"香山澳船"。[4]据说,俞大猷调诸夷剿平叛卒,"许免抽分一年"。[5]前引若昂·德·埃斯科巴尔记述了当局向澳门的葡萄牙使团求援的信息:"中国官员首先表示:'本官代表中国各省兵部总兵大人来此向葡萄牙国王的使者和澳门军事首领求援,相信不会遭到拒绝,因为剿灭海盗乃正义和必需之举。海盗侵扰广州,阻碍通商,更何况驰援一事是使者阁下首先提出的,这是总兵大人派本官来此求援的主要原因。总兵已知,海盗眼下在东莞湾一带活动,他们相信总兵大人对其无可奈何,故现在围剿海盗更有把握。为了不使作战计划久议败露,本官此次直接率作战必需的船队来此,也请你们参战的士兵即刻登船。'"最后葡萄牙人"履行了自己的诺言",派出二百人参战。[6]

在首轮交战中,官府完全占据上风,"贼腹背受兵,骇奔无措,生擒六百一十二人,斩首不计"。[7]初战告捷,吴桂芳曾指示俞大猷,不仅要擒杀叛兵首恶,也要将他们手中的船只收归官有。[8]尽管叛兵余党的规模仍相当可观,但气势大挫。据说,当时叛兵拥有大乌船30只、白艚船40只。俞大猷先后"差人往抚",诱使他们将21只大乌船"送还官府",并答应其提出"愿

---

〔1〕　万历《广东通志》卷6《藩省志六·事纪五》,第148页。

〔2〕　顺治《潮州府志》卷7《柘林叛兵谭允传等之变》,第261页。

〔3〕　详方逢时:《大隐楼集》卷16《书平长乐叶贼事》,李勤璞校注,辽宁人民出版社2009年,第263页;万历《广东通志》卷6《藩省志六·事纪五》,第148页;郭子章:《潮中杂纪》卷11《国朝平寇考下》,第80页。

〔4〕　俞大猷:《正气堂全集·正气堂集》卷15《集兵船以攻叛兵》,第369～370页。

〔5〕　陈吾德:《谢山存稿》卷1《条陈东粤疏》,第424页。

〔6〕　若昂·德·埃斯科巴尔:《热尔·哥依斯使团纪实》,澳门《文化杂志》编《十六和十七世纪伊比利亚文学视野里的中国景观》,第78～79页。

〔7〕　应槚、凌云翼、刘尧海等修:《苍梧总督军门志》卷21《讨罪五》,第203～204页。

〔8〕　俞大猷:《正气堂全集·正气堂集》卷15《与莫吉亭海宪书》,第370～371页。

官府给牌，许我往潮贩盐买卖"的要求。继而，俞大猷趁叛兵剩余船只在岸停泊之时，出其不意，"以其送回二十一只船载兵往击"。[1]时称"复生擒三百九十三人，斩级四十一颗，首贼谭允传、卢君兆等先后磔于市，其船入官，余孽无存，远近称快"。[2]俞大猷的军事行动不仅一举歼灭叛兵，也使得官府如愿以偿获得一批数量可观、足以充实沿海武备的船只。轰动一时的柘林兵变终告平息。

如前所述，叛兵的主体是来自潮州的东莞水兵，此乃前述戴璟兵船改革之后，雇募民兵商船逐渐成为明代中后期广东应对倭寇海盗的对策，其中最为重要的兵船来源，就是来自东莞县的乌艚船。当局如此看重叛兵驾驶的"大乌船"，蓄志将其收归官有，以及接受俞大猷招抚的叛兵提出"许我往潮贩盐买卖"的要求，均与他们的身份背景密切相关。因此，就事件本身来说，通过上面的考察，我们就有理由把前述柘林兵变中有关"东莞水兵"、"大乌船"、"东莞盐徒"、"兵饷不给"、"进逼省城"等一系列事件的要素有机地联系起来。柘林兵变固然是一起突发事件，但以来自珠江三角洲的东莞乌艚船和水兵戍守潮州，却是嘉靖年间戴璟进行兵船改革之后出现的整个广东海防体制的一部分。这一新的海防体制以雇募兵船为基础，虽然出价雇募，但官府往往也直接查取。沿海战事愈频繁，民船愈被倚重，船户愈不堪重负，"一闻此风，每至大洋逃避"，[3]甚至"不作大艚"。[4]雇募兵船愈多，意味着兵饷也必然水涨船高，一旦不继则易生事变。柘林兵变的发生与当时海防体制的结构性弊病不无关系。

在戍守柘林的东莞水兵因缺饷哗变之前，他们在地方社会的表现一直毁誉参半，虽运作多年，但当地官绅的态度仍相当微妙。嘉靖二十一年（1542）饶平知县罗胤凯在一篇《议地方》中探讨潮州海防，曾指出："连年官府雇募黄芒等处兵夫三百名，协同官军驾船屯聚，本以为民也，奈何法立弊生，前项兵夫，往往海滨骚扰，然必欲以柘林兵夫易之，安知柘林兵夫岂皆公侯心腹，不为黄芒之为乎。是犹以虎易狼，未足据也。"为此，他认为"为今之计，不若

---

〔1〕 俞大猷：《正气堂全集·洗海近事》卷之下《书与巡抚熊及二道》，第897页。
〔2〕 郭子章：《潮中杂纪》卷11《国朝平寇考下》，第80页。
〔3〕 谈恺：《虔台续志》卷5《纪事四·条陈防倭事宜》，第34页。
〔4〕 霍与瑕：《霍勉斋集》卷12《上潘大巡广州事宜》，第612页。

尽出募兵。惟以官军守御为正"[1]。显然,罗胤凯建议完全取消募兵并不现实。从他比较在当地雇募的黄芒兵与柘林兵的用词,足见他们在当地的名声均不光彩。当时"养疾家居"的监察御史、潮州潮阳人萧端蒙(？～1554)曾于嘉靖二十五年(1546)代家乡父老拟呈《条陈远方民瘼六事疏》,其中批评在柘林虽然驻有东莞兵船,但他们一则"大率相去弯远,有事难于遽调",二则"或受买港之金,故行坐视,转托支吾,非有专责,终难弭寇"。但萧端蒙仍然强烈请求当局仿照"柘林故事","另拨东莞乌船五六只,或就柘林分拨前来",理由是:"海寇多系通番亡命之徒,舟既峻大,器亦犀利。官军民壮软弱太甚,虽有千万,莫敢谁何。……惟有东莞乌船,素为此贼所畏。"[2]与罗胤凯相比,萧端蒙对待这些戍守柘林的东莞兵船的态度更为务实,但也有不得已为之的苦衷。事实上,募兵与当地百姓的关系一直颇为紧张,地方文献中有关他们肆行劫掠,鱼肉百姓,与贼寇沆瀣一气的记载比比皆是。[3]当时民谣传唱:"贼犹梳也,所过犹有所遗;兵犹篦也,过则无遗矣。"[4]从中我们可以看出,柘林兵变的发生实有征兆可寻。

柘林兵变的发生,不仅凸显出当时广东海防体制的积弊,对后续两广提督吴桂芳开展的一系列军事改革也产生直接而深刻的影响。

吴桂芳字子实,号自湖,更号石潭,江西新建人,《明史》有传。[5]嘉靖四十二年(1563)九月,吴桂芳从总理河道任上受命提督两广军务,接替被给事中陈懋观弹劾致仕的闽广总督张臬。其时"倭患"向南蔓延,广东东部潮州、惠州地区首当其冲,"潮海之间岁被其患","屠戮焚掠之惨,远近震骇"。[6]地方当局对海寇山贼处置不力,往往采取招抚安插策略,招致地方士

---

〔1〕　陈天资:《东里志》卷4《公移》,第123～124页。

〔2〕　萧端蒙:《萧御史同野集·条陈远方民瘼六事疏》,《潮州耆旧集》卷15,第260页。

〔3〕　详见陈春声:《从"倭乱"到"迁海"——明末清初潮州地方动乱与乡村社会变迁》。陈春声在该文中曾引嘉靖三十七年(1558)刘子兴撰《塘湖刘公御倭保障碑记》(碑石现存潮州市潮安县龙湖古寨)证明当地百姓建城寨自保的目的不是"御倭"而是"防兵"。龙湖寨是当时潮州府城重要的出海口和商埠之一,该碑文提到"东莞兵"劫掠当地商贩肖这茂的例子。

〔4〕　戚继光:《戚少保奏议·重订批点类辑练兵诸书》卷1《经略广事条陈勘定机宜疏》,张德信校释,中华书局2001年,第17页。戚继光于嘉靖四十四年(1565)率兵入广征剿海寇吴平(详见下节)。他记录的这首潮州民谣,反映了嘉靖末年潮州百姓的观感和社会状况。

〔5〕　张廷玉等撰:《明史》卷223《吴桂芳传》,第5873页。

〔6〕　郭子章:《潮中杂纪》卷11《国朝平寇考下》,第79页。

绅强烈不满。[1]曾任兵部主事、潮州海阳人陈一松（1498～1582）为家乡父老奏呈《急救生民疏》，就对本地区"群丑日招月盛，居民十死一生"极为愤慨。[2]张臬之所以被迫下台，导火线就在于"时和平贼李文彪作乱，臬以其地险难用兵，倡议抚之"，因此受到"纵寇殃民"、"非军旅才"的责难。[3]在这种情势下，收拾残局、弭盗安民显然就是吴桂芳抵任广东的主要使命。从为官履历来看，吴桂芳先后担任过广东参政、浙江左布政使、福建巡抚等地方要职，熟知沿海民情，兼之在扬州知府任上"御倭有功"，确有剿匪息乱的经验，不失为两广提督的上选。[4]虽然《明史》本传记载吴桂芳改授两广提督是"部议"即公推提名使然，[5]但最直接的促成因素，则不得不提内阁首辅徐阶（1503～1583）的赏识和力荐。

徐阶于嘉靖三十一年（1552）入阁，四十一年（1562）继严嵩（1480～1567）任首辅，前后掌首揆七年。[6]吴桂芳上任未久，徐阶就去信表达了强力支持：

> 广贼起于包含之太过，则某其首也；滋于纳贿之无厌，则某其魁也。彼数人者坏之于十余年。而今欲整顿于一旦，固知劳累执事，然非执事之才实不能办。此天之生才，原为世用。才既在我，安所辞其责哉！惟执事殚力为之，凡有奏请，此中无不相成。[7]

可见，徐阶对吴桂芳寄予厚望，认为当时广东的乱局乃地方官员长期对盗贼包容太过、纳赂无度造成，非吴桂芳之才力不能全面扭转。徐阶承诺

[1] 陈春声：《从"倭乱"到"迁海"——明末清初潮州地方动乱与乡村社会变迁》，收入朱诚如、王天有编：《明清论丛》第2辑，第73～106页。
[2] 陈一松：《为恳天恩赐留保障宪臣以急救生民疏》，收入冯奉初辑：《潮州耆旧集》卷19，第336页。
[3] 《明世宗实录》卷525，嘉靖四十二年九月乙巳。
[4] 王宗沐：《赠太子少保工部尚书兼都察院右副都御史吴公桂芳行状》，收入焦竑：《国朝献徵录》卷59，第822～825页；《明史》卷223《吴桂芳传》，第5873页；《明世宗实录》卷430，嘉靖三十四年十二月丙子。
[5] 张廷玉等撰：《明史》卷223《吴桂芳传》，第5873页。
[6] 有关徐阶生平与政治活动，详见姜德成：《徐阶与嘉隆政治》。
[7] 徐阶：《世经堂集》卷24《书三·复吴自湖兵侍》，第128页。

"凡有奏请,此中无不相成",鼓励吴桂芳放开手脚,大胆整顿,显示两人私交匪浅。上揭王宗沐《吴公桂芳行状》称他任上"纷纷奏请调兵食,选练兵将,皆中机宜,辄报下施行",[1]除了所奏内容切中症结之外,自然不应忽视徐阶的助力。在另一封获知吴桂芳平寇捷报的复函中,徐阶回忆"当执事初受命时,忌仆者以为仆私执事,寇决不可平也",对他终究不负所望的欣慰之情溢于言表,[2]更加明确透露出徐阶当初力排众议、大胆提拔吴桂芳的政治内幕。

概言之,嘉靖四十二年(1563)吴桂芳的广东之行可谓受命于危难之时,肩负重大使命,但他既有自身长期在地方从政的才力气魄,也深得朝廷中枢的外在支持,足以让他大展拳脚。问题在于,广东复杂多变的局势难以预期。此后吴桂芳相继推行的海防改革举措,与其说事先谋略在胸,毋宁是为时局所迫。

前面提到,叛兵在潮州哗变之后驾船进逼省城广州。一时间省城外围成为主战场。嘉靖年间曾官至太仆寺卿、广东顺德人何彦回忆,当时省城之外"民廛稠聚,海船鳞凑,富商异货,咸萃于斯",但"滨江一带原无垣壁可恃",叛兵"突至河下,虽不敢进逼内城,而拥众连舰,肆然无忌"。[3]曾在嘉靖四十四年(1565)游历广东的安徽休宁人叶权(1522~1578)也说,"东莞兵变,楼船鼓行,直抵省城下,城门昼闭,贼作乐饮酒天妃宫中"。[4]因此,在事件平息后,吴桂芳"以柘林兵叛,蹂躏践城外居民",首先奏请"创筑自西南角楼以及五羊驿环绕至东南角楼新城,以固防御"。[5]吴桂芳《议筑广东省会外城疏》谓:

> 题为筑建重城以固保障事。据广东布政司呈、奉臣会案议照安内攘外固以攻战为先,而思患预防则以城守为本。看得广东省城正南归德等

〔1〕 王宗沐:《赠太子少保工部尚书兼都察院右副都御史吴公桂芳行状》,收入焦竑:《国朝献徵录》卷59,第822~825页。
〔2〕 徐阶:《世经堂集》卷24《书三·复吴自湖》,第130~131页。
〔3〕 何彦:《总督吴公筑省外城序》,吴道镕原稿、张学华增补、李棪改编:《广东文征》卷12,第3册,广东文征编印委员会1974年,第124~125页。
〔4〕 叶权:《贤博篇·附游岭南记》,凌毅点校,中华书局1987年,第44页。
〔5〕 万历《广东通志》卷15《郡县志二·广州府·城池》,第369~370页。

门外壕畔高第、卖麻等街,商民绸缪,财货积聚,乃两广所恃以为利府,奸宄垂涎以为奇货之地也。且省城一舍之外,即为大洋。迩来海寇倭夷交相煽乱。虽城关之险已足深恃无虞,而郭外居民,原无城堡可恃。一旦警急,奔走转徙,骚然靡宁,必须建筑外城永图宁固,庶几奸徒绝觊觎之念,而重地赖重城之险。此百世之业也。及照省城沿河地方,居民辏水,鳞次相比。若欲照常,中筑土城,外包砖石,则所费地基过广,恐居民拆卸房屋太多,致令嗟怨。况广城三面阻水,其北虽云枕山,而又省会来脉所在,诚恐取土妨碍。若自远运土,则其费益不赀矣。莫若止建瓴城一座,基阔一丈二尺,收顶九尺,此比照常土外两边包瓴之费,仅增三分之一,而尽省土城,其费实过半矣。城坚而费省,民便而风水亦利。广东省城为十郡根本之地,而城南郭外,正诸商贸易之区,生民之凑集如云,财货之积聚满市,真一省丰阜之最,两广通利之源也。缘城外一望,巨海茫洋。寇患之生,不无窥伺之念。如先年反贼黄萧养等之作耗,近日柘林哨兵之煽乱,动行突犯,变皆起于仓卒,民不免于仓惶。此已然之事,既为可鉴。矧连年倭奴入犯惠潮,其志皆欲趋广,传闻汹汹,向切可虞。况兼香山县濠镜澳互市番夷,近年聚落日繁,骜横日甚,切近羊城,奸宄叵测,尤为广人久蓄腹心深痼之疾。伏乞敕下该部、再加酌议。如果刍言可采,乞赐覆拟施行。[1]

相对于原有的广州旧城,吴桂芳主持修筑的外城"长一千一百二十四丈,高二丈八尺,周三千七百八十六丈",并陆续修成八处城门,"其东曰永安,西曰太平,南曰小南、曰永清、曰五仙、曰靖海、曰油栏、曰竹栏",被称为"新城"。[2]其中"永安"、"太平"、"永清"、"靖海"等取名无不具有明显的军事象征。值得一提的是,吴桂芳在扬州知府任上就曾兴师动众修筑郡城外垣御倭。此番奏请,固然是兵变后亡羊补牢之举,参照的却是他的扬州经验,所以时人称"其规划大抵视扬城例"。由于工程浩大,据说"居民以撤屋度城址颇不悦,至有飞语",若非吴桂芳"锐于戒事且罪言者",工事不能在短时间

〔1〕 陈子龙辑:《明经世文编》卷342《吴司马奏议·议筑广东省会外城疏》,第3667~3668页。
〔2〕 黄佛颐编纂:《广州城坊志》卷4《新城》,仇江等点注,广东人民出版社1994年,第438页。

内完成。[1]

　　筑城之外，吴桂芳进而认为，省城迤东广州、惠州、潮州三府原先分别在南头、碣石、柘林三哨兵船分地防守，但每哨止委任指挥一员管督，"官卑权轻，号令不肃，以致兵无忌惮，得恣猖獗，如近日柘林哨兵之变，可为永鉴"。为此，他丁嘉靖四十三年（1564）奏请专设"督理广州惠潮等处海防参将"，集中兵力驻扎南头，企图以此根除省城的海上威胁：

　　　　东莞县南头地方，内为省城门屏之巨防，外为海舶襟喉之要隘。当此镇而设大将屯重兵，甲士连云，楼船碍日，则内可以固省城之樊屏，外可以为诸郡之声援，近可以杜里海小艇劫夺之奸，远可以防澳中番夷跳梁之渐，诚计安之要术而善后之良图也。臣等欲并三哨之兵而稍减其数，别选精于水陆战阵兵夫，务足三千名，以今追出叛兵并白石贼大乌船二十只，增置哨马二十只，八桨船二十只，分拨三千人乘驾，选谋勇指挥二员分管，仍请乞特设参将一员总领，以威望素著熟于水战者充之，名曰督理广州惠潮等处海防参将。照例请给敕书旗牌，令其居常驻扎南头地方，教演水战，有警督兵出海，剿捕海倭贼盗，仍专一往来省城波罗庙、东洲、官窑，上下缉捕里水行劫贼船及弹压香山濠镜澳等处夷船，并巡缉接济私通船只，俱会同海道副使、海防佥事计议而行。[2]

　　由上可见，吴桂芳的改革是要将官府能够控制的有限的兵船集中防守省城的门户，改变以往兵船分散防守的局面。为此，原先分守南头、碣石、柘林三哨的兵力被归并汰减至3 000名，由新设的海防参将统一督率；同时，官府在从叛兵和白石贼手中追获的20只乌艚船的基础上增置巡哨船只，分拨给哨兵乘驾巡海。

　　由于吴桂芳把巡海兵力数目定额化，巡海船只官有化，意味着不再每年雇募编差民船防守。为补贴开支，他建议向各船户征收税银以充当兵饷：

〔1〕 王宗沐：《赠太子少保工部尚书兼都察院右副都御史吴公桂芳行状》，收入焦竑：《国朝献徵录》卷59，第822～825页。
〔2〕 应槚、凌云翼、刘尧诲等修：《苍梧总督军门志》卷24《奏议二·吴桂芳请设海防参将疏》，第280～281页。

合用各兵钱粮,责成海道官查将东莞、番(禺)、南(海)三县乌艚及新会、顺德横江等船,照依所载斤数,不分纲纪法度字号,俱起税银,与惠潮广三府旧额三哨供兵饷银相兼,按月支给。遇有船只损坏,应合小修大修及打造等项亦于各船税银内支用。[1]

以上吴桂芳调整沿海兵船布局的依据,主要来自柘林兵变的经验教训。但他把防守重心仅仅放在省城,可能误判了当时广东海防形势的复杂性。隆庆初年广东归善人、给事中陈吾德(1528～1589)就批评说,"项因柘林叛卒之变,当事者惩噎废食,尽令民船免差纳税,而船户遂困",又指责"专守南头,遂驰边海之备,此如撤去藩塘而独顾门户,贼之纵横海上,固其所也"。[2]就在吴桂芳紧锣密鼓地奏请筑建省城、设海防参将之际,此前一度听抚、被安插在闽广交界诏安县梅岭的海寇吴平于同年八月再次举兵叛乱,"诏闽、广二省会兵剿之"。[3]

三、吴平之变与水寨兵船防御体系的酝酿展开

吴平是嘉靖末年闽广巨寇,在吴桂芳抵粤之前多次勾引倭寇,流劫闽广沿海一带,在吴桂芳挥兵粤东时一度受抚。[4]曾负责招抚事宜的广东总兵俞大猷在给福建总兵戚继光的信中说,"吴平徒党颇众,向以旧倭在境,恐其合伙,故权处分",[5]似乎当初招抚吴平乃权宜之策。但吴桂芳显然完全低估了吴平的逆反之心,否则不可能提出裁并南头、碣石和柘林三地兵船,专守南头。吴平背招复叛,于嘉靖四十三年(1564)八月"驾船四百余艘出入南澳、浯屿间,谋犯福建"。在这种背景下,朝廷诏令闽广两省会剿。[6]由杨博文集

---

〔1〕 应槚、凌云翼、刘尧诲等修:《苍梧总督军门志》卷24《奏议二·吴桂芳请设海防参将疏》,第280～281页。

〔2〕 陈吾德:《谢山存稿》卷1《条陈东粤疏》,第422页。

〔3〕 陈天资:《东里志》卷2《境事志》,第61页。

〔4〕 详参陈春声:《16世纪闽粤交界地域海上活动人群的特质——以吴平的研究为中心》,收入李庆新主编《海洋史研究》第1辑,第129～152页。

〔5〕 俞大猷:《正气堂全集·正气堂集》卷15《报福建总戎南塘戚公》,第380页。

〔6〕 《明世宗实录》卷549,嘉靖四十三年八月丁丑。

保留的疏议可知，会剿出自福建巡按御史陈万言（1519～1593）、福建巡抚汪道昆（1525～1593）的题请，[1] 并非两省共同的主张。

至吴平复叛时，虽然诏令闽广二省会兵合剿，但前述吴桂芳所谓的三千哨兵和增置的船只尚未齐备，东部沿海兵船虚空，广东方面根本无力招架。前线指挥作战的俞大猷深知"吴平事，闽中决用兵……闽中兵兴，平必率众由船入广，则责专在广矣"，为此，一方面呈请吴桂芳早日调兵船前来击敌，[2] 一方面去信福建巡抚汪道昆（1525～1593），称"潮中时下水陆俱无兵，如欲会剿，乞约会于三个月前，方可齐备"。[3] 换言之，广东在军备动员上与福建并不同步。

不料嘉靖四十四年（1565）四月，福建总兵戚继光（1528～1587）先行督兵袭击吴平，迫使后者率众退保广东南澳岛；紧接着，"闽兵先至，围攻之，平得间道去，以小舟奔交趾，官军竟无所得"。[4] 由于追战不力，吴平逃脱，俞大猷先后受到两省巡按御史弹劾，于嘉靖四十五年（1566）正月革职闲住，惠潮军务暂时改由戚继光兼管。[5]

事实上，当吴平遭戚继光袭击，避居南澳时，福建巡抚汪道昆已收到"贼阳筑室而阴修船，盖将乘汛而遁，俟北风起"的谍报。在给兵部尚书杨博（1509～1574）的信中，他表示"其势不能缓师，闽人各持二月粮，计必穷追以责成效"，因此"借令广兵如期而至，相与掎角而一鼓歼之，此上愿也。不然，则闽人可为者不敢不自尽，其不可为者亦无如之何矣"。[6] 说明福建当局做好了会剿与单兵作战的两手准备，对于广东兵船是否按期前来会剿策应信心不足。据此可知，闽广会兵实有约期在先。由于汪道昆所期盼的"广东兵船尚无消息"，迟迟未至，福建一方急于求成，才导致上述单独采取军

〔1〕 杨博：《杨襄毅公本兵疏议》卷15《覆福建巡按御史陈万言等报贼首吴平叛招疏》，第610页。
〔2〕 俞大猷：《正气堂全集·正气堂集》卷15《请早调兵船掩击吴平船只》，第381页。
〔3〕 俞大猷：《正气堂全集·正气堂集》卷15《与福建军门南溟汪公书》，第380页。
〔4〕 详参《明世宗实录》卷545，嘉靖四十四年四月己丑；郭子章：《潮中杂纪》卷11《国朝平寇考下·吴平之变》，第80页。
〔5〕 《明世宗实录》卷554，嘉靖四十五年正月庚辰。
〔6〕 汪道昆：《太函集》卷96《书牍二十七首·大司马杨公》，续修四库全书集部第1348册，上海古籍出版社1995年影印本，第173页。

事行动。[1]

在征剿吴平的过程中,闽广两省的会兵合作以"有会之名,无会之实"告终,双方未能一举擒拿贼首,开始出现严重分歧,"彼此之间,不求其故,反相归咎"。[2]究其原因,以往的研究一般认为,由于畛域有别,人事不和,两省官员在夹剿海寇问题上相互推诿,难以协调。[3]但更深一层次的原因,其实仍是前述广东完全仰赖雇募兵船的海防体制使然。对此,指挥前线作战的俞大猷指出:

> 二省大举夹剿之师,一备一未备,实其所遇事势之不同。闽广之官,易地则皆然。若责广,谓怠慢;指闽,谓猛于从事,皆未考易地皆然之义也。何也?闽五水寨,各有兵船,福、兴、泉、漳沿海地方不过十日之程,督府总戎檄书驰取官民船只,旬日可集。广中无水寨兵船,又道里辽远,一公文来往,非四五十日不能到。而东莞民间乌船,时出海南各处买卖,官取数十之船,非月余不能集。船集而后募兵,兵集而后休整杠具,又非三二十日不能完美。抚按诸公非不严文督限,其势自不能速耳。此在人者不可必,岂敢故自怠慢乎?又二三月风色,与八九月同。船自广来潮,俱要唱风,不可以时日计。此在天者不可必,岂敢故自怠慢乎?[4]

上引俞大猷的说法多少可能存在为自己指挥不力辩解之嫌,但从中的确反映出当时"实有无可奈何之情"。由于广东沿海并无常设水寨,完全仰赖东莞民间乌艚船和募兵,无法在短时间内大规模集结兵船应敌。福建水寨兵船的集结能力与广东形成鲜明对比。加上季风气候的影响,也妨碍了兵船的快速集结应变。当日率闽兵入广的戚继光甚至宣称"近该臣入潮、惠,未见彼中一兵"。[5]此说或许夸张,但也足见广东兵船有限乃不争事实。

---

[1] 汪道昆:《太函集》卷96《书牍二十七首·闽中上政府》,第172~173页。
[2] 俞大猷:《正气堂全集·正气堂集》卷16《后会剿议》,第409页。
[3] 张增信:《明季东南海寇与巢外风气(1567~1644)》,《中国海洋发展史论文集》第三集,"中研院"三民主义研究所1988年,第313~344页;杨培娜:《明代中期漳潮濒海军事格局刍探》,《潮学研究》新一卷第3期,2012年,第26~44页。
[4] 俞大猷:《正气堂全集·正气堂集》卷16《前会剿议》,第407~408页。
[5] 戚继光:《戚少保奏议·重订批点类辑练兵诸书》卷1《经略广事条陈勘定机宜疏》,第17页。

值得一提的是,短时间内雇募兵船急需巨额饷银,广东在军饷筹措方面同样捉襟见肘。早在福建采取军事行动前,俞大猷"请取五千之兵于军门"未果,误以为吴桂芳"以钱粮困乏为辞",专门去信求助福建巡按、南海人陈万言(1519～1593),请后者"便中于自湖公(按:即吴桂芳)处为借一言"。[1]事实上,吴桂芳为此多方筹措,但收效甚微。例如,他奏请归还"两广先年协济浙中兵饷银十余万","以济一时燃眉之急",但遭到浙江官员反对。虽有时任巡按浙江监察御史、南海人庞尚鹏(1524～1580)仗义支持,认为"吴平未灭,即两浙未有安枕之期",但终究不了了之。[2]吴桂芳又以"用兵缺饷"为由,奏请归还先年解送四川布政司协济采木的35万两军饷银,但户部覆议"止准该省解还银三万两前来两广支用"。[3]

只有充分了解柘林兵变之后一系列事件的发展以及吴桂芳的处境,我们才能更深刻地理解何以在吴平之乱刚告一段落,吴桂芳就迫不及待奏请于广东沿海增置水寨。

明代沿海省份的水寨建置始于洪武年间,多置于近海岛屿或滨海港澳,驻扎军船,以备海上寇患。随着沿海卫所体制崩溃,这些水寨或迁离海岛,或相继废弃。至明代中后期,浙闽各省为应对日益严峻的海上形势,又相继大规模地重建沿海水寨。前述让俞大猷羡慕不已的"闽五水寨"就是在福建巡抚谭纶(1520～1577)任内得以整饬运作起来的。[4]没有资料显示广东的沿海要地早在明初就普遍设有水寨。但在潮州府,洪武三年(1370)卫指挥俞良辅曾在韩江支流北溪岸边的东陇一带筑建水寨城,"周围三百一十三丈八尺,立四门,凿池于内,置水关于西北隅,内通海港,自南而西转入水关,潴

〔1〕 俞大猷:《正气堂全集·正气堂集》卷15《与福建巡按海山陈公书》,第379页。吴桂芳字子实,号自湖。

〔2〕 详见庞尚鹏:《百可亭摘稿》卷1《议兵费以便责成以靖海邦事》,四库全书存目丛书集部第129册,齐鲁出版社1997年影印本,第132～133页。

〔3〕 详见张瀚:《台省疏稿》卷5《会议军饷征剿古田疏》,四库全书存目丛书史部第62册,齐鲁出版社1997年影印本,第102～103页。

〔4〕 有关浙闽水寨的重建,详见三木聪:《明代福建の海防体制について》,《史朋》第3号,1975年,第12～25页;黄中青:《明代海防的水寨与游兵——浙闽粤沿海岛屿防卫的建置与解体》;卢建一:《闽台海防研究》,第71～77页。谭纶于嘉靖四十二年(1563)任巡抚福建。他恢复的五个水寨,包括浯屿水寨、南日水寨、烽火门水寨、铜山水寨和小埕水寨。

于池,以泊战船",〔1〕至嘉靖年间仍有"官军往来巡御"。〔2〕但是,东陇水寨处在从海上直达潮州府城最重要的船运航道上,距出海口较远。故陈春声猜测"在这里设立水寨,其主要目的恐怕还是在于府城的安全"。〔3〕姑且不论兵船配备情况,这个水寨的地理位置势必大大制约其海防应变能力,很难适应明代中后期海上局势的变化。鉴于潮州地区吴平余党的潜在威胁,吴桂芳在嘉靖四十五年(1566)八九月间奏请"置戍柘林",〔4〕置守备一员,领兵1200名,船60只。〔5〕这是他对早前因柘林兵变而裁并当地兵船的一次修正。在此基础上,吴桂芳进一步提出增置沿海水寨的蓝图。

在广为征引的《请设沿海水寨疏》中,吴桂芳阐述设水寨的原因如下:"今广中素无水寨之兵,遇有警急,方才召募兵船,委官截捕","必须比照浙闽事例,大加振刷,编立水寨,选将练兵",以达"要害之所无处无兵,庶奸匿无所自容,而海波始望永息"。〔6〕显然,他已充分认识到广东与浙闽两省调募兵船的巨大差距,从而寄望水寨能一改海防体制的弊病。有关水寨兵船布局,吴桂芳建议:

> 照得广东八府滨海,而省城适居东、西洋之中,其在东洋称最扼塞者,极东曰柘林,与福建玄钟接壤,正广东迤东门户;稍西曰碣石,额设卫治存焉;近省曰南头,即额设东莞所治,先年设置备倭都司于此。此三者广省迤东海洋之要区也。西洋之称扼塞者,极西南曰琼州,四面皆海,

---

〔1〕 嘉靖《广东通志》卷15《舆地三·城池·潮州府》,第397页。

〔2〕 嘉靖《潮州府志》卷1《地理志》,第20页。

〔3〕 陈春声:《明代前期潮州海防及其历史影响(上)》,《中山大学学报》(社科版)2007年第2期。

〔4〕 《明世宗实录》卷562,嘉靖四十五年九月壬辰。

〔5〕 应槚、凌云翼、刘尧海等修:《苍梧总督军门志》卷6《兵防一·武官·广东》,第97页。要说明的是,该书所载柘林水寨"领船大小五十三只,官兵一千七百一十四员名"乃万历历年间两广总督刘尧海改革水寨兵船后形成的额数,并非吴桂芳奏设时的兵船数。此处数字另据吴桂芳《请设沿海水寨疏》(应槚、凌云翼、刘尧海等修:《苍梧总督军门志》卷25《奏议三·吴桂芳请设沿海水寨疏》,第285~288页)订正。

〔6〕 陈子龙辑:《明经世文编》卷342《吴司马奏议·请设沿海水寨疏》,第3671~3672页。要说明的是,吴桂芳的《请设沿海水寨疏》在《苍梧总督军门志》和《明经世文编》中都有保存,但二者均为节本。前书删去了开篇有关立寨缘由的部分文字,后者则删去立寨条款二则,内容上可以互补。

奸宄易于出没,府治之白沙港后所地方可以设寨;极西曰钦、廉,接址交南,珠池在焉,惟海康所乌兔地方,最为扼塞;其中路遂溪、吴川之间曰白鸽门者,则海艘咽喉之地。此三者广省迤西海洋之要区也。以上六处皆应立寨,内南头已经近设参将一员,督兵三千,足称巨镇。柘林近亦请设守备,兵船之数尚应议增,而已有专官皆可勿论矣。今惟东路碣石一处,西路之白鸽门、琼州并海康三处各应设立一寨,碣石、海康每寨各兵一千二百名,大、小、中船共四十只;白鸽门、琼州每寨各兵一千八百名,大、小、中船共六十只,与南头、柘林通为六寨,其柘林寨兵船仍合增如琼州、白鸽门之数,董以将官,定与信地,无事会哨巡缉,有警递相追捕,小贼则一寨任之,大贼则分东、分西三寨合任之,再大则通东西六寨共任之。皆以击于外洋为上功,近港次之。若贼起,此寨不击而别寨击之,贼所起寨重治;如见贼不击,或致令登岸掳掠者,查照信地,以失律论罪。伏乞圣裁。[1]

概言之,由于吴桂芳先前已奏设南头参将、柘林守备,二寨均配有兵船,因此他规划的六水寨实际上仅需新建四个而已。我们将其所述水寨和兵船自东往西列表如下:

表五　吴桂芳筹划水寨情况

水　寨	寨　址	兵　员	船只	武官将领		文官监军	
柘　林	潮州府	1 200 名	60 只	守备一员	海防参将	潮州府同知	海防佥事
碣　石	惠州府	1 200 名	40 只	把总一员		惠州府同知	
南　头	广州府	3 000 名	60 只	参将一员	雷琼参将	广州府同知	海道副使
白鸽门	雷州府	1 800 名	60 只	把总一员		高州府同知	
乌　兔	雷州府	1 800 名	40 只	把总一员		雷州府同知	海北兵备
白　沙	琼州府	1 800 名	60 只	把总一员		琼州府同知	海南兵备

[1]　应槚、凌云翼、刘尧诲等修:《苍梧总督军门志》卷25《奏议三·吴桂芳请设沿海水寨疏》,第285~288页。

　　吴桂芳建言的六寨兵船数额庞大,职官体系完备,为日后以水寨兵船进行巡海备倭的新机制奠定基础。但吴桂芳奏设沿海水寨兵船毕竟只是规划设想,以往不少研究者探讨广东水寨的建立,直接征引《请设沿海水寨疏》并将之视为实际推行的做法,显然存在严重误解。[1]前面提到,吴桂芳主政广东乃时任内阁首辅徐阶从旁助力。后者在吴桂芳上任时勉励他"殚力为之",也明确承诺"凡有奏请,此中无不相成"。[2]可知吴桂芳与徐阶的私交应该相当不错。因此,不论此前吴桂芳奏筑省会外城,还是奏设南头参将、柘林水寨,均无滞碍。此番奏设水寨同样很快得到朝廷覆准。[3]但揆之常理,立寨虽获批准,增兵增船则需时日,不可能一蹴而就。就在奏设水寨不久,吴桂芳于嘉靖四十五年(1566)九月改任南京兵部右侍郎。[4]上述如此大规模的兵船几乎不可能在短时间内配备到位。而造募兵船所需巨额经费从何而来,吴桂芳在前揭奏疏中也未清楚交代。直到隆庆初年,俞大猷奉命征剿海寇曾一本时,仍苦于广东沿海无可用兵船,感慨"东广虽新设六水寨,向未设有战船。近日事急,方议打造,并搜掳民间次号船只追捕"。[5]换言之,在任期行将结束之际,吴桂芳仅仅描绘出一个海防蓝图而已,并未完全付诸实践。明乎此,我们对于这些水寨在随后很长一段时间里的武备状况以及发挥的作用,仍需再做深究。

　　吴桂芳治粤三年期间,从创筑广州外城、奏设海防参将、责令民船免差纳税到编立沿海六大水寨,相继大刀阔斧地推动了一系列重大的海防改革。这

---

〔1〕这方面的研究,可见方志钦、蒋祖缘主编:《广东通史》古代下册,第257页;《广东海防史》编委会编:《广东海防史》,第168~169页。黄中青:《明代海防的水寨与游兵——浙闽粤沿海岛屿防卫的建置与解体》,第129页。

〔2〕徐阶:《世经堂集》卷24《书三·复吴自湖》,第128页。该信函全文如下:"广贼起于包含之太过,则某其首也,滋于纳贿之无厌,则某其魁也。彼数人者坏之于十余年,而今欲整顿于一旦,固知劳累执事。然非执事之才实不能办。此天之生才,原为世用。才既在我,安所辞其责哉。惟执事殚力为之。凡有奏请,此中无不相成。"

〔3〕申时行等修:《明会典》卷13《兵部十四·镇戍六·分镇事例三·广东》,第673页。该书载题准广东水寨事,云:"嘉靖四十五年题准:广东扼塞要害,在东洋有柘林、碣石、南头,在西洋有白沙港、乌兔、白鸽门六处,皆立寨,增兵增船统以将官。无事则会哨巡缉,有警则互相策应。务以击贼外洋为上功,近港次之。如信地不守,见贼不击,俱坐罪重治。"

〔4〕《明世宗实录》卷562,嘉靖四十五年九月辛亥。

〔5〕俞大猷:《正气堂全集·正气堂集》卷16《后会剿议》,第410页。

些改革源自他对当时复杂海防局势的即时判断,特别是针对柘林兵变和吴平叛乱过程中暴露的海防漏洞进行补救整顿,显示出他有意扭转时局的强烈政治抱负。由于他长期地方从政的才力气魄,加上深得朝廷中央的支持,使得这些举措均能较快地付诸实施。尽管吴桂芳的改革几经波折,直至离任仍未彻底完成,但为本地区海防体制的完善奠定了重要基础,影响深远。

嘉靖四十五年(1566)九月,北上的吴桂芳在真州(今江苏仪征)与好友王宗沐相遇,感慨"广中兵事劳心,过殆且病"。[1]早在柘林兵变平息之后,吴桂芳就曾去函向徐阶引疾请辞,后者安慰说"今即欲遂公高志,如地方何?仆非不为公,但到此却为朝廷之心不免重于朋友耳",始终勉励他继续履职。[2]可知吴桂芳面对的地方局势之棘手及其整顿改革之难。从在广东的海防改革来看,有理由批评吴桂芳在柘林兵变后对海防形势存在误判,特别是集中兵船拱卫省城的做法低估了海寇吴平的潜在威胁,但必须承认,当日波诡云谲、接踵而来的海防危机实际上无暇让他对整个海防布局进行通盘考量,更何况当局在募集兵船、筹措兵饷等方面的困难也远非吴桂芳一人一时能够扭转。

四、曾一本之变与闽广合剿海寇的政治较量

在前述筹划水寨的奏议中,吴桂芳已经提到吴平残党曾一本的问题,对于后者的活动有相当的警惕,乐观估计水寨一旦建成,海寇不足为虑:

> 即今平贼虽可报败没,然传闻不一,未敢信凭,而其残徒曾三老辈又复回潮州,劫我村落,烧毁闽兵船。又该臣等再督新任参将邵应魁留任,副总兵汤克宽前去剿荡,然臣窃以为目下二将之出,足为一时应变之权,然必须早定水寨之筹,始可以永弭海洋之警。何者?沿海皆兵楼船相望,一寨报警,诸寨趋之,虽有十曾三老辈,不足虑也。[3]

〔1〕　王宗沐:《赠太子少保工部尚书兼都察院右副都御史吴公桂芳行状》,收入焦竑:《国朝献徵录》卷59,第822～825页。
〔2〕　徐阶:《世经堂集》卷24《复吴自湖》,第131页。
〔3〕　应槚、凌云翼、刘尧诲等修:《苍梧总督军门志》卷25《奏议三·吴桂芳请设沿海水寨疏》,第285～288页。

曾一本的籍贯来历众说纷纭。《明实录》多处笼统称之为"广东贼"、"广贼"、"广东盗"。[1]郭子章《潮中杂纪》说他是"福建诏安人",与稍后万历三十年（1602）刊刻的《广东通志》略同，但后者又有"一本，潮阳人"的记载，前后龃龉矛盾。[2]晚出的康熙《澄海县志》则说"海阳薛陇人"。[3]潮阳、海阳均为广东潮州府属县。对曾一本身份的模糊记载，从一个侧面也说明了当时海盗活动出此入彼、流动不居的特性。不管如何，作为海寇吴平的同伙，曾一本在前者嘉靖四十五年（1566）逃遁后整合其余党，"西寇高雷等府，回屯东港口，四出剽掠，潮揭受祸最酷"，[4]成为广东海域又一巨患。

以总兵汤克宽（？～1573）为代表的广东当局起初试图招抚曾一本，将之安插在潮阳县，结果适得其反：

> 先是海贼吴平既遁，而余党曾一本突入海惠来间为患。克宽倡议抚之。贼既就抚，乃从克宽乞潮阳下会地以居，仍令其党一千五百人窜籍军伍中。入则廪食于官，出则肆掠海上人。令盐艘商货报收纳税。居民苦之。[5]

嘉靖四十五年（1566）八月，曾一本进犯邻省福建的玄钟澳，在福建兵船阻击下，"彼即遁回潮州"；由于此前咨会两广提督吴桂芳（1521～1578）、广东总兵汤克宽发兵协剿遭拒，时任福建巡抚涂泽民不敢贸然越境剿寇：

> 本院咨会两广军门吴（桂芳）发兵协剿，随准回称"宁照封疆为守，贼在广则广自任之，过闽然后闽任之"等因。又准广东总兵官汤克宽手本开称"曾一本面缚军前请降，散党安插。但虑闽中兵船越潮哨捕，惊疑反侧之心，以坏招抚成功，烦行各将领知会"等因。本院以此为信，谕令官兵各照封疆自守。是以贼虽迫近邻境，亦不敢轻发一兵，越境行事，以

〔1〕 参见《明穆宗实录》卷18，隆庆二年三月乙丑；同书卷22，隆庆二年七月辛未；同书卷25，隆庆二年十月庚辰。
〔2〕 分别见于万历《广东通志》卷6《藩省志六·事纪》，第149页；同书卷70《外志五·倭夷·海寇附》，第760页。
〔3〕 康熙《澄海县志》卷19《海氛》，潮州市地方志办公室2004年影印本，第164页。
〔4〕 康熙《澄海县志》卷19《海氛》，第164页。
〔5〕 《明穆宗实录》卷14，隆庆元年十一月丁巳。

伐其陵渐之谋。一则惟恐悖两广军门画疆之议，以取贪功之讥。一则惟
恐坏汤总兵抚贼之策，以为日后借口之资。[1]

虽然涂泽民申明尊重广东当局的军事策略，确认了基于政区界限的事权划
分，但从他"惟恐"的"贪功之讥"和"借口之资"足见两省在剿寇问题上存在
嫌隙。闽广山海相连，海寇出此入彼，在海防问题上本为一体。但受制于两省
之间信息沟通、权责分工和兵船装备等因素，协剿海寇往往难以做到一心对
敌。双方矛盾在稍早前的"吴平之役"就已埋下伏笔。涂泽民后来也承认：

> 闽南地接广东，彼省海寇，东击西遁，故每议夹剿。然夹剿之事，其
> 势实难。约会之文，往返不易。船在海上，往时镇巡司道不得亲行坐督，
> 惟凭将领较短竞长，致生嫌隙。上年吴平之役可见。是以前任两广军门
> 吴咨议宁照封疆为守、如贼在广则广自任之，如贼遁闽则闽自任之，以绝
> 推诿之奸等因。[2]

由此可见，要理解广东当局对曾一本的初始态度和后续处理，有必要回
顾两省共同对付海寇吴平产生的纠葛。回过头看，正因为当时水寨蓝图筹划
未果，兵船尚未齐备，前述曾一本继吴平之后迅速崛起时当局首先倡议招抚，
可能也有不得已为之的苦衷。

对于招抚曾一本，福建巡抚涂泽民自始至终都不以为然，认为他"明系阴
怀异志，假为说辞，不然既称投降，何又抢虏渔船，勒要居民报水。其顺逆之
情，居然可见"，因此，"闽人固不敢越境剿贼，然亦不肯甘受侵犯而竟寝伐暴
之师"。[3]相比起福建的警惕，广东当局对战争形势的估计却明显不足。

隆庆元年（1567）七月，曾一本再次叛变，一度绑架澄海知县张璿三
个月，"焚杀潮郡居民数千人"。[4]刚刚接替吴桂芳履任两广总督的张瀚

〔1〕涂泽民：《涂中丞军务集录三·行广东抚镇》，陈子龙选辑：《明经世文编》卷355，第3818页。
〔2〕涂泽民：《涂中丞军务集录二·咨总督军门》，第3808页。
〔3〕涂泽民：《涂中丞军务集录·咨两广广东二军门》，第3807页。
〔4〕《明穆宗实录》卷14，隆庆元年十一月丁巳。按：实录该条原称澄海知县为"张浚"，有
误。此处另据康熙《澄海县志》卷12《职官》（第102页）及卷19《海氛》（第164页）改
为"张璿"。

（1510～1593，隆庆元年八月调任）把矛头指向总兵汤克宽，一方面严词批评他"身膺重任，轻率寡谋"，"抚处失策，致复背叛"，认为"曾一本者，止一黠贼，逼挟良民，纵肆为盗，向使将领有司处置得宜，岂遽猖獗至是"；另一方面，因汤克宽被革职处置，新任广东总兵一时推补未至，张瀚疏请重新起用"素负威名"的俞大猷带管广东总兵官事务，会同巡抚李佑合力剿寇。[1]

同年十一月至十二月初，参将魏宗瀚、王如澄等率领的广东各路官兵8 482名、战船145只在雷州海域与曾一本激战。初次交战后，见在官兵4 979名，战船80只，损失大半。这批兵船退回雷州府的南渡港整顿，不料"各贼尽数连至港内"，守备李茂才战死，官兵"陆续奔逃"，战船焚烧殆尽。而官兵仅打死贼人三百余名，打沉贼船三只。[2]经此"南渡之败"，"广省数年预备攻战之具，坐是一空"。[3]敌我力量对比开始发生逆转。

隆庆二年（1568）正月十七日，俞大猷向张瀚提出进剿海寇对策，主张先安抚林道乾、大家井等其他两支尚未成气候的海寇势力，对曾一本则"必至于灭而后已"，指出当务之急是差人前往福建造船募兵：

> 为今日广东海洋之计，宜吊回参将魏宗瀚、王如澄，把总俞尚志、朱相前来，差去福建打造福船。每一参将、一把总二十只，共四十只，每只该银三百三十两，其船用福建造船尺，宽二丈六尺，船外钉以竹板，并船上杠棋、器械完整，总在三百三十两数内。每船合用头目一名，听参将、把总自选。每船用兵七十五名，并头目七十六名，每头目合给银三两，每兵合给银一两五钱。造完，各船齐驾南下。以广之白艚船五十只，共用兵一千五百名，乌艚、横江船四十只，共用兵二千八百名，与福船合势，以总兵总统之，何患贼之不灭乎！[4]

---

[1] 张瀚：《台省疏稿》卷5《请调将官东征疏》，第86～87页。按：俞大猷于嘉靖四十五年革职闲住。但随后吴桂芳奏请派俞大猷镇守广西，于隆庆元年（1567）正月十六日受命为镇守广西地方总兵官（参见何世铭：《俞大猷年谱》卷3，泉州历史研究会1984年油印本，第24页）。因此，张瀚奏请将之再次调来广东，仅是暂时带管总兵事务。

[2] 张瀚：《台省疏稿》卷5《参广东失事疏》，第92～95页。

[3] 张瀚：《台省疏稿》卷5《查参失事将官疏》，第107页。

[4] 俞大猷：《正气堂全集·洗海近事》卷之上《呈总督军门张条陈三事（隆庆二年正月十七日）》，第794～795页。

俞大猷同时估计,"以差往造船之日为始计,至收工之日决不出六个月外",长远来看,"功成即将此船分各水寨,则地方可期永宁",适可解决前述六大水寨的军备问题。[1]几天之后,俞大猷再次重申"海贼不患不灭,但灭贼无具,而欲求速则决不可",请求当局照前议加紧赴闽造船募兵,限期一个月完成。[2]

俞大猷之所以要如此大费周章,有以下两点考量:一是赴闽造船花费、耗时较少,有言"福建造,每只用银三四百两,此间造要银七八百两乃造得;且取匠于福建,买木在广西,恐日月又迁延也";[3]二是避免船只成为海寇攻击的目标,有言"若在此造,贼必入犯,咎将谁委",[4]"贼知在此造船,入烧将如何"。[5]然而,此举并未得到广东地方官员支持,最后"众议福船就于广省打造",仅采纳赴福建募兵的建议,[6]造成"造船委官,日延一日,并无一只完备;雇募福兵初到,无船可驾,只在岸上安宿"的窘局。[7]

同年六月,曾一本攻打省城,"率众数千、乘船二百余艘突至广州,杀掠不可胜纪,外兵入援乃引去"。[8]事件导致"半载经营战船杠棋,复为贼烧毁占据",[9]应验了俞大猷赴闽造船的建议确有"先见之明",但身为总兵的他也因此成为众矢之的,招致各种责难。广东番禺人郭棐(1529~1605)在其编撰的《广东通志》中毫不掩饰对俞大猷的不满:

[1] 俞大猷:《正气堂全集·洗海近事》卷之上《呈总督军门张条陈三事(隆庆二年正月十七日)》,第795页。
[2] 俞大猷:《正气堂全集·洗海近事》卷之上《又呈总督军门张及同行各院道(隆庆二年正月二十三日)》,第796~797页。
[3] 俞大猷:《正气堂全集·洗海近事》卷之上《书与李培竹公(隆庆二年正月二十七日)》,第798页。广船造价高昂与使用木材有关。时人有言:"广船用铁力木,造船之费加倍"。参见王在晋:《海防纂要》卷6,第573页。
[4] 俞大猷:《正气堂全集·洗海近事》卷之上《又书与李培竹公(隆庆二年正月二十七日)》,第798页。
[5] 俞大猷:《正气堂全集·洗海近事》卷之上《书与许东水(隆庆二年六月十九日)》,第807页。
[6] 俞大猷:《正气堂全集·洗海近事》卷之上《书与郭华溪(隆庆二年三月二十九日)》,第802页;同书同卷《呈总督军门张(隆庆二年六月二十三日)》,第809页。
[7] 俞大猷:《正气堂全集·正气堂集》卷16《后会剿议》,第410页。
[8] 万历《广东通志》卷6《藩省志六·事纪》,第149页。
[9] 张瀚:《台省疏稿》卷5《查参事世将官疏》,第107页。

隆庆二年海寇曾一本犯广州,总兵俞大猷、郭成御之,败绩。……大猷能言,著兵书画策,多可观听,而遇事失措,竟无功。欲致一本以自解。因令人招一本,许之高职,命郭成统楼船驻兵波罗,上下冀得相机擒之。一本亦欲致大猷,阳许焉。约至大鹏所降,大猷以为信。然先至以待时,所将兵少,一本驾大艚六十艘直掩,大鹏有侦事把总知之,豫以报。大猷怒把总妄语,把总以死邀之,大猷始心动,趋归。越夕而一本至大鹏矣。遂乘风直进,郭成御之。贼投火,兵船尽焚。大猷与成敛兵入城。一本乘潮上下,饮于海珠寺,题诗诮大猷。大猷丧魄,不能以一矢相加,遣其杀掠,视柘林叛兵尤惿。驻城下旬余,竟无一援兵至。及退,福兵横恣,大猷尚曰:"我当时不诛首恶二人,此曹亦叛矣"。闻者咲之。[1]

对俞大猷的作战策略、处事风格以及由他募集的福建兵,郭棐均有微词,应该反映了相当一部分广东官员的态度。当时甚至有人揭发他通贼,"数人欲进猷所居衙门搜奸细"。[2]至于郭棐所谓"福兵横恣",其实与"招兵闽海,虚冒尤多"有关,[3]乃当时募兵作战的通病。反过来,俞大猷则多次抱怨"管广船参将坚不准福兵上广船",[4]"福兵为此方人疑,用之于水,则无大船,用之于陆,便说劫掠"[5]等等。事实上,即使得知曾一本攻打省城,曾官至南京礼部尚书、广东南海人、明代著名广东籍官员何维柏在居家期间适逢曾一本进攻广州,虽然痛陈"兵船旋造旋毁,百姓膏血投之无用,可为愤恨",但仍向广东当局建议就近造,船召募本地人应战,但也认为:"东莞新

〔1〕 万历《广东通志》卷70《外志·倭夷·海寇附》,第760页。

〔2〕 俞大猷:《正气堂全集·洗海近事》卷之上《书与李培竹公(隆庆二年六月十六日)》,第806页。

〔3〕 张瀚:《台省疏稿》卷5《查参世将官疏》,第107页。值得指出的是,俞大猷对部下的管束可能不够。嘉靖四十四年(1565)带兵剿抚惠州山贼时,其部下扰民,深为当地士人百姓所恶。参见唐立宗:《矿冶竞利——明代矿政、矿盗与地方社会》,台湾政治大学历史学系2011年,第519～520页。

〔4〕 俞大猷:《正气堂全集·洗海近事》卷之上《书与郭宝山(隆庆二年六月初三日)》,第804页。

〔5〕 俞大猷:《正气堂全集·洗海近事》卷之上《书与郭宝山(隆庆二年六月二十一日)》,第808页。

会顺德香山骁悍之徒，惯谙水战，募之即可克兵，但豫处钱粮，以时优给，则随在兵皆择选将领，申以法纪，则兵皆可用，最不宜远调客兵目兵，徒滋烦费钞掠之苦。"[1]为此，俞大猷的福建同乡、广西按察使郭应聘（1520～1586）在得悉曾一本攻打广州后向他支招，建议把兵力分散屯驻，"不然闽兵逾万专扎省城，其不生扰而速谤者无几矣"。[2]事平之后，郭应聘也建议他不应留下闽兵，"不然他日驭失其道，又诿之闽兵，往事不足鉴乎？"[3]可见相互猜忌之深。其中另一个重要原因是饷银不同，待遇有别，引发了内部矛盾。陈吾德后来说："粤省招募闽兵，闽兵月计饷银九钱，广兵月计饷银六钱，多寡不均，士心不服，无赖之徒不为兵则为盗耳。"[4]

在曾一本寇掠广州之后，两广总督张瀚面临更大的政治压力。隆庆二年（1568）七月，朝廷"切责总督张瀚，令亟率镇巡等官悉力剿贼，以安地方"，总兵俞大猷、郭成都受到停俸处罚。[5]内阁大学士张居正（1525～1582）在给张瀚的私信中也批评他用人不善，认为"广事不意披猖至此，诸将所领兵船亦不甚少，乃见贼不一交锋，辄望风奔北，何耶？将不得人，军令不振，虽有兵食，成功亦难"，指示他"诸凡调处兵食事宜，似宜少破常格，乃克有济。公若有高见，宜亟陈本兵，当为议处也"。[6]

前面说过，张瀚出任总督时就疏请起用俞大猷，后者有关赴闽造船募兵的对策也曾直接向他呈报，但实际推行时阻力重重，剿寇事宜并不完全在张瀚掌控之中。其要因，是两广总督与广东巡抚之间职掌不明、相互掣肘。

成化五年（1469）十一月朝廷采纳广东巡按监察御史龚晟、按察司佥事陶鲁等人建言，开设两广总督府于广西梧州，选址"界在两省之中"，以韩雍（1422～1478）总督两广军务兼理巡抚，旨在解决"两广事不协一，故盗日益

---

〔1〕　何维柏：《天山草堂存稿》卷2《地方事宜·闻会省警变亟与抚台李公条议》，广西师范大学出版社2014年据沙滘何氏祠堂旧抄本影印，第193～196页。

〔2〕　郭应聘：《郭襄靖公遗集》卷22《柬俞虚江》，续修四库全书集部1349册，上海古籍出版社1995年影印本，第446页。

〔3〕　郭应聘：《郭襄靖公遗集》卷22《柬俞虚江》，第449～450页。

〔4〕　陈吾德：《谢山存稿》卷1《条陈东粤疏》，第425页，

〔5〕　《明穆宗实录》卷22，隆庆二年七月辛未，第603页。

〔6〕　张居正著：《张居正集》第二册《书牍·答两广督抚张元洲》，王玉德等校注，湖北人民出版社1994年，第14页。

炽"的军政难题。[1]开府梧州之初,两广总督重在经略粤西。[2]随着海寇活动日益猖獗,虽然广东省城广州和肇庆府城均有总督行台,以备巡行,但毕竟常驻梧州,远离沿海战争中心,文檄往来不便,军情传递不畅,难以及时指挥调度。[3]俞大猷就感叹"此间议论不一,朝夕更改。军门又远,禀请颇难。奈何?奈何?"[4]

在这种背景下,由于嘉靖四十五年(1566)添设广东巡抚"专驻广城以御海寇,兼防山贼",重点经理惠州、潮州二府,两广总督止兼巡抚广西,[5]其在广东的军权无形中被巡抚架空。正因如此,身处广州指挥作战的俞大猷在给张瀚的禀帖中直言:"地方之事,惟有李巡抚同心戮力。无如人不奉行,事多阻坏,心亦苦也,恩台当知之。"[6]

在广东军务上逐渐沦为"虚位",又不得不为战争失利担责,张瀚于隆庆二年(1568)七月奏请"明职掌以一政体",两广总督与广东巡抚的矛盾公开化。

张瀚指出,前年添设广东巡抚,"是东省既有巡抚而又使总督得兼制之","广东地方一应兵马调遣、剿抚机宜与军饷盈缩、仓库积储、各衙门大小文武官员考核贤否及考满给由,皆总督职掌所系,理得与闻;抚按官诸凡调遣举措,或提请有干军计及举劾官员等项,俱应关会",但他"奉命前来将及半年","巡抚衙门往往不行关会":

---

[1] 应槚、凌云翼、刘尧海等修:《苍梧总督军门志》卷1《开府》,第15~16页。
[2] 颜广文:《明代两广总督府的设立及其对粤西的经略》,《学术研究》1997年第4期。
[3] 关于两广总督府址的变化,学术界历来争议较多。有学者认为嘉靖四十三年总督府已迁驻广东肇庆,但新近研究表明,两广总督于万历八年(1580)迁移肇庆、崇祯五年(1632)迁移广州。在此之前仅于两地分别设立过总督(提督)行台,以备不时巡行之需。参见吴宏岐、韩虎泰:《明代两广总督府址变迁考》,《中国历史地理论丛》2013年第3期。
[4] 俞大猷:《正气堂全集·洗海近事》卷之上《书与庄石坡(隆庆二年二月初四日)》,第799页。
[5] 参见张瀚:《松窗梦语》卷8《两粤纪》,中华书局1985年版,第166页;徐阶:《世经堂集》卷3《书三·答两广更置谕(嘉靖四十五年九月三十日)》,第418页;应槚、凌云翼、刘尧海等修:《苍梧总督军门志》卷1《开府》,第15页。
[6] 俞大猷:《正气堂全集·洗海近事》卷之上《禀总督军门张揭帖(隆庆二年六月十八日)》,第807页。

……如前奏讨浙直四川原借军饷，竟不相闻，以致臣与广西巡按御史朱炳如陷于不知，亦复题请前银为西省之用。又如分巡兵备等官考满呈详，应准给由或应会本保留，俱宜计议定夺。今每径自具题或移咨吏部，并不相闻，事皆龃龉。

接着，他疏请"今后除巡抚事宜不关军计外，其地方稍重贼情、调遣官兵、处置粮饷与文武官员给由应留应考等项及事干题请，俱要关会议处施行"，兵部报可。[1]

张瀚此番奏请有多重政治意义。通过批判广东巡抚擅权妄为，暗示其剿寇指挥失误，不仅适可缓解因战争失利承受的舆论压力，更重要的是重建两广总督权威，有助于扭转内部事权不一的体制弊端，为后续闽广两省再次会兵剿寇奠定基础。

同年（1568）十月，曾一本"突至南澳，窥福建玄钟界"，朝廷"命两省镇巡官协力夹剿，务其荡灭，不得彼此推诿，以致滋蔓"。[2]为避免"各官兵有彼疆此界之嫌，怀分功计利之意"，张瀚鉴于前述吴平之役的教训，奏请两广军门督率福建官兵进剿，暂时节制该省镇巡将领，力图理顺双方事权关系。[3]十二月，兵部左侍郎刘焘（1512～1598）接替张瀚出任两广总督，得旨兼督福建军务，[4]两省之间因政出多门产生的纠葛进一步得以化解。

究竟闽广两省如何协同进剿曾一本，历来多引述地方志书，缺乏直接史料，往往失于泛论。万历年间苏愚所撰《三省备边图记》于此记载最详，为治海防问题学者所鲜有关注，提供了了解两省经略海寇过程的重要史料（表六）。[5]

---

〔1〕　张瀚：《台省疏稿》卷3《明职掌以一政体疏》，第104～105页；《明穆宗实录》卷22，隆庆二年七月己巳。

〔2〕　《明穆宗实录》卷25，隆庆二年十月庚辰。

〔3〕　张瀚：《台省疏稿》卷6《议处剿贼事宜以便调遣疏》，第124～125页。

〔4〕　《明穆宗实录》卷27，隆庆二年十二月辛卯。

〔5〕　苏愚：《三省备边图记》，北京图书馆古籍珍本丛刊史部地理类第22册，书目文献出版社1988年据明万历刻本影印。

表六 苏愚《三省备边图记》篇目内容

任官情况	篇 目	
	图	记
福建兴泉道任上	《崇武擒倭寇图》、《永宁破倭寇图》、《安海平倭寇图》、《练兵平倭寇图》、《平倭寇钦赏图》、《漳潮征海寇图》、《柘林破海寇图》、《连澳攻海寇图》、《南澳平海寇图》、《平海寇升赏图》	《崇武擒倭记》、《永安平倭记》、《练兵平倭记》、《平倭钦赏记》、《漳潮征海记》、《柘林破海寇记》、《连澳攻海寇记》、《南澳平海寇记》、《平海升赏记》
广东伸威道任上	《岭东征山寇图》、《南岭破山寇图》、《九丫树破寇图》、《羊鼓寨破寇图》、《平山寇升赏图》、《岭东破残寇图》、《招抚零寇之图》、《平潮阳剧寇图》、《平潮寇钦赏图》	《岭东征山记》、《南岭破寇记》、《九丫树破寇记》、《羊鼓寨破寇记》、《平山升赏记》、《岭东破残寇记》、《招零寇记》、《平潮寇记》、《平潮寇钦赏记》
贵州都清道任上	《抚处铜鼓诸叛苗图》、《抚叛苗者亚图》、《有苗来格之图》、《有苗格钦赏图》、《抚处阳洞司图》、《抚阳洞钦赏图》	《抚处铜鼓诸叛苗记》、《抚处叛苗者亚记》、《有苗来格记》、《格苗钦赏记》、《抚处阳洞司记》、《抚阳洞钦赏记》

资料来源：苏愚《三省备边图记》。

　　隆庆、万历年间，苏愚任官福建、广东，亲历了当时震动朝野的"漳潮海寇"乱事，督兵参与了多次平寇战役。[1]《图记》中收录有若干幅平寇及升赏的战争图绘，《图记》按苏愚任官时序，分绘福建10图、广东9图、贵州6图，附记24篇，末篇《抚阳洞钦赏记》有缺页，内容主要包括平定倭寇、海寇、山寇和叛苗等大小数十次战争。每一幅图均附记事件经过，述事赅实详瞻，图文并重，为

[1] 苏愚江苏如皋人，生卒年月不详，嘉靖四十一年（1562）进士。《明史》无传。唯《如皋县志》将他奉为"乡贤"立传："苏愚，字君明，嘉靖壬戌进士，授南刑部主事，历员外郎、郎中。出金闽宪，备兵兴泉。转广东左参议，进副使，寻进右参政，俱备兵伸威。除母服，补参政贵州，备兵都清。擢长闽宪，旋长江藩，移粤西，为左伯，遂请假归，坚卧不出。愚饶胆智，多戡定功。于兴泉礤曾一本，于伸威荡朱良宝、赖元爵、蓝一清，于都清招徕苗坪夭漂百五十寨、阳洞韦昌金十有一寨，臻剖横坡九股六洞十二营百八十五寨。既归，却轨杜门，不通一贵人书。……卒年七十有八，入祀乡贤祠。"嘉庆《如皋县志》卷16《列传一·人物·苏愚》，中国方志丛书，成文出版社1970年据嘉庆十三年刊本影印，第1163～1164页。

前人鲜有注意、引用的资料。[1]作者不仅通过图像再现了当时官府征剿海寇的激烈战况，也以亲历者的身份记录了闽广两省经略海寇的曲折和细节，其中多有相关文献所未载者。由此拓展史料，加以析论，有助于进一步揭示明代中后期海防运作的实态。《图记》有关"漳潮海寇"的内容，描述的是隆庆元年至三年（1567～1569）闽广两省夹剿海寇曾一本的经过，包括《漳潮征海寇图》（图五）、《柘林破海寇图》（图六）、《连澳攻海寇图》（图七）、《南澳平海寇图》（图八）、《平海寇升赏图》（图九）5幅图绘及相应5篇附记，构成一个完整的记事序列。就单一事件的描述而言，所占全书分量最重，也适可作为典型内容分析。

隆庆二年朝廷诏令闽广两省协力剿寇时，苏愚奉命备兵兴泉道，"闻警报日如雪片"，对邻省广东的战情格外关注。《图记》载：

> 嘉隆间，广贼曾一本、林道乾连舟各数百，拥众数万，屯潮海上，肆行劫掠，村堡人烟一空。余丁卯岁奉命备兵兴泉，闻警报日如雪片。戊辰后，林贼就招，而曾贼猖狂流劫，扬帆抵广省，驻五羊驿前三日，掠民居焚兵船罄尽。……沿海直走雷琼数千里，金帛子女掳尽而复反。且倡言乘风走浙直，窥留都。而沿江一带往往增兵戒严，庙廊深以为忧。顾潮与漳接壤，兵船日夜守，久且困，而广力不支。无何两省上夹剿疏，上可之。[2]

---

〔1〕 台湾清华大学马雅贞教授较早注意到《图记》的价值。其硕士论文《战争图像与乾隆朝（1736～1795）对帝国武功之建构：以〈平定准部回部得胜图〉为中心》（台湾大学艺术史研究所2000年）有专节"明末的战争图式：《三省备边图记》"对《图记》进行介绍（第16～18页）。马雅贞也将之与另外两本标举为"图"的明代刻书《安南来威图册》和《剿贼图记》并举，集中讨论了全书战争图像的图式结构，揭示明代中叶兴起的官员视觉文化。参见马雅贞：《战勋与宦绩——明代战争相关图像与官员视觉文化》，《明代研究》第17期，2011年12月，第49～89页。就笔者所见，有关明代中后期"漳潮海寇"的先行研究似无引用《图记》。主要研究成果可参见陈春声：《从"倭乱"到"迁海"——明末清初潮州地方动乱与乡村社会变迁》，收入朱诚如、王天有主编：《明清论丛》第2辑，第73～106页；陈学霖：《张居正〈文集〉之闽广海寇史料分析》，收入氏著：《明代人物与史料》，第321～361页；冷东：《明代潮州海盗论析》，《中国社会经济史研究》2002年第2期；黄挺：《明代后期闽粤之交的海洋社会：分类、地缘关系与组织原理》，《海交史研究》2006年第2期；陈春声：《16世纪闽粤交界地域海上活动人群的特质——以吴平的研究为中心》，收入李庆新主编：《海洋史研究》第1辑，第129～152页；汤开建：《明隆万之际粤东巨盗林凤事迹详考——以刘尧海〈督抚疏议〉中林凤史料为中心》，《历史研究》2012年第2期。

〔2〕 苏愚：《三省备边图记》，不分卷，第894页。

图五　《三省备边图记》之《漳潮征海寇图》
注：苏愚：《三省备边图记》，不分卷，第893页。

图六　《三省备边图记》之《柘林破海寇图》
注：苏愚：《三省备边图记》，不分卷，第896页。

图七 《三省备边图记》之《连澳攻海寇图》

注：苏愚：《三省备边图记》，不分卷，第899页。

图八 《三省备边图记》之《南澳平海寇图》

注：苏愚：《三省备边图记》，不分卷，第901页。

图九 《三省备边图记》之《平海寇升赏图》

注：苏愚：《三省备边图记》，不分卷，第904页。

可知广东沿海作为主战场，祸害最重，官府近乎招架不住。而福建隔岸观火，整兵备战，同样劳师糜饷。因此，苏愚也慨言"从来征海难，征海之曾一本贼尤难。当其横行海上剽掠数年间，闽广诸豪杰岂不叹息所以奸之哉"[1]。

曾一本的船队究竟凭什么与官府持久抗衡，其军器装备如何，历来缺乏相关资料记载。《图记》对此却有一番详细记载：

> ……贼尽掳东莞乌艚万斛船，楼围城垛，尾架敌楼，悉以牛皮鱼网裹之，风帆上下，遇之即碎。其火器精利，猛若雷电风雨。而每藏贼于桅之望斗中，持火石犁头标，瞭望拒敌，坚劲未易破。[2]

苏愚的描述非泛泛而论，应该得自前线官兵的情报。其中有两点值得重视。

---

[1] 苏愚：《三省备边图记》，不分卷，第904页。
[2] 苏愚：《三省备边图记》，不分卷，第894页。

其一，海寇操驾的船舰是经过改装的东莞乌艚船。这类船舰原为广东东莞、新会等地民船，贩载鱼盐往来琼州与潮州之间，俗称"乌尾船"、"大乌船"、"大头船"。[1]其船体巨大，"打造以铁梨木，其板厚七寸，其长十丈，其横阔三丈有奇，其硬如铁，触之无不碎，冲之无不破"。[2]笔者在早前的研究中曾指出，乌艚船在海战中优势明显，至迟在嘉靖年间已普遍募用于广东海防。嘉靖十四年（1535），巡按广东御史戴璟推动沿海兵船改革的一项重要举措，就是在广州府东莞县募兵1 500名，每年雇募该县乌艚船30只，分拨中、西路海面防守。[3]为保证能够及时召募乌艚船，戴璟还专门出台"禁约"，令当地沿海居民编立船甲，如此"军门欲用船只之际，可以按簿呼召，给价差用，而不致卖放之弊"。[4]嘉靖三十三年（1554），广东海道副使汪柏将防守潮州柘林、惠州长沙等处海澳兵船合并为柘林水哨，曾一次性雇募东莞乌艚船20只。[5]刊刻于嘉靖四十年（1561）的《广东通志》更有言当时"（东莞）县有乌艚船号子弟兵者，东西二路防守莫不用之"。[6]《筹海图编》（嘉靖四十一年初刻，1562）绘有若干幅广东兵船图，[7]其中的"东莞县大头船式"大致吻合上引《图记》"楼围城垛，尾架敌楼"、"藏贼于梳之望斗中，持火石犁头标，瞭望拒敌"的描述。

其二，海寇的船舰配备精良火器，战斗力极强。在这里，苏愚没有进一步描述敌船装置的火器品种，但联系后文的记载，可知其中一种是当时战场上体量最巨、威力最大的火器——发熕。

---

[1]　俞大猷：《正气堂全集·洗海近事》卷之上《呈总督军门张（隆庆二年七月初九日）》，第813页。
[2]　朱纨：《甓余杂集》卷9《公移·阅视海防事》，第245页。
[3]　嘉靖《广东通志初稿》卷35《海寇·防御海道旧规》，第577～578页。
[4]　嘉靖《广东通志初稿》卷35《海寇·巡按御史戴璟禁约》，第579页。戴璟编立船甲的具体做法是，责令船户编立船甲长、船甲副。前者负责管理20艘船，后者10艘。每一船身均刻记某县船，某甲下某人。船甲长、副各置簿册一本，备载乡中船数及某样船只某项生理。每年呈送官府查考。
[5]　严从简：《殊域周知录》卷2《东夷·日本》，第80页。
[6]　嘉靖《广东通志》卷66《外志三·海寇》，第1784页。有关雇募乌艚船的详情，可参见陈贤波：《柘林兵变与明代中后期广东的海防体制》，收入上海中国航海博物馆编：《国家航海》第8辑，第1～19页。
[7]　郑若曾：《筹海图编》卷13《经略五·兵船·广东船图说》，第857～858页。

发烦是一种欧式前装火炮,有"发贡"、"发矿"等异写,铸铜/生铁制造,16世纪后期开始广泛运用于海战,成为最重要的主力舰炮。对其外形和威力的记载,最早见诸《筹海图编》。有学者推测其口径约8厘米,重约300千克(五百斤),用铅包铁弹,每个约2.4kg(四斤)。射程在百步左右(五尺一步,约160米)。[1]在上引资料之后,苏愚接着写到,"乃与总戎李西垣锡多制发烦,造巨舰二十只,视乌艚更大,每舰兵二百五十名"。[2]即为了对付海寇,福建总兵李锡奉命督造发烦,装备在比乌艚船更大的巨舰上。然而,其中一艘巨舰日后不幸落入敌手。舰中装置大量火器,尤其是发烦。《图记》载:

> 先时有巨舰被贼坏于铜山,李总戎令把总魏国督修,修完而国误驾入贼船中,国率众浮水走,而舰被贼驾去。督府深以为忧,愿出千金募力士设计沉之,而舰中多火器,有木发烦云。[3]

可见,大舰船与火器的运用使海寇如虎添翼。与官府相比,其船只、器械装备并不逊色。就此而言,苏愚说"曾贼之横行海上有年矣,谁敢与一抗哉",[4]看来恐非虚言。

闽广两省将士进剿曾一本,始而畏首畏尾,继而奋勇杀敌,其临阵表现在《图记》中也多有记载。

当日指挥前线作战的将领,分别是带管广东总兵俞大猷(1503～1579)和福建总兵李锡。有意思的是,俞李二人的"将才"一开始就受到质疑。隆庆三年(1569)五月五日,苏愚"同督府临漳城而人情汹汹,谓'贼锋锐不可当,二大将不足与共事'",奉命共同监兵进剿的福建海道副使张凤来"善相",对苏愚说"公试看二大将面色,果能破贼乎?"随后托病辞官。[5]究其原因,可能与他们作战失利的"前科"有关。在前述曾一本攻打广州时,总兵

---

〔1〕 郑诚:《发烦考——16世纪传华的欧式前装火炮及其演变》,《自然科学史研究》2013年第4期。有关16世纪西方火器在中国的传播和应用的最新研究,参见尹晓冬:《16～17世纪西方火器技术向中国的转移》,山东教育出版社2014年。
〔2〕 苏愚:《三省备边图记》,不分卷,第894页。
〔3〕 苏愚:《三省备边图记》,不分卷,第902页。
〔4〕 苏愚:《三省备边图记》,不分卷,第899页。
〔5〕 苏愚:《三省备边图记》,不分卷,第895页。

俞大猷就因为"几被掳","闭门不敢发一矢","贼乃题海珠寺壁嘲之",一时成为讥笑的对象。[1]

让苏愚大动肝火的是，部分将领以船只修缮、风向不利等各种托词消极应战，以至于出师未捷，反遭敌船偷袭：

> 是年五月五日观兵澄海，于九日发舟，不数日，诸将报被风，持修船册来。余知海上船固难，而犹心疑诸将冒饷图逗留也。徐觇之，将有娶美妇觅姣童，终日歌舞乐舟中，而巨舰兵且卖放过半矣。
>
> 俄而俞总戎以揭投督府，谓"剿贼须东北风，今夏至，风不便。此时惟以保船为策，俟秋后方可进"。督府然之。余谓督府曰："兵以风逆不剿贼，贼不以风顺欲犯兵乎？况至后亦岂尽无东北风？惟日戒严，俟风顺则进，安得以秋后为辞。且蓬缆杠具过夏朽矣，奈之何？"无何，六月初四日贼果驾舟七只犯兵船于铜山港中，闽船被坏者近十只。晚，遇两火器不能发，方走，而闽船尾其后，数十里而返。彼俞总戎则藏船港后宴如也。
>
> 初八日，报至，余怒，即辞督府往亲督焉。至初十日，由诏安达玄钟所。玄钟去贼柏林澳仅四十里。二总戎来会，余面斥二总戎。李总戎犹以尾贼为能，而俞总戎诿船在港后，不敢出一语。[2]

苏愚亲自来到前线督战。同年（1569）六月十二日，在他的督促下，官军冒着飓风来袭的危险进攻曾一本盘踞的柏林澳，攻其无备取得大捷：

> ……顾贼不意兵船敢是日进也，及兵进柏林港，而贼仓皇惊走，不敢向敌当，冲击贼船六十余只，俘斩二千一百余名颗，夺回被掳者千余人，而贼尸焚溺浮海者不下二千余数，曾贼仅脱身走。[3]

［1］ 关于俞大猷险些被俘的问题，广东地方志有更详细记载，参见万历《广东通志》卷70《外志·倭夷·海寇附》，第760页。
［2］ 苏愚：《三省备边图记》，不分卷，第896～897页。
［3］ 苏愚：《三省备边图记》，不分卷，第897～898页。

六月十七日,官军乘胜追击,与敌船交战于莲澳海域,部分战船搁浅触礁,敌我各有损伤:

> 十七日,二总戎乘锐气进攻。余送二总戎行。二总戎驾小舟以便调度。时有巨舰出海,浅沙上,而船板顷刻漂尽,又有遇礁而逐之即沉者,海上之险乃尔,顾海战与陆战大不同,全在风利,张帆冲击,用火器攻之。是日天无风,摇橹与贼战,伤贼虽多,不能犁船得一级。及暮而兵船复还玄钟港。余验之,兵颇有被伤者。[1]

上述柘林澳和莲澳两次交战,均发生在广东海域内。但苏愚发现,名义上两省合作剿寇,但福建兵船并未得到广东的策应,因此上书广东巡抚熊桴(1507~1569)督促发兵会剿:

> (六月)十九日,广督府熊公命揭阳蔡县尹来犒兵,致书币于余,辞大谦。蔡尹漳人也。余谓蔡尹曰:"闽船两战困矣,广船何不来?但得广船来,寇即成擒矣"。蔡尹答曰:"广船尚用木栅栏在港中,恐贼焚,不敢出。"余上书广督府,速督发之。[2]

必须指出,在苏愚笔下,奉命前来犒兵的揭阳"蔡县尹"之所以向他坦诚透露广船避战的内情,与前者是"漳人"的身份背景有关,暗示其更能同情福建当时的处境。但查检相关资料,隆庆、万历年间仅有漳州人谢应谟任揭阳知县,并无蔡姓知县。[3]苏愚的追述有误,可能与他和谢应谟仅有短暂的礼节性会面有关。

在闽广兵船夹剿下,曾一本于隆庆三年(1569)六月二十六日被擒。已有的文献资料对官方取胜的战术手段记载简略,对如何擒杀曾一本语焉不详。较为详细的描述来自郭棐纂修的《广东通志》(万历三十年刊刻,1602),

---

〔1〕 苏愚:《三省备边图记》,不分卷,第899~900页。
〔2〕 苏愚:《三省备边图记》,不分卷,第900页。
〔3〕 参见顺治《潮州府志》卷4《官师部·明揭阳县知县》,第124页;雍正《揭阳县志》卷5《职官》,潮州市地方志办公室2003年影印本,第213页。

内称"或云莲澳之战,一本与王诏遇,贼鼓勇向前,诏亲搏战。会一本发铳,火落药中,焚毁其手足,因被擒云"。[1]郭棐由于未亲历战争,仅以"或云"的不确定口吻行文。对此,《图记》的记载同样可补官方文献的不足:

> 乃二十一日,忽报海上遥望有船影。影来似顷刻到。……予乃夜发草百石,会俞总戎设火船于港口以待。沿海夜巡至漏下三鼓方入城。及旦,乃报潮总戎郭宝山成驾广船来也。余心喜,即催李俞二总戎发兵行会郭总戎进剿。至二十六日,兵奋勇乘风,举火烧毁贼船二十一只。曾一本驾巨舰,持木发烦来接战,被火焚,跳水,兵就水生擒,并擒其妻妾郑氏、邓氏,及贼叔曾尾叔数人,共俘斩五百一十一名颗,而坠落水者无算。督府乃陈曾贼尸于市,令潮人共识之。其余党遂浪奔鼠逃,弃船潜登岸走,余发督府免死票,散令归农,而贼党遂空,海上荡然靖矣。[2]

由上可知,明朝军队采取的是火攻以佐水战的战法。由于敌船遭火攻,曾一本持有的火器发烦可能并未发挥作用。这与前述《广东通志》的记载基本吻合。若比较《图记》呈现曾一本事件的5幅图绘,不难看到描绘这场决胜战役的《南澳平海寇图》同样最具视觉效果。画面右上方是苏愚等督战官员站在岸边,一名士兵指着海上战况,屈膝向他汇报,余下的画面则是闽广兵船布满整片海域,浩浩荡荡驶向着火败逃的敌船。船上的将士或举枪拉弓,或摇橹进击,生动再现了当日激烈的作战景象。

尽管传言在隆庆三年(1569)六月的莲澳之战中,参将王诏与曾一本遭遇搏战,"会一本发铳,火落药中,焚毁其手足,因被擒",官府"侥幸"获胜,[3]但不可否认的是,两省兵船在福建铜山、玄钟澳和广东莲澳等多处海域约期进剿,合力迎敌,实有赖于上述作战指挥权的统一。正因如此,晚年张瀚追忆治粤往事,仍津津乐道当初奏请"福建官兵亦应听两广节制",自诩"余方解绶而一本就擒,计诚得也"。[4]

---

〔1〕 万历《广东通志》卷70《外志·倭夷·海寇附》,第760页。

〔2〕 苏愚:《三省备边图记》,不分卷,第902页。

〔3〕 万历《广东通志》卷70《外志·倭夷·海寇附》,第760页。

〔4〕 张瀚:《松窗梦语》卷8《两粤纪》,第165页。

明代中后期广东地方动乱持续发酵,官府清剿行动屡屡受挫,时称"遍地皆贼"。[1]舆论对当局动辄招安、剿寇不力相当不满。地方士绅多次强烈反对安插"抚贼"。[2]嘉靖年间曾任兵部主事、潮州海阳人陈一松(1498～1582)为家乡父老奏呈《急救生民疏》,对本地区"群丑日招月盛,居民十死一生"同样极为愤慨。[3]将时局的混乱简单地归咎为官府腐败和无能,可能失于鸟瞰泛论。通过以上分析不难看出,在"曾一本之变"发生过程中,广东当局面临的海防挑战其实错综复杂,突出表现在剿抚策略摇摆不定、军备不足、事权不一、军情传递不畅等诸多方面。内部不仅猜忌攻讦,对外与福建省也相互推诿,难以协调。要言之,过多的政治较量和人事纠葛贯穿其中,始终是左右事件走向、影响海防体制有效运作的症结所在。

平息曾一本之变几经波折,兵力和船只屡遭重创,但经过这一时期的造船募兵,广东沿海兵船在会剿曾一本之后已渐俱规模。隆庆三年(1569)七月广东按察司等衙门对兵船状况有如下统计:

> 广东实在兵船数几三百只,将兵、器械种种见在。……查得广东兵船总兵官俞(大猷),统领一百五十余只,水兵七千余人,皆闽中造募者。……参将王诏统领大小一百七十五只,水兵九千六百余人。兵皆土著,船皆利器,足当一面。……事毕,将船兵分布水寨,各守要害。[4]

可知,在福建和本地造募的船只合计超过三百二十只,兵力超过一万六千六百名。即使遣散因战事需要临时雇募的福建兵之后,广东仍有本地水兵九千六百余名。这批船只的构成,据隆庆二年(1568)十月初七日俞大猷呈报,仅取用官银赴闽打造福船八十只,[5]换言之,其余两百余只皆本地

---

[1] 高拱:《政府问答·答两广殷总督书五》,《高拱全集》上册,岳金四、岳天雷编校,中州古籍出版社2006年,第513页。

[2] 陈春声对当时官府招抚海寇的做法和引起的反弹有详细讨论,参见前引陈春声的《从"倭乱"到"迁海"——明末清初潮州地方动乱与乡村社会变迁》。

[3] 陈一松:《玉简山堂集·为恳天恩赐留保障宪臣以急救生民疏》,《潮州耆旧集》卷19,第336页。

[4] 俞大猷:《洗海近事》卷之下《手本行巡抚熊监军道江潮州道杨》,第900～901页。

[5] 俞大猷:《手本行巡抚熊(隆庆二年十月初七日)》,第850～851页。

雇募和打造的广船无疑。至此,官府能够有效掌控的兵船才基本达到前述嘉靖四十五年(1566)吴桂芳筹划沿海六水寨兵力 10 800 名、战船 320 只的规模。长远来说,这不仅使得官府在随后对付林道乾、许瑞、林凤等一大批海寇的战事中不再因兵船空虚而捉襟见肘,[1]更重要的是,为日后以水寨兵船为中心整顿海防奠定了基础。

五、小　结

通过以上分析,本章描述了正统至嘉靖年间广东当局为应对军饷和兵船问题开展的军事财政改革,以及嘉靖末年至隆庆年间经略海寇的复杂过程。

可以看到,从正德年间开始,广东督抚陈金、林富等相继推动对番舶搭载货物实行抽分制,以补充军饷开支,之后巡按御史戴璟全面整顿地方财政,先是通过实行随粮带征法使民壮工食银定额化,用于沿海三路雇募兵船,进而直接动支军饷银,责令船户编立船甲,给价差用,使得雇募兵船全面制度化,以东莞乌艚船子弟兵为代表的民船民兵取代卫所军船军兵成为海防主力。然而,他们原本从事渔盐贸易,亦兵亦盗,难以管控,终于在嘉靖四十三年(1564)因缺饷爆发围攻省城的柘林兵变。期间当局被迫借用澳门的葡萄牙船队参与息乱,由此也引发中外学界有关"佛郎机助剿海盗得赐澳门"的长期争论。

两广总督吴桂芳吸取柘林兵变的教训,在嘉靖末年推动一系列海防改革。除了修筑省城外城,吴桂芳奏设海防参将,试图集中兵船专守省城,同时向船户征税补贴军费。此举因海寇吴平叛乱而中断。由于广东完全依赖民船和募兵,加上军饷不足,短时间无法大规模集结兵船,应敌被动失措。吴平之乱平息后,吴桂芳借鉴浙闽两省做法,奏请全面增设水寨。但海寇曾一本继而叛乱,水寨防御体系的筹建因战事再次搁置。

经略海寇曾一本的过程显示,首先,在应对策略上,招抚海寇一贯被视为解决沿海动乱的主要手段,广东当局一开始就主张招抚曾一本而非积极剿

---

[1]　有关这些海寇的活动和战事情况,详参前揭陈学霖:《〈张居正文集〉之闽广海寇史料分析》、张增信:《明季东南海寇与巢外风气(1567~1644)》,以及陈春声:《从"倭乱"到"迁海"——明末清初潮州地方动乱与乡村社会变迁》。

杀,显示出官府作战决心不强。但客观上当时广东新设水寨,沿海兵船不足却是影响决策的一大制约。官府非不作为,实有难作为的苦衷。其次,在用人和事权分工上,前线将领官员之间猜忌攻讦,加上两广总督和广东巡抚衙门分处梧州和广州,两者在军务上职掌不明,政出多门,军情传递不畅,直接造成俞大猷赴闽造船募兵的对策大打折扣,最终在随后曾一本进犯省城时酿成严重政治危机。第三,在对外协同作战上,广东当局与福建在早前合剿海寇吴平时产生嫌隙,相互推诿,难以协调,以至于曾一本初叛时两省对战局的判断不一,固守疆界,各自为战,贻误战机,让海寇集团得以休养生息,最后酿成尾大不掉之势。通过"曾一本之变"的案例,会发现当时广东海防的部署变化背后包含相当复杂的权力和利益之争。这也说明,要全面认识明代中后期广东海防体制的症结及其面临的挑战,有必要进一步深究具体人事对制度和战事的动态影响,而不能仅仅满足于海防设施或海防地理的静态描述。

第五章　沿海水寨兵船防御
体系的确立和运作

在经历了大规模的倭寇、海盗事件之后，在原来吴桂芳筹划的六大水寨基础上，万历年间广东当局着力在海防薄弱区域布置兵船，加强防御，特别是在闽粤交界的南澳岛、粤西海域阳电一带以及涠洲岛等地进行一系列海防设施的调整重建。漳潮副总兵、涠洲游击将军和北津、海朗、双鱼、虎头门、莲头、限门等若干个新水寨相继增置，全省以水寨兵船为中心完整的海防体制在万历中期确立起来，基本取代了明前期卫所军船巡海备倭的机制。

本章重点讨论这一时期当局围绕沿海水寨兵船防御体系的确立所做的各种努力，进而从将官、兵力、战船、信地和分哨结报等方面讨论以水寨兵船为中心新的海防体制之运营构造。

一、"欲治南澳，必先总事权"：
漳潮副总兵之建置

隆庆二年（1568）海寇曾一本在闽广两省夹剿覆灭之后，仍有多支海寇势力继续活跃在闽广交界海域。广东巡按御史杨标于隆庆三年（1569）七月奏言，"海贼曾一本虽已会师夹剿，而他寇尚多，如林道乾最号黠狡，及林容、程老、王老等皆四出卤掠，宜乘胜荡平，勿贻将来之患"，因此朝廷诏令两广总督刘焘（1512～1598）率镇巡等官乘胜追剿，以安地方。[1] 被杨标称为"最号黠狡"的林道乾早在曾一本叛乱时就是后者有力的竞争者，只是他一度听抚安插并协助官府征剿曾一本。万历元年（1573）林道乾叛逃入海，与朱良宝、

---

〔1〕《明穆宗实录》卷35，隆庆三年七月甲午。

林凤等合兵为寇。迫使广东当局一度"往浙募兵"剿寇。[1]而扰攘两省海域最大者,当推海寇林凤。林凤在隆庆二年至万历四年间(1568～1576)倡乱,同样是佯降复叛,据称拥有船舰百余艘。林凤与官府的大规模对抗主要集中在万历初年。有关林凤的活动,福建巡抚刘尧诲的《督抚疏议》、瞿九思的《万历武功录》和郭子章的《潮中杂纪》等当时人的著述均有详细记载。张增信、陈学霖都曾先后做过研究,尤以汤开建依据刘尧诲的《督抚疏议》等相关记载的讨论最为详尽。[2]可知在闽广兵船夹攻之下,当局分别在潮州南澳、柘林和福建的玄钟守备,但贼船逃至香山,又流窜海南,最后逃往西番,不知所终。

值得一提的是,林凤之所以逃遁,仍然与两省在剿抚策略上互相角力有关。尽管广东当局此前招抚曾一本、林道乾屡屡失效,招致祸害更大,但招抚毕竟是成本最低的平寇策略。隆庆六年(1572)八月巡按广东御史杨一桂痛陈"广东之弊莫不善于招安,莫善于城守",批评的就是当时试图招抚林凤的舆论:

> 今又有议招海贼林凤于惠州者。凤党不过五六百人,非有大声势难以扑灭,且既挟官告招,又不时出没劫杀为害,如此犹复招之,所谓养虎遗患。夫使百姓不知有为民之安,惟知有为贼之利,盗贼安得不日多。招安之说今所当禁止。[3]

表面看来,杨一桂的奏议得到朝廷的支持,"兵部如一桂议覆行"。但当局倾向招抚林凤实际上并未因此终止。万历二年(1574)二月,林凤复扰潮惠,泊舟钱澳,挟求招抚,兵部严词要求两广提督殷正茂、福建巡抚刘尧诲严

---

〔1〕 瞿九思:《万历武功录》卷3《广东·林道乾诸良宝林凤列传》,续修四库全书史部杂史类第436册,上海古籍出版社2002年据天津图书馆藏明万历刻本影印,第227页;郭子章:《潮中杂纪》卷10《国朝平寇考下·朱良宝林道乾之变》,第84～85页。

〔2〕 张增信:《明季东南中国的海上活动》,第99～112页;陈学霖:《〈张居正文集〉之闽广海寇史料分析》,收入氏著:《明代人物与史料》,第321～361页;汤开建:《明隆万之际粤东巨盗林凤事迹详考——以刘尧诲〈督抚疏议〉中林凤史料为中心》,《历史研究》2012年第2期。

〔3〕《明神宗实录》卷4,隆庆六年八月庚辰。

督官兵会剿，"不许狃信地之说，袭招抚之套"，[1]对两省早前各自为政贻误战机的做法已有预料防范。闽广兵船如期集结合剿，但林凤于万历三年（1575）脱身逃遁显然也与地方官员"又推诚谕抚"有关：

> 先是逋寇林凤率党回潮，先犯潮州之海门港、踏头埔，继犯惠之碣石东海滘。时闽帅胡守仁统师追剿，而广兵之在海丰诸处者亦有擒捕，贼见两省舟师盛集，潮州道金浙又推诚谕抚，遂分艍散泊，束身待招。凤知众心已散，已罪不赦，挈舡夜遁。抚散过马志善、李成等一千七百十二名，收回被虏男妇六百八十八名口，舡只器械火药称是，御史詹贞吉勘报以闻，兵部覆：一剿一抚，其功则一，闽功近已升赏，广功委不宜迟。其言修我武备以听凤酋，尽我抚绥以化余党，尤为善后确论。[2]

无论曾一本、林道乾还是林凤，剿抚海寇最困难之处始终在于闽广两省的事权协调问题上。海寇也善于利用两省界邻海域"自成一体"的海防薄弱区域与当局周旋角力。陈春声指出："从某种意义上说，正是由于省界的存在对于官府行使职权和官方军事活动的制约作用，才使得具有'反官府'或'非官方'活动性质的人群得以利用这样的限制，在行政区域的界邻地方发展自己的力量，使界邻地区成为一个为其所用的具有完整性的区域。"[3]因此，在林凤等漳潮海寇平息之后，万历三年（1575）于闽广交界的南澳岛设镇戍守，成为当时检讨海防体制的重要举措。

我们在第二章分析广东沿海冲要时已指出，闽广交界的南澳岛在两省海防格局中具有"贼之咽喉、闽广门户"的特殊战略地位。研究表明，宋元以来，南澳岛一直是商舶停靠贸易和海路的重要节点。[4]洪武年间，因"番舶、

---

〔1〕《明神宗实录》卷22，万历二年二月丁巳。
〔2〕《明神宗实录》卷57，万历四年十二月乙亥。
〔3〕陈春声：《16世纪闽粤交界地域海上活动人群的特质——以吴平的研究为中心》，收入李庆新主编：《海洋史研究》第1辑，第151页。
〔4〕汤开建、陈文源：《明代南澳史事初探》，《潮学研究》第3辑，第48～65页；聂德宁：《明清时期南澳港的民间海外贸易》，《潮学研究》第3辑，第34～47页。吴榕青、李国平：《早期南澳史事钩稽》，收入上海中国航海博物馆编：《国家航海》第九辑，上海古籍出版社2014年，第93～103页。

海寇之舟多泊于此以肆劫掠",官府将岛上居民徙入内地,永乐年间一度拨岛民复回原籍耕种,终因"难于防御"而完全弃守。[1]关于明初弃守南澳的时间和具体情况,文献的记载并不十分清楚,但弃守南澳的后果,使得其成为随后倭夷海寇活动的乐土则毋庸置疑。前述吴平、曾一本、林道乾、林凤的活动即常常以此为基地。

南澳岛界在闽广之间,海寇出此入彼,加上两省官员各怀异心,在夹剿海寇问题上相互推诿,教训深刻。从嘉靖末年海寇纵横闽广之交,陆续有官员建议在南澳岛设防,选委把总统领兵船巡哨,但都不了了之。[2]基于上述林凤避兵远遁的善后筹划,万历三年(1575)福建巡抚刘尧诲首先题请南澳设镇:

> 照得海寇林凤开遁外洋,不知向往,追之则势不可穷,纵之则势将复返,聚众以拒之则师老而财匮,且各贼乘而入,避实而去,以此劳蔽两省有足虑者。窃思漳潮之间以海为限,其海洋之南澳,地险而沃,百谷所生,百货所聚,惟以地非分土,事在两邻,故往往为贼逋逃薮。……今欲为两省久安计,必先治南澳,欲治南澳,必先总事权。今宜得一总兵,领水兵三千人专守南澳,而兼领漳潮二府兵事。如贼从海外来,将复旧巢也,方其栖泊未定,我兵起而薄之,此所谓掩其不备,可以得志。[3]

刘尧诲提出的建议得到两广总督殷正茂(1513~1592)、巡按广东监察御史马文卿等广东官员的支持,在万历三年(1575)九月初四日经兵部尚书谭纶(1520~1577)具题,初六日即奉圣旨设"协守漳潮等处副总兵"。[4]

漳潮副总兵的设置,完全基于如何协调闽广两省作战的海防构想。以往的研究均注意到漳潮副总兵建立对稳定闽广交界海域秩序的意义,但大多未

---

[1] 陈春声:《明代前期潮州海防及其历史影响》,《中山大学学报》(社会科学版)2007年第2期。

[2] 福建巡抚涂泽民曾回顾嘉靖四十年监察御史顾言、嘉靖四十五年福建总兵戚继光的建议,提出在大城所设水路参将一员,统领南澳东西二路,广东、福建兵船各一枝哨守。参见涂泽民:《请设大城参将疏》,收入陈子龙辑:《明经世文编》卷353《涂中丞军务集录一》,第3796页。

[3] 郭子章:《潮中杂纪》卷5《请设南澳副总兵疏》,第32~33页;乾隆《南澳志》卷3《建置》,第21页。

[4] 乾隆《南澳志》卷3《建置》,第27页。

进一步深究漳潮副总兵统率兵船和海上作战的事权运作问题。

由于南澳设镇关涉闽广两省海防,有关漳潮副总兵的事权安排,两省督抚官员必有事先通盘考虑,在前述奏议中有比较详细的说明,内容涉及"官兵"、"供亿钱粮"、"镇城衙宇"、"事权"、"责任"等方方面面。万历年间任潮州知府的郭子章在《潮中杂纪》收录了一份《万历南澳敕》,即万历皇帝颁给首任漳潮副总兵白韩纪的敕谕,其中详列其权责,内容来自上述闽广督抚的奏议:

> 敕曰:广闽交界海洋添设协守副总兵一员,该部议复相应,今特命尔充副总兵,专驻漳潮交界海中南澳地方,统领潮之柘林水寨大小兵船四十五只,官兵一千七百一十六员名,漳州铜山游兵船四十只,官兵一千八百三十五员名,共三千五百五十一员名,于内抽取四百名限季轮班守城,柘林守备、福建游兵把总与大城、柘林、铜山、玄钟及潮漳二府沿海卫所并听统辖节制。如有重大事情,俱要呈详广闽二省军门裁夺,仍呈报各镇总兵知会,如各总兵分别有长策,听其具呈军门酌处,尔亦要遵行。贼若登岸,当水陆夹攻,广东潮州、福建南路参将悉听调度,附近浯屿碣石各游兵大警亦听调援,二府海防同知照旧责成稽督,潮漳守巡兵备监军各道凡有应行事宜,俱协和谋议而行。倘广贼越此入闽,闽贼越此入广,二省别□追逐至此,务要从中要击,共图剿灭,未尽亦要随贼向往。入广入闽,听各军门调度,毋但以漳潮无犯,辄已如信地。有事军门别有调发,亦要据实呈复。该官二府并有警急则以各军门文移在先者遵行,仍要量轻重,或先从其重者,或均缓而分兵应之。尔平时仍要选差敏捷水兵驾使轻舸远行哨探,如有小警,作速相机剿捕。或贼势重大,即便通行驰报军门,调发别枝兵船相互策应,并力夹击,共保万全。如差人哨探误事,许尔斩首徇众。尔受兹委任,须操练官兵修理战船加意防守,保障地方,务使海洋肃清,斯称委任。如或贪黩偾事,国典具存,法不轻贷,尔其勉之慎之,故谕。[1]

〔1〕郭子章:《潮中杂纪》卷2《万历南澳敕》,第14～15页。万历四年(1576)白韩纪由雷州卫指挥任漳潮副总兵。但白韩纪在南澳营建镇城未久,"民大疫","旋以病去",由漳州卫千户晏继芳继任。事见乾隆《南澳志》卷4《宦绩》,第48页。

从官兵配置上说,副总兵统领潮州柘林水寨大小兵船四十五只,官兵一千七百一十六员名,漳州铜山游兵船四十只,官兵一千八百三十五员名,共三千五百五十一员名;从事权责任上说,柘林守备、福建游兵把总与大城、柘林、铜山、玄钟及潮漳二府沿海卫所并听统辖节制。在重大警情处理上,如有重大事情,俱要呈详广闽二省军门裁夺,仍呈报各镇总兵知会,如各总兵分别有长策,听其具呈军门酌处,亦要遵行。贼若登岸,当水陆夹攻,广东潮州福建南路参将悉听调度,附近浯屿碣石各游兵大警亦听调援,二府海防同知照旧责成稽督,潮漳守巡兵备监军各道凡有应行事宜,俱协和谋议而行。

由于添设漳潮副总兵,就广东海防体制而言,使得原来潮州柘林水寨的兵船由原来的海防参将划归新的副总兵管辖,前者于嘉靖四十三年(1564)吴桂芳任内奏设,全称"督理广州惠潮等处海防参将","统领潮之柘林水寨大小兵船四十五只,官兵一千七百一十六员名"。[1]至此海防参将仅专辖南头一寨。因此,在钱粮上,督抚考虑本镇廪给并杂流支应等件岁该银以前六百九十九两二钱,春秋二季,在广即以裁革巡海参将者给之,夏冬在福建军饷内动支,遇闰均办。[2]

有研究者认为,"南澳副总兵职权范围甚广,所有漳、潮二府之海防军事力量基本为其管辖,其目的主要是为了控扼嘉靖、隆庆以来漳潮地区不断崛起的海寇势力,进而保障这一地区的海防安全"。[3]根据上述敕谕"柘林守备、福建游兵把总与大城、柘林、铜山、玄钟及潮漳二府沿海卫所并听统辖节制",这一说法大体不错,但职权运作的实际情况可能要复杂许多。

在前述督抚有关南澳设镇的奏议"事权"一节中,明确指出"副总兵不必听两省总兵节制",同时又预见"然漳潮亦各镇兼辖之地,难令莫不关涉,如有重大事情,俱要呈详广闽二省军门裁夺,仍呈报各镇总兵知会,如各总兵分别有长策,听其具呈军门酌处,副总兵遵行"。[4]但敕谕并无"不必听两省总兵节制"之语,仅有"如有重大事情,俱要呈详广闽二省军门裁夺,仍呈报各镇总兵知会,如各总兵分别有长策,听其具呈军门酌处,尔亦要遵行"

〔1〕 应槚、凌云翼、刘尧诲等修:《苍梧总督军门志》卷24《奏议二·吴桂芳请设海防参将疏》,第280~281页。
〔2〕 乾隆《南澳志》卷3《建置》,第16页。
〔3〕 汤开建、陈文源:《明代南澳史事初探》,《潮学研究》第3辑,第59页。
〔4〕 乾隆《南澳志》卷3《建置》,第14页。

等字眼,显示两省总兵与副总兵之间的权限存在模糊地带。后来乾隆《南澳志》的编撰者注意到这一细节变化,对前朝官员"举一政而踽踽若此"不无讥讽:

> 刘尧诲请设总兵自是胜算,而建议者以两省既设总兵,难以再议,止设副总兵一员,听两省总兵节制。旋又以两省节制,猜嫌易生,议令便宜行事。此瞻彼顾其行次,且盖明之朝政与宋相似,即其诸臣拘墟之见亦复如之。故举一政而踽踽若此,真所谓儒生议论多干事功者也。[1]

漳潮副总兵在名义上不属于闽广任何一个总兵直接下辖,但明代中后期军事将领因事而设的情况较多,彼此权限的界定多有重叠模糊的地方,无事时固不必论,应变作战则处处掣肘,甚至互相推诿,前事可鉴。上一章曾一本之变中两广督抚之间的矛盾即可窥见一斑。

万历十九年(1591)萧彦出任两广总督兼巡抚广东,就注意到沿海将帅先后设置,事权不一的问题。他奏言要统一海防将官的事权,其中一项就是把漳潮副总兵纳入广东总兵的节制范围之内。其时广东总兵官童元镇接到钦奉敕谕,内称"今特命尔充总兵官,镇守广东地方,驻扎会城,统领伸威营原遣官兵,管理惠潮各府州县募兵,并全省军务,无事操练兵马,保固城池,分防通海要路,剿捕地方山贼,如遇事情重大,调集通省官军,相机防剿,参将守备等官,悉听尔节制。"萧彦注意到,其中"首开统领伸威营原遣官兵,管理惠潮各府州县募兵,盖嘉靖四十五年惠潮地方多事,议以福建总兵兼管故也。又开事情重大,调集通省官军,相机防剿,参将守备等官悉听节制,盖当时止有东路西路琼崖海防四参将,惠潮一守备故也。今查本职所属,见有副总兵游击都司把总,未经载入,是衙门专设而敕谕兼管如旧"。萧彦因此指出,"东粤之有总兵也,初犹以福建总兵兼之,且扎程乡,且扎潮州,至嘉靖末年广东始专设总兵,犹然偏驻惠潮,盖其设也以惠潮,其驻也以惠潮,故其敕谕惓惓于伸威营兵而他未载焉,当其时,南澳之副总兵未设也,故其敕谕亦仅仅参守等官,而他不载焉"。他建议:"将总兵官原奉敕书所在伸威营原遣官兵及惠潮各府州县募兵数言,准赐删改,并将潮漳副总兵及广东游击都司官员填入节

---

[1] 乾隆《南澳志》卷3《建置》,第16页。

制之内。"〔1〕这样一来,就是要广东总兵节制漳潮副总兵了。不难推测,在实际操作过程中,彼此权责必有多重叠合的矛盾冲突。限于材料,惜不能详细展开。

二、沿海水寨的增置调整

漳潮副总兵的建立解决的是闽广两省协同作战的问题,同时期展开的对沿海水寨的增置则着眼于全省海防布局调整。通过增置若干个新水寨和游击将军,填补沿海的防御空白区域。

前述"曾一本之变"接近尾声时,当局其实已经开始筹划未来水寨的兵船建设,在夹剿曾一本过程中通过打造、雇募而来的兵船也适用于武装原来拟定的六大水寨。隆庆三年(1569)内阁首辅张居正在《答两广总督熊近湖论广寇》的信札中,指示广东当局善后分区设寨,处理这些兵船:

> 窃以为灭贼固难,善后尤难。……为今之计,似宜乘战胜之余威,借兵饷之少裕,急将海防事宜严加整饬。如林道乾辈,既为良民,便当遵吾约束,涣其群党,厘其宿弊。如怀疑贰,即可名之为贼,因而除之。仍当于沿海一带,分区设寨,修饬兵船,严申海禁。又广中原题设六水寨,今宜选谙习舟师分任责成。至于山寇,乃坐守房耳。胜兵往加,势如破竹,亦宜歼其渠魁后乃可议招抚。〔2〕

不过,如前所述,由于吴桂芳职务调动,筹划的六个水寨实际上在曾一本之变中并未真正发挥作用,在很长一段时间水寨处于无兵无船可用的尴尬局面。因此,事后对沿海水寨作用提出质疑的也大有人在。隆庆三年(1569)十月,广东惠州归善人、工科给事中陈吾德(1528~1589)条陈广东善后事宜,历数广东海防得失,即对水寨的存在表达异议:

〔1〕 萧彦:《制府疏草》卷上《边海帅臣事权未一疏》,丛书集成初编第910册,中华书局1985年据上海商务印书馆本影印,第13~15页。
〔2〕 张居正:《张居正集》第二册《书牍·答两广总督熊近湖论广寇》,第98页。熊近湖即熊桴,时任广东巡抚。该信题衔"两广总督"有误。

　　窃照广东滨海之地,十郡而七。向者设兵三路,分布防守。土人目为游击之兵,深为得策。东路则柘林西至甲子所等处,地尽潮惠之境。中路则南头西至望峒澳等处,地尽广州之境。西路则吴川湾澳西至琼雷海港等处,境尽高雷廉琼之境,每岁于东莞、新会、顺德三县编差乌艚、横江民船六七十艘,分头把守,各以一守备统之。彼此联络,首尾相应,有常守之兵,无不备也。澳制至善也。如东路则柘林为闽广之关钥,中路则南头为会省之门户,而浪白、望峒等澳则夷舶出没之区,皆重地焉。西路比二路若少缓,然盗珠之贼常渊薮其中。况贼由二路而西,则此为之窭矣。近如贼林容横行肆虐,其祸固亦可□,分布守御均之不容缓者。顷者因柘林叛卒之变,当事者惩噎废食,尽令民船免差纳税,而船户遂困,乃改设六水寨,置兵万人。大意专守南头,遂驰边海之备。此如撤去藩墙而独顾门户,贼之纵横海上,固其所也。夫贼之来也,虽飘风忽雨,然入有门路,止有湾澳,非如江河之滨,随在可泊者也。往年船户用力守备得人,盗贼一发,随即成擒,夫其来不得泊,去则必追贼,虽时有,岂其如今日之肆志哉。此皆往事之得也。然欲复旧规,而船户消乏已尽,无复可用。臣愚以为剧寇荡灭,见造官船一百余只,即以六水寨之兵照旧分布三路,设一总兵居中调度,往来有机互相犄角,俟船户兴复之后,照依旧规更番迭守,遇有寇发,责令各守备随即相机剿捕,庶涓涓易遏,不至养成滔天之势矣。[1]

　　陈吾德推崇的是前面提到的嘉靖初年巡按御史戴璟的兵船方案,即遵照长期以来沿海海域划分东路、西路和中路三路的做法,雇募民船在要害湾澳戍守巡哨。他对民间船户的复兴寄予厚望,认为“凡民间由愿造船者,今始勿差,俟兴复众多,既复旧额,乃循旧规,编次轮差,至于刷掳、纳税,永与蠲除,有司侵渔者,许船户告发治罪”,通过让沿海船户休养生息,再行轮差听用,官私两便,可以达致沿海地区长治久安。对于海防愈来愈倚重募兵的做法,陈吾德也建议加强对募兵虚冒的监督查处,认为“往见将官募兵者,持檄下县,一千之众,不满六七百耳,则三四百之余,皆将官之囊橐,递为上之所募愈众则侵入愈广,而将官操其所入以预贷,而收厚息,则兵愈惫弱而难用。夫浚民

---

〔1〕　陈吾德:《谢山存稿》卷1《条陈东粤疏》,第421～422页。

膏血以养兵,而徒以恣此辈之豁壑,良可痛恨",表明募兵内部的腐败。[1]据说陈吾德上奏之后,"事下户、兵二部覆议可行,上皆从之"。[2]但实际上,他提出"以六水寨之兵照旧分布三路",取消水寨的做法并没有真正付诸实施。反倒是随后陆续增置了若干个沿海水寨,最终在万历年间实现水寨兵船巡海会哨的新机制。陈吾德的建议反映了一种海防理想状态,在和平时期通过官府与民间的合作协同防御,但时局的发展远远超出他的预期,由于倭夷海寇的冲击,当局为应对突发寇乱,根本无暇让民间船户休养生息。在重点港澳布置水寨兵船,重兵防守,可能才是首选策略。

关于这一时期广东沿海水寨的增置调整,以往的研究多未仔细考究地方文献,对水寨增设的背景、运作以及数量均失于泛论。例如黄中青最早注意到,"广东水寨初设卫六,后又陆续有增减,最多时曾达到九处,计有:柘林、碣石、南头、白沙、白鸽门、莲头、限门、海朗及双鱼",[3]并未探究虎头门寨和广海寨的存在。受此说影响,新近的研究者也认为"嘉靖四十五年,广东初设六水寨,后又相继裁革一水寨、增设四水寨,最多时共有水寨九处"。[4]而通论性的著作如《广东海防史》则仅仅注意到吴桂芳筹划的六大水寨,将之视为明代广东水寨的常态。[5]

如前所述,嘉靖四十五年(1566)吴桂芳筹划沿海柘林、碣石、南头、白鸽门、乌兔、白沙六大水寨,分布广东东、西、中三路。隆庆四年(1570)二月巡按福建监察御史蒙诏条陈广东善后事宜,又提出"请于六寨之外更置马耳水寨,与柘林相为犄角,碣石至马耳则会哨于甲子,马耳至柘林,则会哨于南澳。楼舡相望,可以制贼。"实录记载蒙诏上奏之后"得旨:如意行"。[6]但他提出在广东东部的柘林寨和碣石寨之间的马耳海域添设新的马耳水寨,似无其他文献佐证,或许没有真正实施。部分原因可能是,蒙诏当时善后事宜的背景是嘉靖末年至隆庆初年海寇活跃于惠潮海域,亟需加强海防。但在隆庆五年

---

〔1〕 陈吾德:《谢山存稿》卷1《条陈东粤疏》,第423页。

〔2〕 《明穆宗实录》卷38,隆庆三年十月辛酉。

〔3〕 黄中青:《明代海防的水寨与游兵——浙闽粤沿海岛屿防卫的建置与解体》,第125页。

〔4〕 韩虎泰:《论明代巡海制度向巡海会哨制度的转变——以明代广东海防为例》,《贵州文史丛刊》2015年第3期。

〔5〕 《广东海防史》编委会编:《广东海防史》,第168~169页。

〔6〕 《明穆宗实录》卷42,隆庆四年二月辛酉。

（1571）以后，广东海防危机陆续从东路转移到中路及西路海域，因而海防设施的增置筹划也随之转移至广东西部的高州、雷州和廉州几个府县。

广东西部的阳电一带海域辽阔，原本南头水寨和白鸽门水寨相距遥远，不足以应对突如其来的海防危机。史载：

> 是年冬，倭贼大犯高雷地方，提督兵部右侍郎殷正茂讨平之。广东倭患往年多于惠潮地方作耗，潮惠之民因遭残破，自卫稍严，而官府于该路设备较常颇密，故此倭一人径向而之西海，自广海以至阳、电一带沿海乡村尽遭荼毒。神电、锦囊二处城池相继被陷，化州、石城几亦不免，声势日张，远近骇动。[1]

万历《高州府志》和康熙《电白县志》分别记载了隆庆五年（1571）倭贼攻陷电白县的惨状：

> 隆庆五年冬十一月，倭贼攻电白县，城陷之。知县蒋晓、指挥范震、李日乔、千户王朝皆弃城走，指挥张韬死之。倭贼二百余自双鱼登岸，直抵电白之庄峒。蒋晓称病不出。范震等皆不为备。至城陷，晓及震等各逃，张韬力战而死，军民死者三千八百有奇。[2]

> 时倭奴二百余自双鱼所登岸，焚舟攻双鱼，不克，遂□□直抵电之庄峒，时十二月二日也。隐伏不动，城中疑之。知县蒋晓称疾不出。掌印指挥范震亦不为备。明日有报倭缚长梯将登城者，卫县皆不信。是夜城大陷，贼由东北及西北入，杀人于城，人始知之。时指挥范震、李日乔、张大成、千户王朝相各弃城逃，指挥张韬抗敌死之。十三日，又有倭三百人自太平而至电与之合。居城中者二十三日大肆屠戮。先是四街居民俱奔城避寇，至是被杀军民死者三千八百有奇，室庐焚毁殆尽，妇女被执不为所污，投井缢树者不可胜计。日久尸腐皆莫辨其姓名焉。时土人参将黑盂阳统兵扎船白蕉港，坐视倭寇陷城，按兵不举，且乘倭去，率兵掳掠。

---

〔1〕　应槚、凌云翼、刘尧诲等修：《苍梧总督军门志》卷21《讨罪五》，第226页。
〔2〕　万历《高州府志》卷7《纪事》，第111～112页。

故太守吴公国纶揭之抚按云藉曰，水兵不堪陆战，然则倭寇自山来欤？孟阳按罪遣戍，后嗣亦绝。[1]

万历二十九年（1601）倭寇再次勾结沿海奸徒入寇吴川，同样屠戮甚众。时任岭西兵备道盛万年描述道：

> 万历辛丑四月，忽报倭人入寇吴川。吴川滨海之地，水有限门，素凭天险。缘彼时有闽中白艚船籴粟奸徒，遂勾引倭人，即藏白艚船，闯入限门，遂放火焚贾舶七十余。其前锋执日本大军之旗，攻剽城下，洒血国门，伤残最惨。余得报，即图剪灭，而高州营兵甚少，甲杖一空，乃檄行府县悬金购募义勇乡民，果俘贼三十余人，锢之狱，贼益悉力攻围，潜有奸细入城，夜间以鸽鸹为号，欲图里应外合。余择其最骁者八人，请详两台，先行枭示，更招狼兵策应。于是贼之内应已绝，我之外援日增，倭遂宵遁，而出限门，吴川之患解矣。不一月，倭再讧于雷，居民被杀者千人，且盘踞锦囊所为巢穴。[2]

盛万年于万历三十年（1602）刊行的《岭西水陆兵纪》中强调"前有电白之祸，近有吴川之危"，[3]说的正是上述隆庆五年和万历二十九年两次大规模的寇乱，均与水寨筹建直接相关。水寨的增置调整前后历时数十年，在前述六水寨之外先后出现北津寨、莲头寨、限门寨、海朗寨、双鱼寨、虎头门寨、广海寨等。有关它们设置的情况，文献的记载详略不一，兹试逐个分述介绍如下。

（1）北津寨

隆庆六年（1572），两广总督殷正茂以神电卫、双鱼所连遭倭寇攻陷，奏设东、西巡海参将，以西路参将驻扎阳江；万历三年（1575）又设海防同知驻阳江，[4]显示当局已经开始把阳江一带作为海防重点区域经营。北津港作为阳江县的主要入海口，战略地位险要，但居于南头水寨和白鸽门水寨、海朗所

〔1〕康熙《电白县志》卷6《邑纪》，第85～86页。
〔2〕盛万年：《岭西水陆兵纪·拙政编》，北京图书馆古籍珍本丛刊史部政书类第32册，书目文献出版社1998年据北京图书馆藏清雍正宝纶堂刻本影印，第670页。
〔3〕盛万年：《岭西水陆兵纪》卷上《为申严约以肃军威以固海邦事》，第642页。
〔4〕万历《肇庆府志》卷16《兵防志二·海防》，第326～327页。

和双鱼所之间,寨所相距较远,早前的做法是每年调用周边卫所兵船巡哨,万历元年(1573)又一度招抚海寇许恩插住,协助防守北津港。万历十五年(1587)叶春及《北津水寨筑城记》载其事曰:

> ……第所则海朗、双鱼,相去二百里,寨则南头、白鸽门,相去一千三百四十里,而北津居其中,入县厪三十里近矣。故岁调东莞戈船,发神电、阳江、双鱼、海朗尺籍戍咸船澳,为北津外藩。嘉靖三十五年撤戍,自此盗贼如履堂皇,一陷海朗,再陷双鱼,三寇阳江,入其郭,北津、海陵民无噍类。当是时,海寇郑大汉、林道乾、朱良宝最螫。万历元年许恩杀郑大汉以降,居之北津保界。[1]

关于招抚海寇许恩协守北津港,崇祯《肇庆府志》有言:

> 万历元年抚民许恩攻杀郑大汉,率众来降,乃处之北津,使御海口。二年倭陷双鱼,许恩功授名色把总。三年以许恩哨逻海上,统铳兵六百名,艚船四十余只。[2]

以抚民保界把守的做法毕竟是权宜之计。万历四年(1576)新任两广总督凌云翼奏请将裁革原先的乌兔寨,增设北津水寨,将西路巡海参将改为阳电等处海防,统领北津水寨:

> 惟阳电一带为倭夷海寇出没之中,先年属白鸽门寨信地,缘兵寡地阔,管顾不周,近年双鱼、神电连致失陷,虽经前督臣以抚民设寨把守,乃一时权宜之计,未为万全。如将西路巡海参将改为海防,于此增设一水寨,名曰北津寨,亦照南头寨参将事例,兵船则大小共六十只,官兵则二千三百零二员名,计岁支饷银二万三千一百七十四两四钱。查得乌兔一寨,僻在海角,虽近珠池,自有官军防守,如听雷廉参将委协总一员,带领兵船十只,移割海康所更番驻守,自无他虑。将乌兔寨裁革,计得

---

[1]　叶春及:《北津水寨筑城记》,收入崇祯《肇庆府志》卷29《艺文四》,第748～750页。
[2]　崇祯《肇庆府志》卷16《兵防志·海防》,第474页。

官兵一千五十四员名，就移为阳电参将之用，合用兵船除西路巡海项下见有船三十二只，再将乌兔寨兵船归并，不足之数另行造给，惟止欠兵一千二百四十八名，岁该饷银一万三千二百五十二两八钱，容臣通融节缩，或将每年扣存逃故兵银拨补，亦不必额外增饷，其潮州、高肇陆路参将俱听仍旧。……阳江地方增设北津水寨，就将西路巡海参将改为阳电等处海防，责之统领，该寨凡一应兵船、粮饷照前议处，给其信地，东自海朗所界起，西至吴川遂溪分界止，仍照南头参将事例，亦不必添设把总，以滋冗滥。其乌兔寨裁革，原设钦依把总一员推补别用。[1]

凌云翼的做法，是将裁革的乌兔寨兵船和原西路巡海参将管下兵船归并给新设的阳电参将，仿照南头寨参将事例，以阳电等处海防参将统领而不添设把总，显示出当局对该区域海防的重视。我们也注意到，同年凌云翼也题议分守琼崖兼海防参将并领白沙水寨、分守雷廉兼海防参将兼理白鸽门水寨海防、分守惠州兼海防参将兼管碣石水寨海防，反映了其水陆并重的海防策略。[2]

阳电参将的设置维持四年之久，由于北津寨部分兵船发守海北乌兔、龙门等处哨守，于万历八年（1580）两广总督刘尧诲任内裁革，北津寨新置钦依把总一员统领兵船：

惟查阳电海防专管北津水寨参将一员，系万历四年间添设，比照南头寨事体，该寨兵船大小六十只，就以裁革廉州乌兔寨兵船、岁饷并裁革西路巡海参将兵船归并凑用，即以西海参将改为阳电参将，专管北津一寨。今查该寨近已议允移兵船二十只，发守海北乌兔、龙门等处去矣，船额既少，险易不同，且参将员下并杂流等项岁费供亿银一千二百四十余两，本员参将诚为冗费。……阳电海防既议以裁革，相应添设钦依把总一员，专领北津寨务，统领遗下兵船，防守信地。[3]

---

〔1〕 应槚、凌云翼、刘尧诲等修：《苍梧总督军门志》卷26《奏议四·酌时宜定职掌以便责成以重海防疏》，第308～309页。

〔2〕 应槚、凌云翼、刘尧诲等修：《苍梧总督军门志》卷6《兵防一·武官·广东》，第97～98页。

〔3〕 应槚、凌云翼、刘尧诲等修：《苍梧总督军门志》卷27《奏议五·议革广东武职官员疏》，第345～348页。

值得一提的是,名义上北津设寨,但把总"居县城,北津无寨如故",未有筑城的局面直至万历十五年(1587)才因"珠池之役,海上戒严"而改变。[1]关于珠池海防问题,我们留待下一节再论。崇祯《肇庆府志》绘有一幅北津水寨地图,是目前所见明代广东地方志中仅有的单一水寨图(图一○)。从地图上可以看出,北津寨建有寨城,在沿海另设有若干个墩台。寨城靠近出海口,防御出入海口的功能更为明显。

　　万历二十五年(1597)北津水寨又遭裁革。该年六月,两广总督陈大科以"北津水寨仅设钦依把总一员统之,而高肇之交始无参将",与阳电一带为"沿海要区"的海防地位不相称,奏请裁革北津把总,复设阳电参将,"统领北津水寨兵船,遇汛出海防倭,遇警督兵邀杀"。[2]但水寨裁革之后实际兵船分配情形要复杂一些,崇祯《肇庆府志》载:

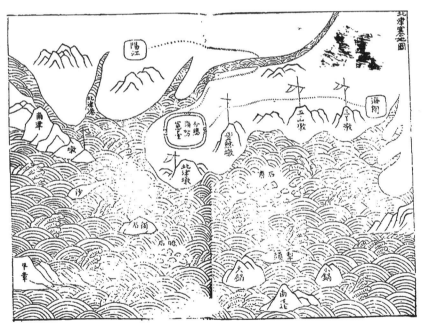

图一○　北津寨地图

资料来源:崇祯《肇庆府志·舆地图》,第39页。

---

〔1〕　崇祯《肇庆府志》卷29《艺文四》,第748~750页。

〔2〕　郭棐:《粤大记》卷32《政事类·海防》,黄国声、邓贵忠点校,第920~922页。

至（万历）二十五年，尚存大小船四十一只。是年革水寨钦总，船兵属阳电参将。岭西道建议以右哨原守电白地方船九只，兵二百四十八名，拨饷高州府，于是肇庆府海防所属止船三十二只，官兵八百九十一员名，海朗、双鱼把总各一人，哨官各二人，画海为守。[1]

联系同书关于北津寨"以海阔分为三哨，中哨泊于戚船澳、丰头澳，左哨泊于寨门，右哨泊于电白县之莲头澳，钦除把总领之，专司防海"的记载，可见，新设阳电参将统领的北津水寨兵船仅是32只，官兵891名，为其中哨和左哨部分，其右哨船9只、兵248名经岭西道建议拨给高州府，补充了莲头寨、限门寨的兵船（详见下文）。包括北津寨原驻扎地阳江县北津港在内的附近海域，即原中哨、左哨信地改由海朗寨和双鱼寨分别哨守。

虽然北津水寨被裁革，但由抚民协守港澳的局面一直延续至明末。冒起宗于崇祯十二年（1639）补分巡岭西道佥事，对粤西兵防情况非常了解，其文集收录了多篇有关粤西海防寨港的图说，具有重要的史料价值。其中有关北津抚民协总的描述展示了明代中后期水寨运作鲜为人知的一面：

北津即今海朗寨港也。先年海贼许恩受抚，因令插住港口海岸，且耕且渔，复给其子许应举以协总名色，责以统驭抚民，协守北津。原议递年将自造料船兵渔船共十只、目兵二百名往守戚船澳海面，口粮以出汛日起支，收汛日止。此澳孤悬大海中，系双鱼寨信地，贼船每抛扎其中，故以习惯之抚民守之。迩来抚民官亦久不到汛，海贼有无之情形亦无一字具报，浸寻成故事矣。但抚民一枝善鸟铳，出入蛟宫蜃宅若平地。今宜申严责成，令之备船练兵，出洋守汛，不时侦报，一遵受抚之初议，不则治以驰防梗令之罪，无少贷，野心狼子，庶不至以万顷为三窟矣。[2]

比较前引叶春及万历十五年北津寨建城碑文，我们可知，在北津寨建立之后，抚民协总的名号给了许恩的儿子许应科，到了冒起宗分巡岭西的时候，协总为许三才，并没有废除抚民协守水寨的做法。长期以来，北津寨由参将、

〔1〕崇祯《肇庆府志》卷6《兵防志一·海防》，第475页。
〔2〕冒起宗：《北津抚民协总图说》，收入顾炎武：《天下郡国利病书》，第3255页。

把总和抚民兼管的做法,是一种特殊的海防制度安排,从其维持数十年之久足见抚民的存在的确弥补了官府海防力量的不足。但当局对这些抚民的戒心并未消除,冒起宗就告诫说,"由港门而越铳城,即北津抚民环居其地,此辈鹰眼未化,枭气犹存,每以缯艚出海捕鱼为生,若邀功,若接济,若勾引,未可信其必无也,况乎土宄敢于扞网,旗军串青衿子复从而翼之哉"。[1]

（2）莲头寨、限门寨

莲头寨和限门寨所在的电白县海域、吴川县海域,在吴桂芳的水寨议程中属于南头水寨和白鸽门水寨巡哨的范围。莲头寨于隆庆六年（1572）殷正茂总督任内增设,与前述隆庆五年（1571）电白城陷有关,原拨官兵分守限门港,后者于万历二十九年（1601）倭乱后也添设限门寨,史载"至二十九年四月,倭奴突犯吴川城,几不保,旋事征兵。燃眉莫救,今详两院处饷增兵,添设限门分总,领兵一寨,与莲头旧寨各派信地,互为犄角"。[2]

有关莲头寨和限门寨的兵船情况,万历《高州府志》卷2《戎备》载:

莲头寨,在电白县南,隆庆六年平倭后建,原设分总一员,哨官二名,队兵五百名,万历二十九年调守限门哨兵二百五十一名,后议设官兵二百五十一名,补足原额,今实在官兵四百八十七名。

限门寨,在吴川县南五里,海航必由之区,本郡必据之险也。东连肇庆,西抵雷阳,上下几五百里而遥,向拨莲头寨官兵二百五十一名看守,万历二十九年缘倭警而设寨,置分总一员,哨官二名,队兵二百五十名,并原拨官兵五百一名。今撤北津右司,并力莲头限门二寨,距赤水而中分之,俾各守其信地,司兵者春冬二汛时共简阅防守,视昔有加焉。[3]

可见,两寨分别有官兵487名、501名。据上引同书载,两寨均分左右二哨,莲头寨左哨船7只,右哨船8只,共15只。限门寨左哨船9只,右哨船8只,共17只。[4]如前述,北津寨万历二十五年裁革之后,其右哨船9只、兵248名

〔1〕 冒起宗:《拙存堂逸稿》卷6《文牍图说·海朗寨所图说》,第220页。
〔2〕 盛万年:《岭西水陆兵纪》卷上《为申严约束以肃军威以固海邦事》,第643页。
〔3〕 万历《高州府志》卷2《戎备》,第28～29页。
〔4〕 万历《高州府志》卷2《兵船》,第32页。

经岭西道建议拨给高州府，补充了莲头寨、限门寨的兵船，即上引所谓"今撤北津右司，并力莲头限门二寨"。

（3）海朗寨、双鱼寨

海朗寨、双鱼寨设置的时间比较模糊。前述崇祯《肇庆府志》提到北津寨于万历二十五年（1597）革除，接着就说"海朗、双鱼把总各一人、哨官各二人，画海为守"，[1]推测两寨设立当在此之后。黄中青引道光《广东通志》载"万历初，设立北津寨为重地……二十八年以后，复画界为守，以海朗寨官兵分守汛海……双鱼寨官兵分守汛海"，认为"万历二十八年（1600）应该可以接受"。[2]但道光《广东通志》毕竟后出，未知所据，姑且存为一说。

海朗寨、双鱼寨与上述莲头寨和限门寨构成了明代后期阳电海域最重要的海防设施。冒起宗指出，"汪洋瀚海，寇盗出没，计汛凡八百里，设有海朗、双鱼、限门、莲头四水寨，扎船分守，扼要哨防，此则海防之大略也"，[3]又说："四寨……电白莲头为最冲，吴川限门次之，阳江海朗次之，双鱼又次之。信地中惟岛屿山湾贼船僭泊，如上自海朗，则有娘澳、大澳、海陵、戥船澳，若双鱼、莲头，则有青洲、大小黄埕、放鸡山，下至限门，则有新门、三合窝，硐洲，广州湾等处，皆可扎船。贼每寄椗其中，窥伺货艘往来，即为掩袭剽掠之事。"[4]有关海朗寨、双鱼寨兵船和形势的情况，冒起宗的《海朗寨所图说》和《双鱼寨所图说》同样提供了详细记载：

　　按海朗兵册，现在官兵计百五十四员名，战船一十二只，东接广海，西界双鱼，楼船组练，雄据上游，屹然一天堑哉。第本港内通阳江、阳春等处，商贾辏集，奸宄易生，港中虽设有铳城，设有铳台三座，港门津要，似可资控守，但港外无台可振，势既孤悬，縣港门而越铳城即北津抚民环居其地，此辈鹰眼未化，枭气犹存，每以缯艚出海捕鱼为生，若邀劫，若接济，若勾引，未可信其必无也。……若本寨去县城三十里，去所城二十里，所去县城则五十余里，所军弱不能支，而铳军少有可用，一值汛期，督

---

〔1〕 崇祯《肇庆府志》卷6《兵防志一·海防》，第475页。
〔2〕 黄中青：《明代海防的水寨与游兵——浙闽粤沿海岛屿防卫的建置与解体》，第125页。
〔3〕 冒起宗：《阳电山海信防图说》，收入顾炎武：《天下郡国利病书》，第3244页。
〔4〕 冒起宗：《海朗双鱼莲头限门四寨图说》，收入顾炎武：《天下郡国利病书》，第3252页。

发海朗陆哨官兵为之犄角，庶几孤悬者不至为孤注耳。[1]

　　双鱼寨设有寨城一座，内置发汛公署及寨署、哨捕、兵房，守险之制，亦云密矣。兵船一十二只，官兵四百四十四员名，左哨派守双鱼港内，通双鱼所城，港门两山对峙，铳台三座，复有东山官兵据险而守，贼未敢辛犯也。去寨八里，则有双鱼所城，离阳江县一百七十里，离电白县九十余里，声援辽旷，实为边海孤城，外洋势难遥控，觉察责在瞭军。每岁春汛，除督发双鱼一哨官兵外，又例调东西两山各营兵协守所城并一带海岸。若冬汛，则止双鱼一哨，虚应故事矣。右哨派守丰头港，与海朗寨接界，港内通织箐墟，五里余则至太平驿，防奸缉盗，未可刻疏。况龙高山凤号盗薮，山势延绵，路通双鱼信海，奸宄窥伺疏防，常驾客船藏盗出入相应。严饬海朗会哨分防，毋以一港为秦越可也。[2]

　　海朗寨在北津港哨守。仅有官兵154名，战船12只，取代了原先北津水寨，规模变小。双鱼寨分别在双鱼港和丰头港哨守，兵船12只，官兵444员名，分左右哨，从其兵船规模推断，应该也是分总。

　　（4）虎头门寨

　　虎头门是进入省城珠江口的水道的必经之地，海防地位极其重要，长期以来没有兵船把守，因此，前述嘉靖四十三年（1564）柘林水兵叛乱，隆庆二年（1568）曾一本叛乱，均直入省城。因此，虎门水寨的建立，防守目标相当明确，就是戍守珠江口入省城水道：

　　　　虎头门寨，万历戊子建置，原有兵船三十只，官兵八百二十余名，以钦依守备一员统之，今守备不设，见存兵船录后，前部把总一员，哨官二员，后部把总一员，哨官二员，右部把总一员，哨官二员，左部总哨拨作武山营及守铳台，大小兵船二十五只，官兵七百八十余名，粮食广州府支给。

　　　　虎头门为省会为东莞之咽喉，两山昂峙如虎，东隘如门，堪舆家所谓兽星居海口是也。山水险要，奸宄出没，嘉靖四十三年叛兵突至莞城，隆庆二年海寇曾一本径犯省下，皆系无重兵，故贼得扬帆直入，后抚按具题

〔1〕　冒起宗：《拙存堂逸稿》卷6《文膳图说·海朗寨所图说》，第220页。
〔2〕　冒起宗：《拙存堂逸稿》卷6《文膳图说·双鱼寨所图说》，第220页。

建寨,钦依设守备,领总哨官兵八百余名镇之。[1]

由上可知,虎头门寨设于万历十六年(1588),设置初期有兵船30只,官兵820余名,设钦依守备一员统率兵船,至明末有兵船25只,官兵780余名。有意思的是,万历十六年(1588)虎头门设寨时选址不确,可能并没有发挥重大作用。康熙《东莞县志》载:"虎头门山前寨城,在武山前南面,名万历十六年建,后因沙起水浅,不能湾泊船只,改筑于山后,旧寨遂废。"这个山后寨城,可能要到清初才建。"在武山后三门地面,国初建,康熙十九年正月海逆李积凤披猖,副将张应科张瑜相继失守,遁入莞城,寨为所毁"。[2]虎头寨一度裁革守备,调守香山,至天启二年(1622)海寇李魁奇突入,又复设参将,[3]但事后又撤守,也反映了明代海防安排因事而设的特征。

(5)广海寨

广海水寨何时增置,文献的记载比较模糊。《苍梧总督军门志》载:

> 守备广海指挥一员。隆庆六年提督都御史李迁题设,驻扎广海卫,以都指挥体统行事。[4]

可知隆庆六年(1572)由李迁题设广海守备,与广海卫同城戍守。但当时的广海守备未必兼管海防事务,实际上直到万历七年(1579)两广总督刘尧诲《议革广东武职官员疏》介绍广东山海要冲,仍明确将广海守备列为陆路武职将官。[5]由此似乎很难把隆庆六年广海守备设官视同广海水寨的成立,后者可能还要在万历七年之后,但文献缺载,存疑待考。

有关广海寨的兵船和信地情况,万历二十九年(1601)刊行的《筹海重编》卷3《广东兵防官考》载(图一一):

---

[1] 崇祯《东莞县志》卷3《兵防》,第158页。

[2] 康熙《东莞县志》卷10《兵防》,广东历代方志集成,岭南美术出版社2009年影印本,第533页。

[3] 崇祯《东莞县志》卷3《兵防》,第158页。

[4] 应槚、凌云翼、刘尧诲等修:《苍梧总督军门志》卷6《兵防一·武官·广东》,第98页。

[5] 应槚、凌云翼、刘尧诲等修:《苍梧总督军门志》卷27《奏议五·议革广东武职官员疏》,第345～346页。

图——　广海寨图

资料来源：邓钟重辑：《筹海重编·广东图》，第60页。

广海守备，该寨原大小兵船一十八只，官兵七百四十七员名，今增兵船十只，兵三百三十五名，自三角洲接南头信地起至芒洲娘澳止，与北津信地相接。[1]

可知其时广海寨有兵船28只，官兵1 082名，信地范围上接南头寨，下接北津寨。又《苍梧总督军门志》记载南头寨信地"自大鹏鹿角洲起，至广海三洲山止，为本寨信地"。而北津寨"自三洲山起，至吴川赤水港，为本寨信地"，显然北津寨的信地包括了上引《筹海重编》所载广海寨的信地范围。[2]而崇祯《肇庆府志》又记载北津寨信地"东至芒洲、上下川与广海寨会哨"[3]，显示出广海寨的信地乃是从北津寨信地划分出来的，但具体时间不可考。考

〔1〕　邓钟重辑：《筹海重编》卷3《广东兵防官考》，第61页。

〔2〕　应槚、凌云翼、刘尧诲等修：《苍梧总督军门志》卷5《舆图三·沿海信地》，第96页。

〔3〕　崇祯《肇庆府志》卷6《兵防志一·海防》，第475页。

虑到万历二十五年(1597)北津寨裁革,由海朗寨取代哨守,广海寨的情况可能也因之调整,但目前所见文献无法厘清,只能留待日后。

三、"珠禁"问题与涠洲岛的弃守和设防

讨论明代中后期广东海防布局的调整,不能忽视雷州、廉州府海域(今北部湾)的珠池问题以及涠洲岛的弃守和设防(图一二)。粤西海域自古盛产珍珠,数百年来民间以采珠和渔捞为业。明政府先后在雷州、廉州沿海地区和岛屿添设采珠内监衙门和守海水寨,竭力垄断珠池,打击民众非法私采珍珠,但始终无法彻底遏制盗采活动,反而引致官民争利、民盗难分的持续社会动荡。经过几次与珠盗的周旋角力,万历十八年(1590)涠洲游击在涠洲岛上设立起来,实际上兼管了万历四年(1576)因故被裁革的乌兔寨信地范围,

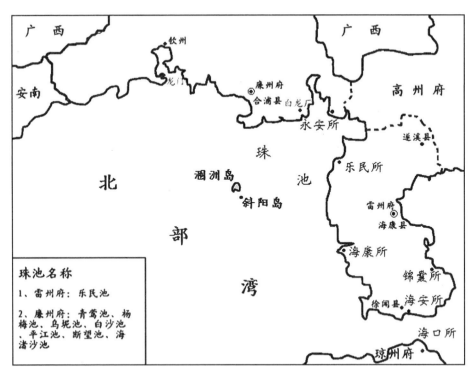

图一二　明代涠洲岛及其周边政区形势示意图

注: 笔者据谭其骧主编《中国历史地图集》第7册《明时期·广东》(第72～73页)重绘。

完全具有水寨的功能和地位。因此，有关涠洲岛的设防也应该纳入水寨兵船防御体系的架构中来讨论。

粤西沿海民众从事采珠活动由来已久。由于"海产珠，方内惟雷廉为然"，[1]早在汉晋时期，合浦地区百姓"唯以采珠为业，商贾去来，以珠贸米"。[2]张荣芳等学者据《三国志·孙权传》中"改合浦为珠官郡"等记载，推测当地很早就设立过"珠官"等官方采珠机构。[3]不过，尽管珍珠是当地最重要的贡品之一，在很长一段时间里，历朝采珠并无严厉和持久的专官定制。[4]这种"官民共利"的局面到明代才发生根本转变。

一般认为，洪武二十九年（1396）始诏采珠，其时未有专官采办，直到正统年间才命内官二员分镇雷廉珠池，倚池建厂，专守防盗。[5]不过仔细检阅地方文献，洪武三十五年（建文四年，1402）已有"差内官于广东布政司起取蜑户采珠"的相关记载。[6]嘉靖《广东通志初稿》卷10《公署·廉州府》又载：

珠池公馆，洪武永乐间设于珠场巡检司之右。景泰间寇发，改迁府治前。[7]

上引材料中的珠场巡检司位于廉州府东南六十里白沙海岸，切近白沙珠池，又称"守池巡司"。[8]按明代广东内官公署有"衙门"、"公馆"等名号，[9]可知明初粤西已设有专门守池采珠的内官衙门——"珠池公馆"，直至景泰

<hr>

[1]　万历《雷州府志》卷4《地理志二·珠海》，第191页。
[2]　《晋书》卷57《陶璜列传》，中华书局1974年，第1561页。汉武帝平定南越后，在岭南地区设置九郡。其中合浦郡郡治徐闻，辖5县，主要包括今广东西南部和广西北海一带。参见方志钦、蒋祖缘主编：《广东通史》（古代）上册，第233页。
[3]　张荣芳、周永卫：《汉代徐闻与海上交通》，《中山大学学报》（社科版）2002年第3期。
[4]　明人郭棐据史志梳理出从汉晋到明中期历代在粤西珍珠诏采情况，可见官方采珠活动之梗概，参见郭棐：《粤大记》卷29《政事类·珠池》，第873～877页。
[5]　参见杜婉言：《明代宦官与广东经济》，《中国社会经济史研究》1992年第2期；谭启浩：《明代广东的珠池市舶太监》，《海交史研究》1988年第1期。
[6]　嘉靖《广东通志》卷25《民物志六·珠池》，第649页。原文作"洪武三十五年"，应是永乐靖难后明代文献的刻意写法。笔者补注为"建文四年"。
[7]　嘉靖《广东通志初稿》卷10《公署·廉州府》，第206页。
[8]　万历《广东通志》卷53《郡县志四十·廉州府·珠池》，第375页。
[9]　王川：《市舶太监与南海贸易——明代广东市舶太监研究》，人民出版社2010年，第75页。

年间（1450～1456）才因寇乱一度搬迁。宣德三年（1428），内官杨得荣"奉命来守珠池"，曾在该地临近海岸处兴土木、祭海神，陆续营建天妃庙和宁海寺，[1]这个内监采珠衙门渐具城池规模，在明清方志中一般被称为"白龙厂"、"白龙墩"或"白龙城"。[2]康熙二十三年（1684）杜臻奉旨巡视粤闽海防设施，曾到过荒废的白龙厂（墩）遗址。据他描述，"明时采珠内监所驻，有城，四门，内官署及巡道署废址犹存于城之东隅"。[3]

与廉州府一样，正统时期雷州府乐民池附近也曾建太监厂，但维持未久。[4]如嘉靖年间两广提督林富所言，由于"成化、弘治年间乐民珠池所产日少"，加上正德年间守池太监赵兰因激变雷民被裁革，原本"设有内官二员分地看守"的官方采珠格局逐渐演变成"惟廉珠池一向存留守"。[5]因此，由上述白龙厂（墩）内监采珠衙门统辖的珠场巡检司和廉州沿海水寨，长期构成拱卫珠池、防范珠盗的主要武力，额设守兵144名。[6]崇祯《廉州府志》对此有扼要叙述：

> 白龙墩，府南七十里，前内监采珠衙门，居八寨之中，珠场巡司衙门、东西八寨俱属管。[7]

所谓"东西八寨"，指位于白龙厂（墩）东面永安千户所属地的乌兔寨、凌禄寨、英罗寨、萧村寨、井村寨、对达寨、丰城寨、黄泥寨，西面的川江寨、陇村

---

〔1〕 北海市白龙珍珠城遗址碑亭现存有宣德年间《宁海寺碑》和《天妃庙记》等碑文，描述了内臣杨得荣营建天妃庙和祭拜海神的活动。有关这些碑文的整理，参见邓兰：《白龙珍珠城古碑考》，《广西社会科学》2003年第3期。

〔2〕 有关"白龙厂"的得名由来，地方文献没有直接记载，按清人屈大均《广东新语》卷15《货语·珠》（第411页）记载合浦海中有上文提及的珠池7处，又称7处珠池之外"而白龙池尤大"，可知在当地传说中，尚有所谓古白龙池存在。白龙厂的得名可能与此有关。

〔3〕 杜臻：《粤闽巡视纪略》卷1，第27页。

〔4〕 万历《雷州府志》卷4《地理志二·珠海》，第191页。同书卷8《建置志·公署》（第241页）又有"太监厂，县西一百五十里乐民所北城外，万历二十七年因采珠故建，今圮"等语，后者应是临时的建置。

〔5〕 林富：《乞罢看守珠池内官疏》，载崇祯《廉州府志》卷11《奏议志》，第171～172页；万历《雷州府志》卷4《地理志二·珠海》，第191页。

〔6〕 万历《广东通志》卷53《郡县志四十·廉州府·珠池》，第375页。

〔7〕 崇祯《廉州府志》卷6《经武志·墩台》，第89页。

寨、调埠寨、白沙寨、武刀寨、龙潭寨、古里寨和西场寨，以及珠池巡检司所在的珠场寨。它们"由西而东而北，凡十七处，分军巡哨，以防盗取之患"，其中英罗寨至对达寨"俱近海，有箔，只宜迁近不可插远"，自川江寨以北"俱近珠池，不可插箔"。[1]"插箔"又称"塞箔"，是广东沿海渔民常用的一种捕捞方式。[2]可见当时珠池附近海域也禁止民众捕捞作业。

　　珠池专官采办制度的确立，对粤西沿海地方社会产生深刻影响。一方面，由于采珠进奉频密，雷廉一带"传闻采取，民各惊疑，多至逃遁"，[3]"珠官一至，百姓远徙，近海百里绝无烟火"。[4]为减少采珠扰民，两广总督林富于嘉靖八年（1529）八月奏请停采珍珠。他历数采珠之弊，说"祖宗时率数十年而一采，未有隔两年一采如今日者也"，但"疏入报，如前旨：采办进用，无得迟误"。[5]不久，林富又退而求其次，上疏奏革守池太监，认为"看守太监一年所费不下千金"，况且他们"倚势为奸，专权生事，宪职不得禁诘，诸司不得干预。非惟费供役之烦，抑且滋攘窃之弊"，建议将守珠事宜改由地方兵备官带管。[6]林富的提议得到兵部尚书李承勋、大学士张孚敬等当朝重臣声援，于嘉靖十一年（1531）得以施行，"一时称快"。[7]但好景不长，万历年间内官奉诏采珠故态复萌，引致民怨沸腾。[8]

　　另一方面，官府对珠池的垄断，给沿海民众数百年来"以采珠为业"的生计带来严重冲击，使得私采珍珠成为一种高风险、高利润的非法海上活动。正如清人杜臻所言，"官既厉禁，小民失业，往往去而为盗"，因此"守益密而盗益多，

---

[1]　崇祯《廉州府志》卷6《经武志・墩台》，第93～94页。

[2]　屈大均《广东新语》卷22《鳞语・渔具》（第562页）对"插箔"有如下描述："箔亦网之类也。每一箔，其崇五尺，广丈。渔者尝合五十箔而为一，其长五十丈。虞其过大，则箔口为鱼房二重以藏鱼。岁三月，大禾已时，鱼始上田。渔人以箔依田塍。一方依水。潮至则张而大，潮退则卷而小，是为塞箔"。

[3]　郭棐：《粤大记》卷29《政事类・珠池》，第855页。

[4]　《李爷德政碑》，该碑现存于北海市白龙珍珠城遗址碑亭。碑文转引自邓兰：《白龙珍珠城古碑考》，《广西社会科学》2003年第3期。

[5]　《明世宗实录》卷104，嘉靖八年八月乙丑。

[6]　林富：《乞罢看守珠池内官疏》，收入崇祯《廉州府志》卷11《奏议志》，第171～172页。

[7]　万历《雷州府志》卷4《地理志二・珠海》，第191～194页；万历《广东通志》卷6《事纪》，第142页。

[8]　有关采珠太监扰民的描述，可参见王川：《市舶太监与南海贸易——明代广东市舶太监研究》。

官兵反借以为市"。[1]不仅本地官民上下参与盗采和买卖,来自珠江三角洲东莞、顺德等县的"奸徒"也时常穿越琼州海峡,"珠禁驰则驾大船以盗珠,珠禁严则驾小艇以行劫;交通捕快,接济番舶,蠹害最甚"。[2]与此同时,与粤西界邻的安南沿海居民也"于海外捕鱼,潜与钦、廉贾客交通,盗余珠池,互相贸易",[3]甚至"劫掠客货"。[4]多股海上势力集聚粤西海域,形成了一个以珠池为中心、亦商亦盗的庞大海上网络,他们频频越禁盗采,让地方政府疲于奔命。

瞿九思《万历武功录》卷3《广东》收录了多个珠盗人物传记,其中"蛋贼苏观升周才雄梁本豪列传"记载了蛋户苏观升、周才雄等人聚党盗珠和买卖的活动:

> 苏观升、周才雄,石城二蛋户也。其先皆安南夷。常款石城塞,涕泣曰:徼人长愿臣仆。由此得充蛋户。阻乌兔、多浪为险矣。两酋皆世擅珠池利,往往交骥大贾,得因而称贷。乃招致四方亡命,日夜殷殷便兵弩,饰斗具,侵犯我禁池。我禁池兵卫甚设。于是诸蛋户乃自度,吾以白挺一日欲横行海岛,非多集枭勇莫可者。益务为富厚以自雄,有如生殖,稍不可意,势且应接豪贾不暇。诸蛋户凛凛于子钱日益增,恐嗣岁必无所得于豪贾。于是聚党数千人,数出劫,雷、廉之间萧然苦兵矣。[5]

石城是粤西高州府属县,与廉州府合浦县界邻,滨临北部湾。至迟在明代中期,该县的乌兔、多浪等沿海一带已经发展出颇具规模的蛋户聚集区,承担向官府缴纳渔课的义务。据万历《高州府志》载:"(石城)县原于附海地方设

---

〔1〕 杜臻:《粤闽巡视纪略》卷1,第31页。

〔2〕 王在晋:《海防纂要》卷1《广东事宜·西路》,第474页。

〔3〕 《明英宗实录》卷317,天顺四年七月乙丑。

〔4〕 《明宪宗实录》卷92,成化七年六月庚戌。

〔5〕 瞿九思:《万历武功录》卷3《广东·蛋贼苏观升周才雄梁本豪列传》,第238页。《万历武功录》卷3记述广东战事,凡列传十四篇,有关"珠盗"的活动散见于《蛋贼苏观升周才雄梁本豪列传》《李茂列传》《珠贼陈镜列传》等篇,述事赅实详赡,极富史料价值,辅以同时期相关当事人的文献记录,可以补充说明以往学界较少关注的明代珠池设防以及采珠群体的身份背景、组织形态和海上活动等情形。参见陈贤波:《明代中后期粤西珠池设防与海上活动》,《学术研究》2012年第12期。

乌兔、多浪、庞村三埠，蛋民□居之，采鱼办课。"[1]关于苏观升、周才雄的先辈因何"长愿臣仆"，得以在乌兔、多浪等地充当蛋户，传记中的说法模棱两可，但强调"两酋皆世擅珠池利"，可知他们采珠获利由来已久，不仅聚党盗珠，侵犯禁池，且频繁流劫雷、廉一带，给地方社会造成严重困扰。

蛋户熟知海利，擅于采珠，早在明初朝廷就曾"差内官于广东布政司起取蜑户采珠，蜑户给与口粮"。[2]苏观升、周才雄等石城蛋户是否参与过官方组织的采珠活动不得而知。由传记中提到他们"往往交驩大贾，得因而称贷"、"诸蛋户廪廪于子钱日益增，恐嗣岁必无所得于豪贾"的内容显示，蛋户敢于侵犯禁池，与当地豪贾珠商的资助有密切关联。所谓"子钱"，本意是贷给他人取息之钱，犹如高利贷。这说明，蛋户出海采珠的动力来自官方以外的珍珠买卖和借贷市场，由于采珠所得日益不足于偿还本息，诱使他们铤而走险，终究酿成祸患。

万历七年（1579），苏观升、周才雄以蛋户聚居的乌兔埠为基地，筑建军事壁垒。由上揭传记所载，他们"使梓人采大木十韦以上，建屋居，令部曲相保，为堑垒，木樵校联不绝，开东西二大门，其一门面大海，往来幸得通，它门皆重封"，已拥有船只达十八艘之多。直到万历九年（1581），雷州、廉州和高州三地官兵合力剿捕，先后生获苏观升、周才雄等400余人，这个颇具规模的"珠盗"基地才被彻底捣毁。[3]

与苏观升、周才雄的蛋户身份不同，同书卷3《广东》之"李茂列传"记载的是"专以侵珠为务"的海寇集团与官府的周旋：

> 李茂者，海南抚民也。初酋长林凤之乱，茂常为爪牙，有状。无何，凤遂逃入于海，朋党益衰。隆庆末，茂以八十艘大入乐会，会学傅邓万行县事，遣尉蒋志逊击之不克，茂遂破县及文昌。于是给谏梁问孟劾奏，万免官。顷茂自面缚，请归降，令得居郵前，视犹编户氓也。茂部兵得归桑梓者凡二百三十五人，入县版图者凡一百五十七人。……其后戊寅（笔者按：万历六年，1578），茂等竟聚党千余人，盗取珠池，都御史凌云翼檄

〔1〕　万历《高州府志》卷7《纪事》，第111～112页。
〔2〕　嘉靖《广东通志》卷25《民物志六·珠池》，第649页。
〔3〕　瞿九思：《万历武功录》卷3《广东·蛋贼苏观升周才雄梁本豪列传》，第239～242页。

县官槛车傅茂及得乐等军门，因抚谕之，二酋复居海南如初。其后丁亥
（笔者按：万历十五年，1587）冬复大入珠池，拒杀我海上楼船卒。[1]

由上可知，李茂曾与当时横行海上的闽广巨寇林凤结党倡乱，[2]隆庆末年攻破
琼州府乐会、文昌等县，后主动请抚，被安插在邮前。邮前又称铺前，为琼州
府北面滨海之地。表面上李茂在邮前受抚，实则暗中聚党盗珠，前后达十年
之久。当时人称他们"抚之后为良民，而攘民间利如故，频扬帆西向，采珠合
浦"，斥之为"澳党"。[3]邮前逐渐沦为"珠盗"的避风港。

为根除隐患，万历十六年（1588）巡按御史蔡梦说决定重新安插李茂及
其同党陈德乐于琼州府城中，同时驱散其党羽。对此，上揭传记接着写道：

会御史蔡梦说行县，遣同知董志毅没茂及德乐舟舻入县官。海上非
藤布小舟，一切焚之，亟散党，徙二酋居城中。无何，茂自毁败邮前庐舍
如令。而其徒党犹鼓舟舻，远窜在海上乎。

官府这样做的目的无非是监视他们出海盗珠，但棋差一着。由于事先
"茂与诸偷盗约：每十吾与乐取其六"，这些"远窜在海上"的李茂党羽仍旧
"鼓棹而入池，专以侵珠为务"，"诸偷勇于奔禽也"。[4]由此可见，身处府城的
李茂和陈德乐始终与潜逃在外的党羽互通声息，操纵盗采和买卖。

李茂最终被捕，事在万历十七年（1589）。对此，传记中仅仅写道，该年
正月二十一日，"参将杨友桂乘胜逐北，生获李茂、陈德乐、陈朝纲、那二、洪怀
漳，乃逮击琼州"。至于对其同党的搜捕一直持续到万历十八年（1590）三
月，据称"斩首捕虏凡五百七十级，器械凡四百二十有奇"。[5]抓捕的过程大

〔1〕瞿九思：《万历武功录》卷3《广东·李茂列传》，第235页。
〔2〕有关林凤的海上活动，可见陈学霖：《张居正文集之闽广海寇史料分析》，陈学霖：《明代人
　物与史料》，第321～360页；林仁川：《明末清初私人海上贸易》，第110页。《万历武功录》
　卷3《广东》也有《林道乾诸良宝林凤列传》述林凤倡乱史事。
〔3〕许子伟：《巡按蔡公散澳党碑记》，载万历《琼州府志》卷11《艺文志》，日本藏罕见中国地
　方志丛刊，书目文献出版社1990年据明万历刻本影印，第563页。
〔4〕瞿九思：《万历武功录》卷3《广东·李茂列传》，第235页。
〔5〕瞿九思：《万历武功录》卷3《广东·李茂列传》，第236～238页。

动干戈,但最值得注意之处,是各级官兵从中渔利的勾当相继被揭露出来。传记中对此着墨不多,仅有"给事中张希皋上书数杨友桂罪"、"诏免杨友桂官"等寥寥数语。《明实录》和万历《琼州府志》保留有这方面较详细的记录,可资补证:

> (万历十七年四月丁丑)茂等阳就招抚,尚拥众据住海南铺前。其党屡盗珠池。有司计散之。留者买田归农。茂自投督府宥罪。久之为盗如故。所司收其船器,拆毁庐舍,移居府城,终弗悛也。因捕治之。参将陈居仁、杨友桂各利其资,纵去贼党扬帆入海,袭破清澜城,又犯万州陵水,毁民居及兵船商舶。总督刘继文先后以闻。兵科都给事中张希皋□(劾)友桂可罪者四,贼势可虑者四,俱下兵部。[1]
>
> (万历)十七年春正月,雷廉游击陈居仁与把总童龙卖池通盗,广寇陈镜等连艘百余出没池中。总督刘继文令总兵李栋率舟师往剿,所部游击沈茂欲凭兵威挟索澳贿,乃令珠贼梁舆等供报陈德乐盗池状,参将杨友桂亦利得赂,遂诱德乐、李茂入擒之,搜捕余众。[2]

由此可知,在整个事件中,不少沿海将领与海寇沆瀣一气。他们收受贿赂,对"珠盗"阳禁阴纵,进一步加剧了时局的起伏。

位于合浦县南面浅海,离岸仅21海里的岛屿——涠洲岛,在周边海域的采珠和渔捞作业中,一直以来是渔民候泊栖止的港湾,成为官府与"珠盗"周旋角力的舞台。由此,涠洲岛的设防问题也就成为整个海域防御布局的关键。

目前所知最早明确记载涠洲岛的传世文献,当推晋人刘欣期《交州记》一书,有言:

> 合浦八十里有围洲,周迴百里。[3]
> 合浦围洲有石室。其里一石如鼓形。见榴木杖倚着石壁。采珠人

〔1〕《明神宗实录》卷210,万历十七年四月丁丑。
〔2〕万历《琼州府志》卷8《海黎志·海寇》,第250页。
〔3〕刘欣期:《交州记》卷2,丛书集成新编第97册,新文丰出版公司1985年,第476页。

常致祭焉。[1]

　　与涠洲岛隔海相望的北海地区和雷州半岛,汉晋时期属合浦郡管辖。《交州记》所谓"采珠人",在明清文献中一般称为"蜑(蛋)人",特指采珠的渔民群体,如嘉靖《广东通志》引《杂记》曰:"珠池居海中,蜑人没而得蚌剖珠";[2]有时也泛指当地百姓,如屈大均(1630~1696)《广东新语》有言:"产合浦之地者,多称珠人。"[3]上引《交州记》的意义不在于指出涠洲古地名"围洲",重要的是表明当时岛上已经出现了以采珠渔民为主体的固定祭祀场所。由于涠洲岛与合浦之间的北部湾海域盛产珍珠,至迟在刘欣期所处的汉晋时期,采珠已经成为当地百姓日常生活和商贸活动的重要组成部分。《后汉书·循吏列传》载汉顺帝时期(126~144)孟尝担任合浦太守时,"郡不产谷实,而海出珠宝,与交趾比境,常通商贩,贸籴粮食"。[4]又如《晋书》载陶璜自交州上表曰:"合浦郡土地硗确,无有田农,百姓唯以采珠为业,商贾去来,以珠贸米。"[5]不仅百姓以采珠为业,地方政府也参与采珠进贡。由于官私采珠业兴盛,我们不难推知,早在汉晋时期这座离岸不远的海岛即便尚未形成聚落,至少也是出海采珠的渔民经常性避风栖止的场所。

　　从洪武三年(1370)始,涠洲岛由雷州府遂溪县西八都蚕村的涠洲巡检司管辖,[6]额设巡检一员,徭编弓兵三十名。[7]明初天下要冲处皆设巡检司,缉查奸细,说明官府很早就把涠洲纳入巡防体系。然而涠洲巡检司毕竟设在雷州半岛上,以岛屿为信地,随后雷州府裁汰弓兵,每司仅存八名供巡检使令,甚至"巡检客居郡县城,兵随之,信地空虚",缉查地方之责成为虚文,到万历年间已革除。[8]在嘉靖四十五年(1566)吴桂芳的水寨筹划中,位于雷州府海康县的乌兔水寨信地也包括了珠池在内的北部湾海域,但如前所述,万

---

〔1〕 刘欣期:《交州记》卷2,第477页。

〔2〕 嘉靖《广东通志》卷25《民物志六·珠池》,第648页。

〔3〕 屈大均:《广东新语》卷15《货语·珠》,第411~416页。

〔4〕 范晔:《后汉书》卷76《循吏列传·孟尝》,中华书局1965年,第2473页。

〔5〕 房玄龄等:《晋书》卷57《陶璜列传》,第1561页。

〔6〕 万历《雷州府志》卷8《建置志·公署》,第241页。

〔7〕 应槚、凌云翼、刘尧海等修:《苍梧总督军门志》卷8《兵防五·巡检司官兵》,第109页。

〔8〕 万历《雷州府志》卷12《兵防志一·军制》,第335页。万历《明会典》卷139《兵部二十二·关津二》(第719页)有言:"雷州府旧有遂溪县涠洲、徐闻县遇贤各巡检司,俱革。"

历四年（1576）凌云翼基于倭寇攻击阳电一带的形势，奏请裁革乌兔寨，将其兵船部分划归新设的北津寨，部分则增入白沙寨。乌兔寨裁革之后，"珠贼为患"的局面由此愈演愈烈。

可能是地方官出于"移民殖边"的考虑，万历六年（1578）曾"移雷州民耕住其地"。[1]当日移民涠洲岛的情形不详，但"珠贼为患"的局面并未因此好转：

> 万历十三、四年，新、顺、东莞等县奸徒聚至三四百艘，倚涠州一岛，屹恃中流为窟，几成变故，驱逐乃散。[2]

东莞、顺德、新会等县船只大批聚集涠洲岛不足为奇。官府早前就曾因他们"往来买卖，熟知海利"，大量雇佣东莞等地船只采珠。[3]但他们频频越禁私采也让官府极为困扰。万历末年刊行的《海防纂要》就直言，东莞等县"皆盗贼渊薮也。每藏集凶徒，肆行抢掠。珠禁驰则驾大船以盗珠，珠禁严则驾小艇以行劫。交通捕快，接济番舶，蠹害甚甚"。[4]

让官府始料不及的是，耕住涠洲的居民非但没能发挥守护珠池的作用，反而倒戈接济"珠盗"，最后只得设法又将他们徙入内地。万历《雷州府志》收录《检讨邓宗龄记》载：

> 天妃于海神最灵。诸渡者必走谒祠问吉凶。或中流难起，则舟人匍匐叩神，望赤光荧薄帆樯则神来也，舟人无恐矣。以故濒海在在置祠。而涠洲孤岛立起海中，沃壤而邻于珠池。亡命啸聚辄操大艇阑入剽窃，则居民载酒牛酬糈饷之。神恶其弗率也，时见梦于居民曰："若不捕奸而歹于佐奸，罪浮于奸。若不悛，大师且至。吾不能为若庇矣。"涠洲民惴惴大恐。而监司王公民顺、参军陈公居仁廉，得其状，谓全粤何赖于撮土而令之延□以种祸，宜罢之。便乃以事白制府吴公文华，请尽罢涠洲税而徙其民于内地。吴公报可。遂遣材官具舳舻载之。材官以告神，神欣

---

〔1〕　崇祯《廉州府志》卷6《经武志·涠洲游击》，第91页。
〔2〕　万历《雷州府志》卷13《兵防志二·武镇》，第354页。
〔3〕　林富：《乞罢采珠疏》，载崇祯《廉州府志》卷11《奏议志》，第166页。
〔4〕　王在晋：《海防纂要》卷1《广东事宜·西路》，第474页。

然从也。乃奉其像舆,父老子弟俱来,悉入郡祠中。[1]

这里的"郡祠"指雷州府城南亭坊的天妃庙,旧有行祠,从正统到嘉靖年间曾多次重修。[2]这篇记文描述的是万历十五年(1587)天妃庙的一次重修。王民顺、陈居仁、吴文华等官员将涠洲天妃神像迁入郡祠的同时,也"尽罢涠洲税而徙其民于内地"。邓宗龄的说法充满神话色彩,值得注意之处在它显示了当时"亡命啸聚"盗采珠池而涠洲居民"载酒牛酺糈饷之"的社会背景。字里行间与其说记述了天妃显灵的"神迹",毋宁是官僚士大夫借用神灵的口吻警告涠洲居民"歼于佐奸,罪浮于奸"的行为。民盗难分的海岛局势,由此可见一斑。

罢税和回迁涠洲居民不等于弃守。事实上,从万历初年始,涠洲一带海域就由雷州府广海游击往来汛守。据黄中青对明中期广东水寨游兵的研究,一般做法是:寻找数个常为倭寇或海贼据以为巢穴,或者适宜停泊船只的小岛,在岛上设置游哨,每年汛期哨官督领战船驻扎于此。[3]有意思的是,往来汛守的海防安排很可能一开始就遭到官兵的抵制。清初巡视广东海防设施的钦差大臣杜臻曾了解到:

> (涠洲)居民因珠盗充斥,尽徙内地。万历初移广海游击将战舰三十以戍之。十四年,有侯游击者惮其险远,请分所将战舰为二,自统其半驻永安,余使其属统之守滨涾。雷州府同知徐学周建议驳之曰:"将,心也;卒,手足也。谓心与手足可异处乎!涠洲绝险,故不可撤备。滨涾密迩珠池,彼所求驻者,意在盗珠耳。"议上,侯游击之请格不行。[4]

"侯游击"提议将驻扎地从岛上迁至廉州府海岸的永安千户所和滨涾两地,遭到雷州府同知徐学周否决而未果。事情发生在上述万历十三、四年

---

[1] 邓宗龄:《检讨邓宗龄记》,收入万历《雷州府志》卷11《秩祀志·天妃庙》,第313~314页。

[2] 李璠:《郡人御史李璠记》,收入万历《雷州府志》卷11《秩祀志·天妃庙》,第313页。

[3] 黄中青:《明代海防的水寨与游兵——浙闽粤沿海岛屿防卫的建置与解体》,第138页。

[4] 杜臻:《粤闽巡视纪略》卷1,第34页。括号文字为笔者所加。

（1585～1586）东莞等县船只大批聚集涠洲岛前后，不禁让人怀疑官兵们平日"惮其险远"，也疏于巡哨。而从地方官的言辞推测，他们很可能也暗地参与"盗珠"牟利。

就在前述万历十八年（1590）剿灭李茂集团之后，朝廷以"钦差镇守广东涠洲游击将军"专驻岛上，[1]取代了上述往来汛守的权宜做法，涠洲岛在区域海防格局中的地位进一步提升。崇祯八年（1635）游击张绍良撰《永安营题名碑记》对此有扼要回顾：

> 涠洲者，古之小蓬莱也。孤悬溟渤中，四望无际。斜阳岭屹峙于南。六珠池环互于北面东西，雷廉琼崖交趾如棋错而不可睥睨。神宗十八年始设游击将军驻扎于此，因改今名。是时游击为漳南陈公起元。其奉敕莅止也，披荆棘辟草莱，建城堡创衙宇，已乃招兵抚民，而涠洲遂成重镇焉。……战船六十只，官兵一千八百员名。雄视海天，鲸鲵灭迹。故朝廷无后顾之忧焉。后因涠洲峻石巉岩，泊舟匪便，二十七年适有开采之役，移驻涠洲游击于永安所。[2]

按明制，凡天下要害地方皆设官统兵镇戍，其总镇一方者曰镇守，"或挂将印，或不挂印，皆曰总兵，次曰副总兵，又次曰参将，又次曰游击将军。旧于公侯伯都督指挥等官内推充任"。[3]首任涠洲游击将军陈震（起元）即从漳州卫指挥调任。[4]由碑记可知，游击将军陈震在任上有营建城堡衙宇和招兵抚民之举。后来由于"泊舟匪便"和采珠之役才移驻廉州府岸上的永安所。一说游击府"万历十八年初建于涠洲，寻为风毁。二十年改迁永安所城内，即海防公署，而以涠洲为汛"。[5]不管如何，涠洲游击将军至迟在万历二十七年（1599）迁离涠洲岛，改驻永安所城，成为定制。

---

〔1〕 据《钦差镇守广东涠洲游击将军黄公去思碑》，万历二十九年立，现存于北海市白龙城遗址碑亭。碑文载北海市地方志办公室编《北海史稿汇纂》（方志出版社2006年）第566页。
〔2〕 民国《合浦县志》卷6《杂志》，广东历代方志集成，岭南美术出版社2009年影印本，第669～670页。
〔3〕 申时行等撰：《明会典》卷126《兵部九·镇戍一·将领上》，第648页。
〔4〕 崇祯《廉州府志》卷6《经武志·涠洲游击》，第91页。
〔5〕 万历《广东通志》卷53《兵防·兵署》，第369页。

有关涠洲游击的兵力情况，上述《永安营题名碑记》载有战船60只，官兵1 800名。查《明实录》万历三十八年（1610）六月兵部覆两广总督戴燿《征黎善后四议》，有"涠洲游击原设水兵一千四百名，专为防守珠池"等语。[1]万历《广东通志》（万历三十年刻本）则载涠洲游击各哨战船共52只，官兵杂役1 351名。[2]略相当于一个千户所的兵力规模。[3]考虑到文献成书年代有别，兵额稍有出入，很可能是不同时期增裁记录的结果。

至于巡哨区域，万历《雷州府志》仅笼统地说："十八年始议设游击一员专剳涠州防汛，割海康东场角起至钦州龙门止皆属之。"[4]另据万历《广东通志》记载涠洲游击信地和兵力分布情形如下：

> 中军哨把总一员，战船九只，防守永安、对达，兼哨涠洲、对乐、乌坭、平江、杨梅、青莺、断望等信地。
>
> 左部分总一员，前队哨官一员，战船十只，分扎东场、海康、乐民、博里、包金、调楼等信地。左队哨官一员，战船十只，分剳断洲、对达、英罗、嘴多、浪禄地等信地。
>
> 右部分总一员，右队哨官一员，战船八只，分扎龙门港、白沙、滨淀、竹林、武刀等信地。后队哨官一员，战船九只，分剳和融、榕根、大濂、谢家、川江等新地。
>
> 蛋总一员，战船六只，防守钦州龙门港信地。[5]

由上可见，涠洲游击的巡哨范围涵括了东起雷州府海康县东场，西至廉州府钦州龙门港的环北部湾海域。按照这一海防体系，涠洲岛由中军哨把总巡哨，成为重要的军事前哨站。

---

〔1〕《明神宗实录》卷472，万历三十八年六月庚子。
〔2〕万历《广东通志》卷53《兵防·兵额》，第370页。
〔3〕按明制，卫所额军均有定数，大概以5 600名为一卫，1 120名为一千户所，112名为一百户所。当然，由于明中后期兵制败坏，一般卫所都无法维持这个额数。有关明代卫所制度的基本情形，可参见于志嘉《明代军户世袭制度》（学生书局1987年）。
〔4〕万历《雷州府志》卷13《兵防志二·武镇》，第354页。
〔5〕万历《广东通志》卷53《兵防·兵额》，第370页。明代廉州采珠，多役用蛋户，据杜臻《粤闽巡视纪略》卷1所言，"蛋户……廉州采珠多用之，兹用为戍长，取其习知海事也"，因此在蛋户聚集的龙门港地区也设有蛋总一员常驻于此，统于涠洲游击。

　　涠洲游击设立初期发挥了防守珠池的震慑作用。万历十九年（1591）六月兵部为游击将军陈震等人首叙战功，奏称："雷廉珠池自涠州设有专官，外寇远遁，内盗随擒。"〔1〕万历二十九年（1601）游击将军黄忠调任它地，当地官民为他立去思碑，其中也有"公既至，盗贼闻公威望，戢弓□弋者十之六七，公乃严檄之"等语。〔2〕不过，此后种种迹象显示，涠洲游击的作用和地方社会局势仍让人堪忧：万历三十五年（1607）冬，"交趾贼"突袭钦州，逼近廉州府城，涠洲游击张继科自永安驻地发兵，"次葛麻山不前，使贼去复来，如入无人之境"，时人痛斥其"罪不容于死矣，何以兵为"；〔3〕万历四十六年（1618）六月，涠州游击王熙"听勘以交夷入犯"被革任；〔4〕天启二年（1622）四月，涠州游击陈文炀被告发"赃私狼藉"革任；〔5〕崇祯三、四年间（1630～1631），廉州滨海近地发现新珠池，"近海愚民、守海营官公然盗珠，樯橹相击"。〔6〕

　　概言之，以涠洲岛为中心的滨海社会动荡和海防设施演变，始终围绕官府的珠池禁防政策展开。然而防守官兵阳禁阴纵，从中牟利，"外寇"和"内盗"纵横交错，正所谓"官既厉禁，小民失业，往往去而为盗。……乃守益密而盗益多。官兵反借以为市"。〔7〕官、民与盗三者之间身份界限模糊，竞相逐利，从一侧面反映了明代中后期广东沿海地区的社会乱象。〔8〕

四、水寨兵船防御体系的运营构造

　　经过隆庆、万历年间殷正茂、凌云翼、刘尧诲等几任督抚的海防改革，嘉靖末年吴桂芳筹划的柘林、碣石、南头、白鸽门、白沙、乌兔六个水寨先后调整

---

〔1〕《明神宗实录》卷237，万历十九年六月甲午。
〔2〕据《钦差镇守广东涠洲游击将军黄公去思碑》。
〔3〕崇祯《廉州府志》卷1《图经志》，第22页。
〔4〕《明神宗实录》卷571，万历四十六年六月壬戌。
〔5〕《明熹宗实录》卷21，天启二年四月戊子。
〔6〕崇祯《廉州府志》卷1《图经志》，第24页。
〔7〕杜臻：《粤闽巡视纪略》卷1，第31页。
〔8〕陈春声描述过明代中后期粤东乡村社会的军事化和社会转型，同样可见官、民和盗之间身份关系的复杂性，参见陈春声：《嘉靖"倭乱"与潮州地方文献编修之关系——以〈东里志〉的研究为中心》，《潮学研究》第5辑，汕头大学出版社1996年，第65～85页。陈春声：《从"倭乱"到"迁海"——明末清初潮州地方动乱与乡村社会变迁》，《明清论丛》第2辑，第73～106页。

增置,陆续增设了上述北津、广海、莲头、限门、双鱼、虎头门等若干个沿海水寨,又分别在粤东海域的南澳岛和粤西北部湾涠洲岛增设了漳潮副总兵和涠洲游击,对将官的权责辖属也做出相应调整,重新划分信地和调拨兵船,补充了全省三路防御薄弱区域。至万历年间以水寨兵船为中心新的防御体系基本定型,取代了明初以来卫所军壮巡海备倭的旧制。崇祯《肇庆府志》在描述万历四年(1576)北津水寨"专司防海"之后道,"自是县所军壮备倭事理掣革无存矣",说的正是这一深刻转变。[1]我们在本文开篇征引万历《雷州府志》更直截了当地指出,白鸽寨设于通明港,添设钦依把总一员领兵驻扎防守,"备倭之制遂变为水寨矣"。[2]

两广总督萧彦于万历十九年(1591)有鉴于嘉靖四十一年(1562)初刻、郑若曾编纂的《筹海图编》已经不足以反映隆庆、万历以后沿海海防的变动情况,嘱命邓钟加以重辑,着重增补了隆庆万历时期的海防事实,于万历二十年(1592)刊行《筹海重编》,对广东海防实态记载尤其详细可靠。其中卷3《广东兵防官考》一节为我们提供了新时期水寨兵船防御体系中有关将领、兵船、官兵、信地等最简明扼要的描述,[3]对比《筹海图编》的相关记载,适可作为了解海防体制转变的提纲。兹将两书相关内容对比列表如下:

表七 广东海防官兵情况

《筹海图编》卷3《广东兵防官考》	《筹海重编》卷3《广东兵防官考》
提督两广军务兼巡抚都御史,驻梧州。旧尝设总督两广都御史,事平即归,非常设,故不载。	镇守总兵官,驻扎省城,各路将领俱属节制,有坐营官统领标下客土兵三营,又中擢左右二部兵船各十只,官兵各四百二十五员名,泊虎头门,专听调度策应。
镇守两广总兵官,驻梧州。	潮漳副总兵,驻扎南澳,柘林守备专属调度,有广营陆兵三百名,又中哨兵船一十三只,官兵三百五十六员名,专听坐驾,遇警追击。
巡按广东监察御史。	潮州参将,驻扎潮州,遇汛则出驻大城等所,有陆兵五营,专听调度,兵遇汛亦出沿海。

---

[1] 崇祯《肇庆府志》卷6《兵防志一·海防》,第475页。
[2] 万历《雷州府志》卷13《兵防二·兵船》,第356~358页。
[3] 邓钟重辑:《筹海重编》卷3《广东兵防官考》,第61页。

《筹海图编》卷3《广东兵防官考》	《筹海重编》卷3《广东兵防官考》
巡视海道副使,额设专为备倭,并防捕海盗。	惠州参将,驻扎惠州,遇汛则出驻碣石卫,有陆兵四营,碣石把总专听调度。
整饬琼州兵备副使。	南头参将,驻扎新安县,遇汛出海,大小船五十三只,官兵一千四百九十四员名,陆兵一营,自巽寮港接碣石信地起,历大鹏、佛堂、横琴、三灶,至三角洲止,与广海信地相接,广海守备、虎头门把总俱属节制。
整饬清远兵备副使。	雷廉参将,驻扎雷州,陆兵二营,白鸽门把总专听调度。
整饬清远佥事。	琼崖参将,春冬驻琼州,夏秋驻崖州,陆兵五营,白沙把总、三亚分总俱听调度。
整饬高肇兵备佥事。	涠洲游击,驻扎涠洲,兵船大小四十九只,官兵一千六百六员名,自海安所接白鸽信地起,历海康、乐民、乾体港至钦州龙门港止,皆其信地。
整饬惠潮兵备佥事。	柘林守备,该寨原大小兵船四十五只,官兵一千一百七十五员名,近添防倭战船二十五只,新增官兵一千二百八十五员名,自福建游兵交界起,历南澳、长沙尾、马耳、河渡门、海门等处,至惠来神泉港止,皆其信地,与碣石相接。
整饬雷廉兵备佥事。	碣石把总,该寨兵船大小三十四只,官兵八百五十四员名,自神泉港接柘林信地起,历甲子港、田尾洋、白沙湖、长沙等处,至大星山巽寮港止,皆其信地,与南头相接。
市舶提举司提举,驻扎广州。	虎头门把总,该寨大小兵船二十只,官兵四百四十员名,东南接黑石角南头信地,西至香山界,北至布涌哨界。
分守琼崖参将。	广海守备,该寨原大小兵船一十八只,官兵七百四十七员名,今增兵船十只,兵三百三十五名,自三角洲接南头信地起,至芒洲娘澳止,与北津信地相接。

（续　表）

《筹海图编》卷3《广东兵防官考》	《筹海重编》卷3《广东兵防官考》
分守高肇韶广参将。	北津把总，该寨大小兵船三十四只，官兵九百七十六员名，自芒洲娘澳接广海信地起，历海陵放鸡莲头至吴川赤水港止，与白鸽信地相接。
分守惠潮参将。	白鸽门把总，该寨大小兵船二十八只，官兵八百四十六员名，自赤水港接北津信地起历限门、沙头洋至海安所止，与涠洲信地相接。
总督广东备倭，以都指挥体统行事	白沙把总，该寨远设海外，驻扎白沙，大小兵船三十只，官兵八百七十八员名，如文昌、清澜、会同、乐会、澄迈、临高、儋州、昌化、陵水、万州、感恩、鱼鳞洲等海洋皆其信地，东接白鸽，西接涠洲各海界。
守备惠潮，以都指挥体统行事。	

资料来源：郑若曾：《筹海图编》卷3《广东兵防官考》，第232～233页；邓钟重辑：《筹海重编》卷3《广东兵防官考》，第61页。

可以看出，尽管《筹海图编》力图描述海防管理体制，但只是笼统地介绍当时广东的文武职官员，不仅把主管海外贸易的市舶提举司提举，也把基本无涉海防事宜的多个陆路参将也一并收入。到了万历年间广东官方修订的《筹海重编》，已经非常准确地描述专司和兼管海防事宜的广东武职官员，特别是对广东总兵拥有专属兵船（兵船20只，官兵850名）驻扎虎头门，以及潮漳副总兵将官水陆兵船的情况均有清楚的描述。以往的研究一般依据《苍梧总督军门志》的相关记载来描述明代中后期广东的海防体制，但由于成书年代稍早，仅能反映最后的编撰者刘尧诲任官期间即万历六年至万历九年（1578～1581）的情形，[1]至于上面提到的限门、海朗、双鱼、虎头门、广海等陆续增置的水寨以及涠洲游击等，均无法纳入新的海防体制加以考量（附图一）。如果以邓钟重辑《筹海重编》为中心，结合《苍梧总督军门志》和相关地方志书的记载，万历年间新体制下各个水寨和游击的相互隶属关系以及官兵、战船，反映了整个沿海防御的轮廓（表八）。

---

〔1〕 关于刘尧诲的两广任期情况，参见吴廷燮：《明督抚年表》，第663页。

表八　万历年间广东沿海水寨游击情况

水寨或游击	将　　官		官　兵	战　船
柘林寨	柘林守备一员	漳潮副总兵	2 460员名	70只
碣石寨	碣石把总一员	惠州参将	854员名	34只
南头寨	南头参将		1 494员名	53只
虎头门寨	初设虎头门守备一员,万历二十年改虎头门把总一员	南头参将	820余名	30只
广海寨	广海守备一员	南头参将	1 082员名	28只
北津寨	北津把总一员、抚民把总一员	阳电参将（后革）	976员名	34只
海朗寨	海朗把总一员		154员名	12只
双鱼寨	双鱼把总一员		444员名	12只
莲头寨	莲头分总一员		487员名	15只
限门寨	限门分总一员		501员名	17只
白鸽门寨	白鸽门把总一员	雷廉参将	846员名	28只
润洲游击	润洲游击一员		1 606员名	49只
白沙寨	白沙把总一员	琼崖参将	878员名	30只

资料来源：应槚、凌云翼、刘尧诲等：《苍梧总督军门志》卷6《兵防一》，第97～98页；冒起宗：《拙存堂逸稿》卷6《文牍图说》，第220页。万历《高州府志》卷2《戎备》，第28～29页。
注：莲头寨和限门寨兵力战船数目采自万历《高州府志》。

如此大规模的水寨、游击兵船星罗棋布于全省沿海要冲，各自划定信地范围，如何实现日常巡海会哨呢？邓钟重辑的《筹海重编》绘有当时广东海防舆图，详细标明了沿海水寨、游击、适宜泊船港澳等情况，基本可以反映巡海会哨的轮廓（附图二）。实际上，有关水寨兵船巡海会哨的制度安排，至迟在两广总督刘尧诲任内已经定型。根据两广总督刘尧诲于万历七年（1579）制定出台的《六寨会哨法》，[1]可知广东各水寨分定正、游二兵，分番哨捕，每

---

〔1〕　应槚、凌云翼、刘尧诲等修：《苍梧总督军门志》卷5《舆图三·六寨会哨法》，第95～96页。

月守、把官率领兵船会于界上险要,取具各地方卫所巡司结报。具体的做法如下表:

表九　沿海六水寨分哨结报情况

寨　名	驻　地	分　哨　结　报　情　况
柘林寨	该寨兵船住劄本寨	东与福建玄钟兵船会哨,取玄钟所结报。
		仍分二官哨,一住劄马耳哨至河渡门,一住河渡门至海门。西至神泉,与碣石兵船会哨,取神泉巡司结报。
碣石寨	该寨兵船住劄甲子港	东至神泉与柘林兵船会哨,取神泉巡司结报。
		仍分一官哨,冬春泊田尾洋,夏秋泊白沙湖。哨逻长沙一带,西至大星山,与南头兵船会哨,取大鹏所结报。
南头寨	该寨兵船住劄屯门	分二官哨,一出佛堂门,东至大鹏,停泊大星,与碣石兵船会哨,取平海所结报;
		一出浪白、横琴、三灶,西至大金,与北津兵船会哨,取广海卫结报。
北津寨	该寨兵船住劄海陵㦸船湾	分二官哨,一至三洲上下川,哨逻大金、铜鼓,东与南头兵船会哨,取广海卫结报;
		一至放鸡、连头,西与白鸽门兵船会哨,取吴川所结报。
白鸽门寨	该寨兵船住劄沙头洋	分二官哨,一至赤水西,与北津兵船会哨,取吴川所结报;
		一至海康,哨逻涠洲一带,与新移泊守龙门乾体港兵船会哨,取凌禄巡司结报即回,不许在彼住泊。
白沙寨	驻扎白沙港	该寨兵船正兵二官哨,住泊白沙港,一自东而下,哨逻文昌、清澜、会同,至乐会县博敖港,与三亚兵船会哨,取乐会县结报;
		一自西而下,哨逻澄迈、临高、儋州,至昌化英潮港,与三亚兵船会哨,取昌化县结报。
		又游兵二官哨,住泊三亚港,一自东而上,哨逻陵水、万州,至乐会县博敖港,与白沙兵船会哨,取乐会县结报;
		一自西而上,哨逻感恩县鱼鳞洲、昌化县英潮港,与白沙兵船会哨,取昌化县结报。

资料来源:应槚、凌云翼、刘尧海等修:《苍梧总督军门志》卷5《舆图三·六寨会哨法》,第95～96页。

由于各寨划分信地,会哨结报,明确职守,为了防止它们在突发寇乱时各守信地、相互推诿,刘尧诲还议行《水寨事例》,规定在日常的巡哨中,各寨各卫所巡司所分管信地俱以海图为准,有失事者各照信地论罪,平时游哨防守、稽察奸细俱查照信地所止,但是一旦邀击贼船则应不限常界,"听其便宜出入":

> 各寨遇警每以风力不便,借口偃寨,然贼可往,我兵可追,前寨船迎敌,合击自可成功。今后将领务要恪守原颁军令,一有贼警,即哨报南北邻寨,合综策应,无限疆界。风南而贼自南来也,责在南寨,即贼过南寨之信地也,亦必分兵尾贼之后,而北会于邻寨以并击之。风北而贼自北来也,责在北寨,即贼过北寨之信地也,亦必分兵尾贼之后,而南会于邻寨以并击之。有功,则受贼之寨与追贼之寨同叙;失事,则追贼之寨与受贼之寨同罚。如贼势重大,沿海各寨仍俱听总兵官调遣,各该参备不得以信地为辞,阻兵自固。如违,听总兵官参究。[1]

我们注意到,这一时期的水寨体制运作特别强调水陆防御的结合。表七显示柘林寨、碣石寨、南头寨、广海寨、北津寨、白鸽门寨、白沙寨等均由水陆兼管的参将节制,即反映了陆防和海防联动的制度设计。在实际运作中,水陆官兵相为犄角合力擒剿寇盗在《水寨事例》也有明确的指引:

> 凡各处贼警,如贼船在外洋行使,系信地水寨哨等飞报;如贼入内洋,或登岸或未登岸,系水寨、州县飞报。如哨探不明而妄报与隐捏不报、报不以实者,各有罪。该州县报到得实而水寨不报者,定将水寨官拿解军门;水寨报贼入内得实而州县不报者,定将各巡捕官并该州县兵房吏拿解处治,若因而失事者俱处以军法,州县掌印官并究。凡一应警报,径差的当人役驰报军门施行。
>
> 凡营寨水陆官兵相为犄角,每遇海上贼警,各该参备即督率该营总哨趋赴海滨津要之处查照信地,与同该水寨军兵内外协应,以助声势,仍行各乡澳、保甲人等及各巡司严加堤备,俟贼登岸即并力擒剿。如兵哨

〔1〕　应槚、凌云翼、刘尧诲等修:《苍梧总督军门志》卷22《事例·水寨事例》,第236页。

不用命，听把总径自处治；把总不前进，听参、备绑解来军门处治。[1]

刘尧诲任内出台的《六寨会哨法》和《水寨事例》的相关规定仅限于柘林、碣石、南头、北津、白鸽门、白沙六寨，考虑到前述若干个水寨和游击增置于《六寨会哨法》之后，相关的信地划分和会哨方法自然也相应调整。譬如涠洲游击于万历十八年（1590）增置，《六寨会哨法》中原本白鸽门寨的部分信地，即"一至海康，哨逻围洲一带，与新移泊守龙门乾体港兵船会哨，取凌禄巡司结报即回，不许在彼住泊"，相应也就改由涠洲游击巡哨（参见本章第三节相关内容）。

我们也观察到，刘尧诲任内有关水寨兵船巡海会哨的制度毕竟针对全省海防而定，具体区域的做法可能更加细化和完善。岭西兵备道盛万年于万历二十九年（1601）倭寇入侵吴川之后着力推动粤西海防，提供了这方面难得的史例。

盛万年的海防改革举措见诸其编写的《岭西水陆兵纪》，主要针对的是该区域的莲头寨和限门寨兵防问题，恰为《苍梧总督军门志》所缺载，相关规定得到了时任两广总督戴耀、巡按广东监察御史李时华的支持，"分发大小将领着实遵守"，"严督将领着实遵行，有不如约者，以三尺从事"，[2]是实际推行的安排，可信度极高。

盛万年首先奏请添设限门寨，与莲头寨相犄角，然后重点布置两寨的兵力、兵备和信地，编写成《派守莲头限门二寨信地图说》作为水寨官兵的指引。其中莲头寨"所管信地自青洲起至暗镜止，计二百五十里"，限门寨"所管信地自暗镜起至硇洲止，计四百六十里"，兵船巡哨安排如下：

> 莲头、限门二寨信地，上自青洲港与双鱼所分界，下至硇洲与白鸽寨分界，沿海地方计六百九十里。其中青洲山、黄程山、莲头山、放鸡山、暗镜山、博茂湾、磊嘴门七处俱在外洋，乃贼船可泊之所。但恐风信不测，兵船难于久扎，至于青洲港、莲头港、赤水港、限门港、三合窝、新门港六处，可以泊船，即系防守要地。其青洲港在电白县城之东，距城八里，人烟稠集，甚

---

〔1〕 应槚、凌云翼、刘尧诲等修：《苍梧总督军门志》卷22《事例·水寨事例》，第239～240页。
〔2〕 盛万年：《岭西水陆兵纪》卷上《为申严条约以肃军威以固海邦事》，第642页。

为碶紧,应派七号船二只扎守,艟船一只专责巡哨港外青洲、黄程、前蓝海面。而莲头港系电白县咽喉,距城五里,应派左哨三号船二只,六号船一只,扎守左港,右哨六号船一只,七号船一只,扎守右港,艟船一只专责巡哨莲头外洋接前蓝海面止。赤水港系电白县之西港,内通各乡村,距城四十里,应派三号船一只,六号船二只扎守,八号船一只专责自莲头海面巡至放鸡山止,又艟船一只,专责自放鸡海面巡自暗镜止。限门港系吴川县门户,离城六里,港内通梅箓、化州达高州府,应派六号船二只,七号船五只扎守,八号船一只,专责自暗镜海面巡至博茂止,又艟艚一只,专责自博茂海面巡至限门止。三合窝系贼船往来入犯之区,窝有小港,通限门内港,应派六号船一只,七号船二只扎守,东则策应限门,西可备御新门,八号船一只专责自限门海面巡至三合窝止。其新门港系石城县要地,离城八十里,应派七号船二只扎守,艟船一只自三合窝海面巡至新门止,又艟艚一只专责自新门海面巡至硇洲止,大船可恃攻击,艟艚以便侦探走报军情。[1]

可见,莲头寨分别在青洲港、莲头港和赤水港分拨兵船扎守巡哨,限门寨则在限门港、三合窝、新门港分哨扎守,分别分左右二哨,派定兵船会哨结报。(表一〇)对于信地范围内的港口冲要,当局也均有详细测量,如青洲港至青洲山三十里、青洲至黄程山三十里、黄程至莲头山四十里、莲头至放鸡山五十里、放鸡至赤水港五十里、赤水至暗镜山四十里、暗镜至博茂湾六十里、博茂至限门港六十里、限门至磊嘴门八十里、磊嘴至三合窝四十里、三合至新门港八十里、新门至硇洲一百二十里。[2]

表一〇　莲头寨、限门寨分哨结报情况

寨　名	驻　地	分　哨　结　报　情　况
莲头寨	驻扎青洲港、莲头港和赤水港	莲头左哨管下 艟艚兵船一只,上自青洲与左司兵船会哨,下至前蓝与本哨艟艚兵船会哨。 艚艚兵船一只,上自前蓝与本哨青洲艟艚兵船会哨,下至莲头与右哨八号兵船会哨

[1]　盛万年:《岭西水陆兵纪》卷上《水寨条约》,第643~644页。
[2]　盛万年:《岭西水陆兵纪》卷上《水寨条约》,第644页。

（续　表）

寨　名	驻　地	分　哨　结　报　情　况
莲头寨	驻扎青洲港、莲头港和赤水港	莲头右哨管下 八号兵船一只，上自莲头与左哨艟艚兵船会哨，下至放鸡与本哨艟艚兵船会哨。 艟艚兵船一只，上自放鸡与本哨八号兵船会哨，下至暗镜与限门左哨八号船会哨。
限门寨	驻扎限门港、三合窝、新门港	限门左哨管下 八号兵船一只，上自暗镜与莲头右哨艟艚兵船会哨，下至博茂与本哨艟艚兵船会哨。 艟艚兵船一只，上自博茂与本哨八号兵船会哨，下至限门与右哨八号兵船会哨。
		限门右哨管下 八号兵船一只，上自限门与左哨艟艚兵船会哨，下至三合窝与本哨艟艚兵船会哨。 艟艚兵船一只，上自三合窝与本哨八号兵船会哨，下至新门与本哨硇州艟艚兵船会哨。 艟艚兵船一只，上自新门与本哨艟艚兵船会哨，下至硇州与白鸽寨兵船会哨。

资料来源：盛万年：《岭西水陆兵纪》卷上《水寨条约·会哨》，第652～653页。

最后再看看水寨船只和军器情况。船只是水兵命脉，决胜关键，所谓"海防必借于舟，舟固水兵命脉也"。[1]在前述海防危机中，如何雇募调集兵船作战曾是当局相当头痛的问题，筹划水寨最重要的原因也是摆脱以往临时召募兵船的弊病，实现兵力快速集结。至万历年间，沿海水寨兵船基本是委官至省城打造，对于各号战船和军器配备，《苍梧总督军门志》有详细的记载（表一一）。[2]

---

〔1〕万历《雷州府志》卷13《兵防志二》，第207页。
〔2〕应槚、凌云翼、刘尧海等修：《苍梧总督军门志》卷15《操法·水兵制》，第162～165页。

表一一 《苍梧总督军门志》载水寨船式、兵夫、列队及军器情况

船 式	兵 夫	列 队 及 军 器 情 况
一号乌艚福船	每只捕盗一名,舵工二名,斗手、缭手、碇手各二名,捕盗家丁一名,兵夫七十名。	分为七队。 第一队专习鸟铳,贼近船下,兼放药桶。 第二队专管放发烦铳、百子铳,贼逼船下,管放蒺藜等器。 第三队专管放佛朗机铳,贼逼船下,管用枪刀等器。 第四队藤牌兼镖枪,贼远,管摇橹;贼近船,长枪、石药等器俱便宜攻打。 第五队火箭、弓箭,贼船相近,执长枪;贼远,摇橹,随便攻打。 第六队、第七队放喷筒,贼近船,用藤牌、石块、刀镰等器随便攻打;船远,荡橹。 平时在船四面摆七队,总合为一大哨于船四面。各队、各器长短相间,分方面外而立,如遇打贼,随贼所向之面,并刀齐举;无贼之面,亦每面用二人防视。其船头用铳一架;第四队拨兵四名,专管船头闸板天罟网;第五队、第六队、第七队各拨兵二名,专管南水仓门。
二号乌艚福船、一号横江	每只捕盗一名,舵工二名,斗手、缭手、碇手各二名,捕盗家丁一名,兵夫六十名。	分为六队。 平时在船摆立,遇警攻打并同前一号乌艚之法。
三号乌艚福船、二号横江	每只捕盗一名,舵工二名,斗手、缭手、碇手各二名,捕盗家丁一名,兵夫六十名。	分为四队。 第一队专管鸟铳发烦,贼逼船,兼管药桶喷筒。 第二队藤牌兼镖枪、火箭,贼远,管摇橹;贼近,便宜攻打。 第三队,左一伍百子铳、长枪,右一伍喷筒。贼逼船下,各色军火器便宜攻打。 第四队藤牌、镖枪、石块,贼远,俱摇橹;贼近,俱便宜攻打。 平时在船四面摆四队,总合为一大哨于船四面。各队、各器长短相间,分方面外而立,如遇打贼,随贼所向之面并力动手;无贼之面亦每面用二人防看。其船头用铳一架。

（续　表）

船　式	兵　夫	列　队　及　军　器　情　况
四号乌艚、三号横江、次三号福船	每只捕盗一名,舵工二名,斗手、缭手、碇手各二名,捕盗家丁一名,兵夫三十名。	分为三队。 第一队,左一伍专管鸟铳,右一伍专管百子铳。贼逼船下,左一伍管药桶,右一伍管喷筒。 第二队,左一伍放发烦、佛朗机铳,贼船近,藤牌、镖枪;右一伍弓箭,贼近船,下执钩刀等器,随便攻打。 第三队,长枪,贼远,管摇橹;贼近船,便宜攻打。
四号横江船	每只捕盗一名,舵工二名,斗手、缭手、碇手各一名,兵夫二十九名。	分为三队。 第一队,左一伍专管鸟铳,右一伍专管百子铳。逼近贼船,左一伍专管药桶,右一伍专管喷筒。 第二队,左一伍专管佛朗机铳,右一伍专管钩刀。 第三队,专管藤牌、石块、长枪、钩刀等器。贼远,俱摇橹。
大白艚	每只捕盗一名,舵工二名,招手一名,兵夫二十六名。	分为二队。 第一队,左一伍管鸟铳,右一伍管百子铳。贼船逼近,左一伍管药桶,右一伍管喷筒。 第二队,左一伍管藤牌、镖枪、发烦,右一伍长枪兼钩刀。贼近船,则便宜攻打。
哨马、中白艚、罟船、乌船	每只捕盗一名,舵工一名,兵夫二十三名。	分为二队。平时在船管器,遇警攻打,并照前大白艚之法。
八浆船	每只舵工一名,兵夫十二名。	专管哨探走报。
叭喇唬船	每只舵工一名,兵夫十四名。	
尖头船	每只舵工一名,兵夫十七名。	

资料来源: 应槚、凌云翼、刘尧海等修:《苍梧总督军门志》卷15《操法·水兵制》,全国缩微图书复印中心1991年影印本,第162~165页。

　　不过兵船官造法久生弊,主要问题出在委官非人,造船质量不过关等。例如雷州府白鸽门水寨原委官"领银往省径造",但"后不肖卫官领银赌费,弃家逃避"。[1]万历《广东通志》批评官船的质量差,根本不能御倭,认为:

〔1〕 万历《雷州府志》卷13《兵防志二》,第207页。

"往者打造费饷，非不裕也。独以承委人员每多染指，铺行办料，通同匠人作弊，于是因陋就简，短狭其制，稀薄其料，徒具一船，不恤羡恶，以之追逐则不前，以之冲犁则不固，未出洋而兵先寒心，尚安望其与倭寇角胜负哉！"[1]为此，盛万年在改革莲头寨和限门寨兵船打造时指出：

> 本寨兵船往年俱委官至省城打造，无从稽校，任其冒破，如三号一只，估价七百余金，乃尚板薄钉稀，一驾出海，遂有风涛不测之患，往事可鉴也。今查所属化州、电白、信宜、梅箓等处地方产木，虽不多，而本寨数船亦可先期采办，但向委州县佐领卫所武官督造，然船非此辈所用，惟利目前锱铢，苟且了事，积弊相沿，牢不可破，而捕盗则以船为家，通船性命所系，责之打造，利害切身，必能尽心竭力。今后春汛毕日，海防官选委廉干文官一员，酌量发银，就近采买停顿。俟冬汛毕日，将木料给发分总，转发哨官，督率各船捕盗应修应造，即日兴工，须坚固精致，可出大洋。如贼在远则先迎之，贼在近则须击之，贼退走则必追之，分拨震撼，进退无虞，斯有实用，若不能出洋，就系侵欺，使不致失事，捕盗止究追赔，倘临机有失，即系违误军情，捕盗以军法处斩。修造完日，海防官验过报道，亲临阅验，如有不如法，一体连坐。参将海防衙门设附二寨信地，出入最为近便，修造之际，在莲头则听参将，在限门则听海防官，时常临厂逐渐亲验，物料不堪，即令另换。照本道近发稽料册式逐日填缴。若待船完验出，方行折改，则费力愈甚，必至因循苟且，监督者溺其职矣，咎将谁诿。[2]

可知在水寨建立之初，兵船统一至省城打造，质量无法保障。改革的办法，是由海防官选委廉干文官一员，酌量发银，就近采买停顿，俟冬汛毕日，将木料给发分总，转发哨官，督率各船捕盗修造。

至于水寨兵船船式情况，《苍梧总督军门志》的记载包括一号乌艚福船、二号乌艚福船、一号横江、三号乌艚福船、二号横江、四号乌艚、三号横江、次三号福船、四号横江船等，指的是当时全省水寨通用的船只总称。但考虑到各地水文地理不尽相同，实际采用的船式理应有所差别，且水寨屡有裁减增

〔1〕　万历《广东通志》卷9《藩省志九·兵防总下·造船事略附》，第227页。
〔2〕　盛万年：《岭西水陆兵纪》卷上《水寨条约·修船》，第653页。

置,各寨船式实际情况可能比较复杂,难以划一。以白鸽门水寨为例。该寨在万历四十一年(1613)以前共三十五只,四十二年议将江船一只改造八号尖船,实有船三十七只,分别是:三号福江船二只,五号艚船五只,七号艚船九只,七号哨马船五只,七号艟艚船六只,八号尖船九制,八号桨船一只。[1] 万历《雷州府志》记载了历年战船和捕兵变动的详细信息,从中可见变动之频繁:

> 查得原额战船四十三只,募兵一千四百零五名,……万历四年裁船六只,捕兵三百名。十三年议将不堪二号四号江船七只,捕兵贰佰伍拾贰名,改造艚船八只,用捕兵二百零八名。十七年除烧去七号哨船二只,艚船二只,桨船二只,捕兵一百三十八名,将雷廉游帅艚船五只入寨充补。十八年抽雷廉游帅艚船五只,捕兵一百八十名,白鸽寨七号哨船二只,捕兵五十一名二项补广海游哨江船一只及涠洲兵船八只。……[2]

我们依据盛万年《岭西水陆兵纪》提供的莲头寨和限门寨采用船式和军器的情况,可知两寨实际使用的船只仅有三号船、六号船、七号船、八号船、艟艚船(图一三),每一型号船只兵夫、器药情况均有相应详细规定(表一二)。

表一二 《岭西水陆兵纪》莲头寨、限门寨船式兵夫及器药情况

船式	兵 夫		器 药 情 况
三号船三只	每只旧设捕盗一名,捕丁一名,舵工、缭守、椗守、斗手各二名,队长三名,兵三十四名,船大兵小,实难驾捕。	今议每只增队长一名,兵六名,没水兵一名,新旧共目兵五十五名,内莲头右哨官坐驾一只,增掌号兵一名,其各司技艺与执持器械悉依船式贴注遵守。	发烦铳一门,子十五个。朗机铳四门,子十六个。百子铳四门。鸟铳十六门。三管铳三把。埋火药桶五个。喷筒二十个。火罐二十个。火绳十六条,铳兵自备。九龙箭二十门。大斧头六把,每把口阔六寸重三斤。挞刀十四把。长竹枪二十枝。过船枪十枝。钩镰刀二十把。缭钩四把。犁头镖三十杆。小铁镖三百枝。每兵藤盔一顶,自置。每兵绵甲一领,自置。藤牌十四面。铁蒺藜二百口。火瓶二十个。锣鼓二副。大旗一面。斗衣二副。罟网六十手。发烦铳药三十斤。朗机铳药六十斤。百子铳药六十斤。鸟铳药五十斤。朗机铁弹四十斤。子铅弹四十斤。鸟铳铅弹三十二斤。

---

〔1〕 应槚、凌云翼、刘尧诲等修:《苍梧总督军门志》卷15《操法·水兵制》,第162~165页。
〔2〕 万历《雷州府志》卷13《兵防志二》,第207页。

（续　表）

船式	兵　夫		器　药　情　况
六号船 七只	每只旧设捕盗一名，捕丁一名，舵工二名，缭手、椗手、斗手各一名，队长二名，兵十九名。	今议每只增队长一名，兵八名，又没水兵一名，新旧共目兵三十八名，内莲头左哨手限门左右二哨官各坐驾一只，各增掌号兵一名，其各司技艺与执持器械悉依贴注船式遵守。	朗机铳四门，子十六个。百子铳四门。鸟铳十二门。三管铳二把。埋火药桶三个。起火十枝。喷筒十二个。火罐十二个。每兵藤盔一顶，自置。每兵绵甲一领，自置。藤牌十面。火绳十二条，铳兵自备。九龙箭十二门。长竹枪十二枝。过船枪八枝。钩镰刀十四把。大斧头四把，每把口阔六寸重三斤。挞刀十把。钩镰二把。小镖二百枝。犁头镖二十杆。铁蒺藜二百口。锣鼓二副。大旗一面。斗衣一副。罟网四十手。朗机铳药四十斤。百子铳药四十斤。鸟铳药四十斤。朗机铁弹三十斤。百子铅弹四十斤。鸟铳铅弹二十四斤。
七号船 十二只	每只旧设捕盗一名，捕丁一名，舵工一名，队长二名，共十九名。	今议增每只缭手一名，椗手一名，兵六名，新旧共目兵三十二名，其各司技艺与执持器械悉依贴注船式遵守。	朗机铳三门，子九个。百子铳四门。鸟铳十门。三管铳二把。藤牌八面。每兵藤盔一顶，自置。每兵绵甲一领，自置。火罐八个。火绳十条，铳兵自备。埋火药桶三个。喷筒八个。起火十枝。九龙箭八门。挞刀十把。大斧头三把，每把口阔六寸重三斤。长竹枪八枝。过船枪六枝。钩镰刀十把。缭钩二把。小铁镖一百五十枝。铁蒺藜一百五十口。锣鼓二副。大旗一面。罟网四十手。朗机铳药三十斤。百子铳药四十斤。鸟铳药三十斤。朗机铁弹二十斤。百子铅弹二十斤。鸟铳铅弹十五斤。
八号船 三只，	每只旧设舵工一名，队长一名，缭手一名，兵十一名。	今议每只增兵六名，新旧共目兵二十名，各司技艺与执持器械悉依贴注船式遵守。	百子铳二门。鸟铳六门。三管铳一把。埋火药桶二个。起火十枝。火罐四个。火绳六条，铳兵自备。钩镰刀六把。大斧头二把，每把口阔六寸重三斤。长竹枪四枝。过船枪五枝。铁蒺藜一百口。挞刀八把。小镖枪六十枝。喷筒四个。藤牌六面。每兵藤盔一顶，自置。每兵绵甲一领，自置。大旗一面。锣鼓一副。百子铳药三十斤。鸟铳药二十斤。百子铅弹二十斤。鸟铳铅弹十二斤。

（续　表）

船式	兵　夫		器　药　情　况
艋艚船六只	每只旧设舵工一名,队长一名,缭手一名,兵十一名。	今议每只增兵二名,新旧共目兵一十六名,各司技艺与执持器械悉依贴注船式遵守。	器药与八号船同。

资料来源：盛万年：《岭西水陆兵纪》卷上《水寨条约·哨船图说》,第647～651页。

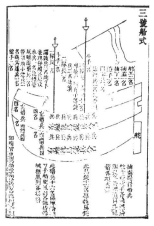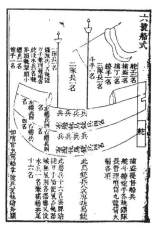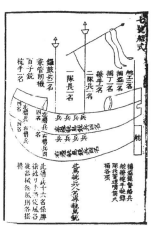

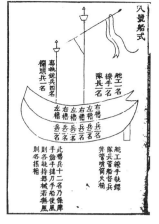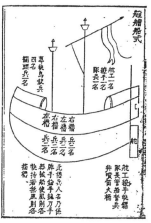

图一三　《岭西水陆兵纪》载船式图
资料来源：盛万年：《岭西水陆兵纪》卷上《水寨条约·哨船图说》,第647～649页。

五、小　结

经过隆庆、万历年间殷正茂、凌云翼、刘尧诲等几任督抚的海防改革，至万历年间以水寨兵船为中心新的防御体系基本定型，取代了明初以来卫所军船巡海备倭的旧制。嘉靖末年吴桂芳筹划的柘林、碣石、南头、白鸽门、白沙、乌兔六个水寨先后调整增置，陆续增设了上述北津、广海、莲头、限门、双鱼、虎头门等若干个沿海水寨，同时又增设了漳潮副总兵和涠洲游击，对将官的权责辖属也做出相应调整，重新划分信地和调拨兵船。水寨的增置调整前后历时数十年，通过增置若干新水寨和游击将军，广东沿海的防御空白区域（集中在西路高雷廉沿海地区）得到了较全面补强。

本章指出，剿抚海寇最困难之处始终在于闽广两省的事权协调问题上。漳潮副总兵的设置，正基于如何协调闽广两省作战的海防构想。以往的研究注意到漳潮副总兵建立对稳定闽广交界海域秩序的意义，但大多未进一步深究漳潮副总兵的事权运作问题。有关漳潮副总兵统率兵船和海上作战的事权安排，两省督抚官员在奏请设镇时已有充分考量，但漳潮副总兵在名义上不属于闽广哪一个总兵直接下辖，明代中后期军事将领因事而设的情况较多，彼此权限的界定多有重叠模糊的地方，无事时固不必论，作战时则处处掣肘。

笔者也强调，讨论明代中后期广东海防布局的调整，不能忽视雷州、廉州府海域（今北部湾）的珠池问题以及涠洲岛的弃守和设防。经过几次与珠盗的周旋角力，万历十八年（1590）涠洲游击在涠洲岛上设立起来，实际上兼管了万历四年（1576）因故被裁革的乌兔寨信地范围，完全具有水寨的功能和地位。因此，有关涠洲岛的设防也应该纳入水寨兵船防御体系的架构中来深入讨论。

至迟在万历二十年（1592）前后新体制下各个水寨和游击的相互隶属关系以及官兵、战船安排的整个沿海防御轮廓基本完成。虽然在刘尧诲任内有关水寨兵船巡海会哨的制度已经出台，但毕竟针对全省海防而定，具体区域的做法理应更加细化和完善。《岭西水陆兵纪》所见岭西兵备道盛万年于万历二十九年（1601）倭寇入侵吴川之后着力推动粤西海防，恰好提供了这方面难得的史例。

附图一　《苍梧总督军门志》载六水寨图

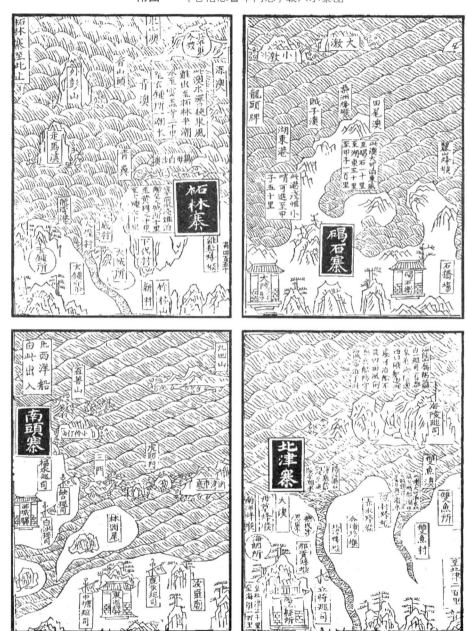

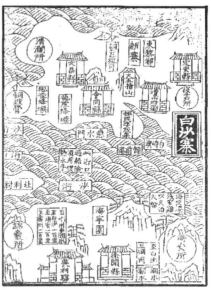

资料来源：应槚、凌云翼、刘尧诲等修：《苍梧总督军门志》卷5《舆图三》，第88～94页。

附图二　《筹海重编》载广东沿海舆图

注：❶ 涠洲游击，❷ 旧乌兔寨。

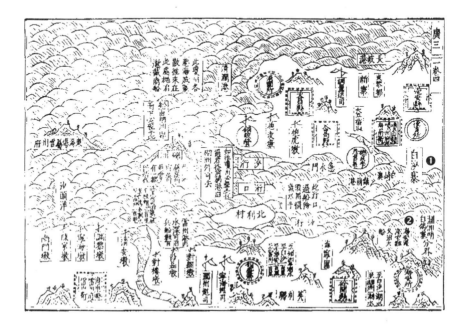

注：❶白沙寨，❷涠洲哨白鸽寨分界，❸白鸽门寨，❹白鸽寨北津寨分界，❺白鸽北津会哨于此。

注：❶ 北津寨，❷ 北津寨广海寨分界，❸ 广海寨。

注：❶广海寨南头寨分界，❸虎头门寨。

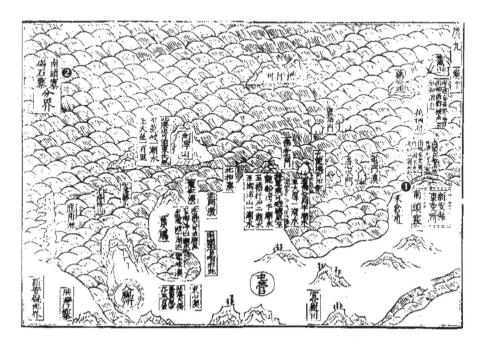

注：❶ 南头寨，❷ 南头寨碣石寨分界，❸ 碣石南头会哨于此。

注：❶碣石寨，❷碣石寨柘林寨会哨于此。

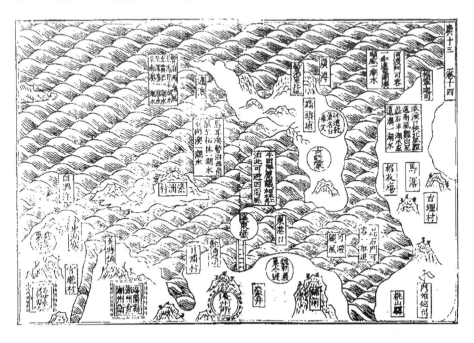

资料来源：邓钟重辑《筹海重编》卷3《广东总图》，第10～17页。

注：图中下划线表示水寨驻地，笔者所划。

注：❶ 南澳镇城。

第六章　结　　语

前述各个章节的讨论，围绕明代中后期广东地区以水寨兵船雇募制为中心的新的海防体制逐步取代卫所军船巡海备倭的过程，大致呈现出国家海防制度是如何在特定的时空背景中发生转变的；以及明代广东的官员和文人士大夫们在日益复杂变动的政治局势和社会处境中，又是如何从不同的立场和层面，直接或间接地参与到海防体制调整的曲折过程中来。

在某种意义上，本书的研究只是对前揭吴晗、梁方仲诸先生早年有关明代军事史重大转变的"真知灼见"的延伸和细化。[1]不过，通过探究明代广东海防体制转变中的困扰和走向，特别是讨论本地区发生的一系列重大历史事件与制度演变的关系，注意勾勒改革中各方政治势力的互动纠葛，相信有助于进一步揭示国家海防制度的地区实态和历史细节。由此而论，广东的案例，也可以为明代海防史的区域比较研究提供思考方式和认识途径的重要参照。

本书重在描述历史过程，前述各章节论证要点已见诸每一章的小结，无需再行回顾总结明代广东海防体制转变的脉络。作为全书结论，这里拟从较为宏观的层面略论影响当时海防格局和制度走向的关键因素，并尝试检讨这一过程的教训和启迪。

一、时局走向与突发事变对海防体制的影响

明代广东经历了地区深度开发和社会急剧转型的复杂变化，深刻影响了经济、社会和文化思想的基本形态和走向。以往的研究，无论是对宗族建构、赋役改革、地方动乱还是民间信仰的讨论，都从不同层面揭示了国家制度

---

[1]　参见本书第一章引述吴晗《明代的军兵》、梁方仲《明代的民兵》等文。

245

与地方传统的互动如何形塑地方社会的面貌。[1]从地方社会"自下而上"考察明代以后国家缔造的过程,是这些研究在方法论上最有启发意义的特征之一。理解明代广东海防体制的转变,有必要将之置于当时更广阔的社会历史背景才能看出眉目,不能孤立地从海防地理或军事制度本身的架构进入。时局的变化、突发的倭夷海寇事件和制度的改革始终处在连环相扣的层面,主要表现在:

第一,明初确立的卫所军船巡海备倭的机制仅仅维持了数十年,至迟在宣德年间已经难以维系,除了体制内部的腐败,最直接的影响来自正统、成化以后广东海陆防御重心的转移变化。由于两广界邻地区西江流域的大规模"瑶乱",当局持续征调广东沿海卫所兵力入内地戍守、剿寇,至成化五年(1469)两广总督衙门在梧州设立,沿海卫所官军"番戍梧州"成为常态化制度安排,客观上加速了海防空虚。

第二,正德至嘉靖初年,广东当局在海陆交困的背景下推动番货抽分和雇募兵船改革,无不基于应对内外寇乱的军事考量。通过向朝贡之外的番舶抽分充实军饷,短期内弥补了两广用兵的军事缺口,顺应了民间开放海外贸易的诉求,长期而言却助长了"私通番货、勾引外夷"风气,反过来加重了当局的海防压力。时人所叹"沿海百姓无一非海寇之人"概由此产生,所谓"窝藏"、"接济"、"通番"皆与此背景密切相关。由于沿海卫所军船已不堪用,巡按御史戴璟在嘉靖十四年(1535)推行雇募兵船、编立船甲的方案,使得雇募东莞乌艚船子弟兵为主力防守沿海三路的新海防体制基本确立起来。必须看到,戴璟的兵船改革是与其在广东推行的赋役改革息息相关的。正是戴璟推动金编民壮民兵的"随粮带征法",使得沿海各地雇募兵船的费用得以从中定额支取。

第三,嘉靖四十三年(1564)柘林兵变及随后发生的海寇吴平叛乱,对海防体制的转变产生了直接而深远的影响。提督两广军务吴桂芳主导了当时经略寇乱事宜,他吸取柘林叛兵攻打省城的教训,一开始主张集中兵力防守省城,采取了暂时招抚海寇策略。接着在吴平叛乱中,当局应对失措,无法短

---

[1] 这方面的研究较多,前述章节在具体的论述中曾征引相关的代表性研究请参见征引书目中科大卫、刘志伟、陈春声等学者的研究。最近黄挺教授的新著以潮汕地区为例,也揭示了16世纪以后宗族和社会的转型,参见黄挺:《十六世纪以来潮汕的宗族与社会》,暨南大学出版社2015年。

期集结兵船与参与夹剿海寇的福建一方紧密配合，导致吴平逃遁。最后吴桂芳借鉴闽浙两省的做法，奏设沿海六大水寨，目的就是利用常备的水寨兵船机动应变，开启了沿海水寨防御体系的序幕。遗憾的是水寨的筹建因隆庆初年吴平余党曾一本的叛乱而搁置。在很长一段时间内，水寨防御体系并未真正发挥作用，以至于后来仍有本地士大夫质疑雇募兵船建立水寨的有效性。

第四，万历初年，刘尧海两广总督任内完善水寨兵船防御体系，在水寨信地划分、会哨结报、职守奖惩等方面均有详细指引，集中反映在《六寨会哨法》和《水寨事例》等官方文件中。值得注意的是，隆万以后广东海防危机陆续从东路惠潮一带转移至西路高雷廉地区，倭夷、海寇与珠盗频繁出没，该地区沿海水寨、游击的增置调整也随之发生重大变化。

李新峰最近讨论明代前期的军事制度，指出"在制度演变的'内在理路'之外，尚有重要的外部因素，干预着明前期军事制度的格局与走向。在这八十年中，明王朝迅速建国、建文时期靖难成功、太宗至宣宗君位速替、土木之变，是颇具偶然性的重大历史事件，对军事制度影响深远"。[1]反观明代广东海防体制转变的历史，上述"偶然性的重大历史事件"所引发的"骨牌效应"同样清晰可见。对于当局者在进程中的种种军事财政改革，倘若"后验地"批评其处变失策，易致偏颇。譬如吴桂芳营建广州外城，重兵把守南头、招抚海寇，又譬如向澳门的葡萄牙使团求援，调募"澳船"参与剿寇等等，可能更应该设身处地地从当时错综复杂的时局和人物处境出发去理解。对于历史时期重要人物和政策举措的评价，也切忌"事后诸葛亮"，只有努力回到历史现场，通过发掘人物、社会与制度之间的复杂纠葛，才能获得更为整体的认识。

二、改革进程中的政治较量和人事纠葛

不明人事则难明体制。广东海防体制转变的复杂性不仅仅由于其发生的时间段是明代中后期广东社会的关键转型期，还明显表现为多方政治势力在经略倭夷海寇过程中的政治较量和人事纠葛。更多地注意不同立场、动机的历史人物之间权力和利益的互动纠葛，更有助于进一步呈现海防制度运作

---

〔1〕 李新峰：《明前期军事制度研究》，北京大学出版社2016年，第308页。

的实态。这也是以往的相关研究较少处理的环节。

在广东内部用人和事权分工上，前线作战将领和指挥官员之间相互猜忌攻讦是导致战事拖延的重要因素之一。我们在第四章讨论曾一本之变时就试图说明带管广东总兵官俞大猷与广东本地官员的不和。究其要因，在于各自主张的应对海寇军事策略（招抚或剿寇、雇募何处兵船等等）不同。而作为最高军事指挥衙门，总督和巡抚分处梧州和广州两地，由于政出多门，军务职掌不明，军情传递不畅，前线作战将兵同样无所适从。这种情况反映了明代军事史上因事设官、叠床架屋、运转不灵的重要特征。

明代督抚为应对日益加剧的地方动乱而频繁设置，从临时派遣逐步走向常设职务。[1]两广总督和广东巡抚先后于成化五年（1469）和嘉靖四十五年（1566）设立，皆有其特殊的政治背景。两广总兵明初时由世袭勋爵武臣担任，渐以流官充任，进而又单独分设出广东总兵，同样与正统以后的地方动乱息息相关。[2]但频繁的职官分设未必能短期内理顺职掌权位关系。陈家副的研究引用《明宪宗实录》"成化十四年十二月癸未"条的记载，说明两广总兵陈政与两广总督朱英争座次的事例就颇为典型。[3]本文第四章提到两广总督张瀚在海寇曾一本围攻省城广州后公开质疑广东巡抚的权力也是明显的例子。至于两广总督萧彦关于南澳新设漳潮副总兵由广东总兵节制的奏议亦然。这些事例，提示我们注意考虑军事行动背后的权责问题。

在与福建当局合作经略海寇的过程中，闽广两省官员则相互推诿，难以协调，成为关系剿寇成败的关键制约因素。海寇的海上活动从不以陆上行政界线为限，"闽人驱之则入广，广人驱之则入闽"。在文献记载中，海寇的身份同样模棱两可，笼统称之"漳潮海寇"，实际上"很难以省来界分……（海寇）亦从无省界观念"。[4]以往的研究对此已有点明，不过大多仅注意到两省畛

---

〔1〕 罗冬阳：《明代的督抚制度》，《东北师范大学学报》1988年第4期。

〔2〕 参见颜广文：《明代两广总督的设立及对粤西的经略》，《学术研究》1997年第4期；蒋祖缘：《明代广东巡抚与两广总督的设置及其历史地位》，《广东社会科学》1999年第2期；陈家副：《明代两广总督兵源与饷源研究》，台湾"中大"历史研究所硕士论文2005年；韩虎泰、吴宏岐：《明代镇守总兵设置考——兼论明代广东陆防与海防重心的时空演变》，纪宗安、马建春主编：《暨南史学》第十辑，广西师范大学出版社2015年，第127～137页。

〔3〕 参见陈家副：《明代两广总督兵源与饷源研究》，第43页注释第193条。

〔4〕 张增信：《明季东南中国的海上活动》，第43页。

域有别,官员各自固守疆界,更加倾向于各自为战。如果把视野放宽,从当时广东海防完全仰赖雇募民间兵船的体制来看,则两省在协同作战上难以协调的另一个重要原因,是兵船集结能力的差异造成的。这也是在海寇吴平叛乱之后提督两广军务吴桂芳迫切地奏设沿海水寨的基本出发点。此外,从本文引用苏愚《三省备边图记》的资料来看,在夹剿海寇过程中两省在军情传递上也缺乏良好沟通,由此导致相互猜忌。最终擒拿贼首,平息动乱,也明显有一定的偶然性。事后两省官员对于军功的分配也不乏异议。经过多次磨合,万历年间在两省交界的南澳岛上增设副总兵,兼领两地水寨兵船,共管界邻海域,"澳跨闽粤之交,往分疆而屯,分将而营,彼此推诿,今总以一将,闽粤一家,手足相恃",[1]可以视为两省在务实处理海防问题上的一项制度创造。

三、多元力量竞争的海洋局势与国家力量的延伸

如果进一步放宽视野,我们就不难发现,明代广东海防体制的转变,不仅反映了明代军事史上募兵取代卫所军成为正规常备军的整体趋势,也折射了16世纪以后整个东南海域多元力量竞争的复杂海洋局势。王日根指出,"海防政策是明清海疆政策的枢纽,海防自明建国初迅速突显,成为统治者制定政策的首要因素"。[2]之所以"迅速突显",不断调适,主要原因正是当局面临前所未有的海洋力量的冲击。推动国家海洋政策调整转折的内外合力,既有认知海洋世界的部分开明官员士绅,从海洋经济活动中获利却严重威胁沿海秩序的"集团军事力量",也包括寻求通商贸易的西方殖民力量(例如本书提到柘林兵变中调用的澳葡兵船)。[3]

已有的研究表明,明代海洋政策的理念和基调,奠基于明初太祖和成祖两代皇帝的努力。在内对沿海民众厉行海禁,严禁私自下海通番,对外则以朝贡贸易制度约束管理中国与海外各国的联系,采取"闭关主义的消极政

---

〔1〕 郭子章:《潮中杂纪》卷2《万历南澳救》附郭子章论,第15页。

〔2〕 王日根:《明清海疆政策与中国社会发展》,第34页。

〔3〕 有关15～16世纪东亚海域多元力量竞争的海洋局势,陈宗仁的研究提供了扼要的描述,详见陈宗仁:《鸡笼山与淡水洋——东亚海域与台湾早期史研究(1400～1700)》,联经事业出版有限公司2005年,第87～127页。

策"。[1]在明初海禁背景下,由于海路交通不畅,以泛海为生计、从事贩番活动的商人不得不铤而走险,或明或暗与官府相角力,逐渐形成官府眼中亦盗亦商的海上势力,孕育了沿海武装走私贸易的根源。而不少在元末明初侨居南海周边各地的华人,面对突如其来的新王朝的海外政策转变,原先只是季节性来往于南海诸国的华人要么选择定居当地,成为侨民,要么选择永久归国。前一部分定居海外的侨民为数不少,他们一部分与当地政府合作,后来也陆续变成参与海外诸国朝贡使团的通事或信使。张萱《西园闻见录》载,"国初……两广漳州等郡不逞之徒,逃海为生者万计",[2]说明当时广东、福建移居海外百姓的数量十分可观。王赓武引述洪武三十五年(建文四年,1402)九月明成祖的敕谕,认为其时当局已了解到"诸番夷多遁居海岛,中国军民无赖者潜与相结为寇",曾遣使敕谕他们归国,但效果甚微。[3]到了16世纪,内外海洋力量的积聚汇流成为不可逆转的趋势。本文指出,15世纪末16世纪初的弘治年间(1488~1505),广东沿海私通番舶的情况已经十分普遍,许多原本肩负海防稽查任务的沿海官军都参与进去,从中获利,局面渐趋于失控,由此也迫使当局调整海洋经略政策。海防体制正是其中关键的一环,而论者已经做过深入研究的海外贸易政策的调整亦然。[4]

如果我们把16世纪以后广东地区州县一级行政区划的调整和城防设施的构建联系起来,也可发现,与海防体制转变几乎同时进行的陆防的加强也格外引人瞩目。徐泓的研究指出,与北方都市相比,南方很多地方虽早设有地方政府,但地方政府所在地的城市多无城墙,真正的"筑城运动"始于明代中后期。[5]在广东地区,正是这一时期"山海盗寇"的冲击使得整个地方行政区划和城防设施出现新的面貌(有关明代广东州县的析置情况,请参见本书第二章图表5)。例如备受山海盗寇困扰的潮州府即从明初的一府领四县,发

[1] 曹永和:《试论明太祖的海洋交通政策》,收入氏著:《中国海洋史论集》,联经事业出版有限公司2000年,第149页。
[2] 张萱:《西园闻见录》卷56《防倭》,第161页。
[3] 王赓武:《永乐年间中国的海上世界》,收入氏著:《华人与中国:王赓武自选集》,上海人民出版社2013年,第176页。
[4] 参见郑永常:《来自海洋的挑战——明代海贸政策演变研究》。
[5] 徐泓:《明代福建的筑城运动》,《暨大学报》第3卷第1期,1999年。

展到明末一府领十一县的格局。[1]由此而论,明代广东海防体制的转变,基于当局应对多元力量竞争的海洋局势的努力,尽管略显被动曲折,当事者也缺乏全局通盘的考量,本质上仍可以视为国家力量向沿海地方社会进一步延伸推广的更大范围的历史过程的一部分。

正如已有研究所指出的,清代的海防基本上是在明朝的架构下进行的。[2]因而通过对明代广东海防体制的研究,对于全面理解后续清代沿海水师战船运作的渊源脉络也具有重要参考意义。这将是笔者希望未来进一步开拓的方向。

---

[1] 笔者曾分析潮州府地方行政区划调整的背景及其引发的都图争端,参见陈贤波:《割都分治之下:明末清初潮州属县都图争端》,《历史人类学学刊》第3卷第2期,2015年;陈贤波:《明代中后期粤东增设新县的地方政治背景》,《中国历史地理论丛》2010年第1期。

[2] 卢建一:《明清海疆政策与东南海岛研究》,第23～37页,李其霖:《见风转舵——清代前期沿海的水师与战船》,五南图书出版公司2014年,第130页。

征引文献及书目

注：以下文献书目按字母升序排列。

一、文献史料

1. 《明实录》，上海书店 1982 年影印台湾"中研院"史语所校勘本。
2. 陈天资：《东里志》，潮州市地方志办公室 2004 年据汕头市档案馆藏抄本影印。
3. 陈吾德：《谢山存稿》，四库全书存目丛书集部第 138 册，齐鲁书社 1997 年据北京大学图书馆藏清乾隆五十四年忠直堂刻本影印。
4. 陈子龙辑：《明经世文编》，中华书局 1962 年影印本。
5. 崇祯《东莞县志》，广东历代方志集成，岭南美术出版社 2009 年据广东中山图书馆藏清抄本影印。
6. 崇祯《海澄县志》，稀见中国方志汇刊第 33 册，中国书店 1992 年影印本。
7. 崇祯《惠州府志》，广东历代方志集成，岭南美术出版社 2009 年据国家图书馆藏本影印。
8. 崇祯《梧州府志》，广西人民出版社 2013 年点校本。
9. 邓钟重辑：《筹海重编》，四库全书存目丛书史部第 227 册，齐鲁书社 1996 年据河南省图书馆藏明万历刻本影印。
10. 杜臻：《粤闽巡视纪略》，近代中国史料丛刊续编第 971 册，文海出版社 1976 年影印本。
11. 范涞：《两浙海防类考续编》，四库全书存目丛书史部第 226 册，齐鲁出版社 1997 年据北京大学图书馆藏明万历三十年刻本影印。
12. 方逢时：《大隐楼集》，李勤璞校注，辽宁人民出版社 2009 年。
13. 房玄龄等撰：《晋书》，中华书局 1974 年。
14. 冯奉初编：《潮州耆旧集》，香港潮州会馆 1980 年影印本。

15. 冯应京:《皇明经世实用编》,四库全书存目丛书史部第267册,齐鲁书社1996年据北京大学图书馆藏万历三十一年刻本影印。

16. 高拱:《高拱全集》,岳金四、岳天雷编校,中州古籍出版社2006年。

17. 谷应泰:《明史纪事本末》,中华书局2015年点校本。

18. 顾祖禹:《读史方舆纪要》,中华书局2005年点校本。

19. 光绪《广州府志》,广东历代方志集成,岭南美术出版社2009年据清光绪五年刻本影印。

20. 郭棐:《粤大记》,黄国声、邓贵忠点校,广东人民出版社2014年。

21. 郭应聘:《郭襄靖公遗集》,续修四库全书集部1349册,上海古籍出版社1995年据明万历刻本影印。

22. 郭子章:《潮中杂纪》,潮州市地方志办公室2003年影印本。

23. 何世铭:《俞大猷年谱》,泉州历史研究会1984年油印本。

24. 何维柏:《天山草堂存稿》,广西师范大学出版社2014年据沙滘何氏祠堂旧抄本影印。

25. 洪武三十年敕编、舒化等纂例:《大明律附例》,玄览堂丛书第12册,广陵书社2010年影印。

26. 黄佛颐编纂:《广州城坊志》,仇江等点注,广东人民出版社1994年。

27. 黄瑜:《双槐岁钞》,中华书局1999年点校本。

28. 黄佐:《泰泉集》,四库全书集部别集第1273册,上海古籍出版社2003年影印。

29. 霍韬:《渭厓文集》,广西师范大学出版社2015年据广东中山图书馆藏清同治元年石头书院刻本影印。

30. 霍与瑕:《霍勉斋集》,广西师范大学出版社2014年据中山大学图书馆藏光绪丙戌年重刊本影印。

31. 嘉靖《潮州府志》,潮州市地方志办公室2003年据饶宗颐编《潮州志汇编》本影印。

32. 嘉靖《广东通志》,香港大东图书公司1977年据嘉靖三十七年刻本影印。

33. 嘉靖《广东通志初稿》,北京图书馆古籍珍本丛刊史部第28册,书目文献出版社1998年影印本。

34. 嘉靖《广州志》,广东历代方志集成,岭南美术出版社2009年影印本。

35. 嘉靖《海丰县志》,广东历代方志集成,岭南美术出版社2009年据嘉靖三十八年抄本影印。

36. 嘉靖《惠大记》,广东历代方志集成,岭南美术出版社2009年影印本。

37. 嘉靖《惠志略》,广东历代方志集成,岭南美术出版社2009年影印本。

38. 嘉靖《惠州府志》,广东历代方志集成,岭南美术出版社2009年影印本。

39. 嘉靖《钦州志》,广东历代方志集成,岭南美术出版社2009年影印本。

40. 嘉靖《香山县志》,广东历代方志集成,岭南美术出版社2009年据广东中山图书馆藏嘉靖二十六年刻本影印。

41. 嘉靖《新宁县志》,广东历代方志集成,岭南美术出版社2009年影印本。

42. 焦竑:《国朝献徵录》,广陵书社2013年影印本。

43. 康熙《澄海县志》,潮州市地方志办公室2004年影印本。

44. 康熙《电白县志》,广东历代方志集成,岭南美术出版社2009年影印本。

45. 康熙《海康县志》,广东历代方志集成,岭南美术出版社2009年影印本。

46. 康熙《吴川县志》,广东历代方志集成,岭南美术出版社2009年影印本。

47. 康熙《新安县志》,张一兵点校,海天出版社2006年。

48. 康熙《阳江县志》,广东历代方志集成,岭南美术出版社2009年影印本。

49. 李默、林梓宗、杨伟群点校:《岭南史志三种》,广东人民出版社2011年。

50. 林大春:《井丹诗文集》,潮州文献丛刊之三,香港潮州会馆1979年据香港大学冯平山图书馆藏本影印。

51. 刘欣期:《交州记》,丛书集成新编第97册,台北新文丰出版公司1985年影印本。

52. 隆庆《潮阳县志》,潮州市地方志办公室2005年影印本。

53. 卢坤、邓廷桢等撰:《广东海防汇览》,王宏斌等点校,河北人民出版社2009年。

54. 马德里自治大学东亚研究中心编:《西班牙图书馆中国古籍书志》,上海古籍出版社2010年。

55. 茅瑞征:《皇明象胥录》,四库禁毁书丛刊史部第10册,北京出版社2000年据明崇祯刻本影印。

56. 茅元仪:《武备志》,四库全书禁毁书丛刊子部第26册,北京出版社1997年据北京大学图书馆藏天启刻本影印。

57. 冒起宗:《拙存堂逸稿》,清代诗文集汇编第6册,上海古籍出版社2010年影印本。

58. 庞尚鹏:《百可亭摘稿》,四库全书存目丛书集部第129册,齐鲁出版社 1997年影印本。

59. 戚继光:《戚少保奏议》,张德信校释,中华书局2001年。

60. 乾隆《南澳志》,广东历代方志集成,岭南美术出版社2009年据广东中山 图书馆藏乾隆四十八年刻本影印。

61. 屈大均:《广东新语》,中华书局1985年点校本。

62. 瞿九思:《万历武功录》,续修四库全书史部杂史类第436册,上海古籍出 版社2002年据天津图书馆藏明万历刻本影印。

63. 瞿汝说:《皇明臣略纂闻》,北京图书馆古籍珍本丛刊史部杂史类第10册, 书目文献出版社1998年据崇祯八年刊本影印。

64. 若昂·德·埃斯科巴尔:《热尔·哥依斯使团纪实》,澳门《文化杂志》编 《十六和十七世纪伊比利亚文学视野里的中国景观》,大象出版社2003年。

65. 申时行等纂:《明会典》,中华书局1989年。

66. 慎懋赏:《四夷广记》不分卷,玄览堂丛书续集第9册,广陵书社2010年影 印本。

67. 盛万年:《岭西水陆兵纪》,北京图书馆古籍珍本丛刊史部政书类第32册, 书目文献出版社1998年据北京图书馆藏清雍正宝纶堂刻本影印。

68. 顺治《潮州府志》,潮州地方志办公室2003年影印本。

69. 谈恺:《虔台续志》,中山大学历史人类学研究中心据原藏日本内阁文库 嘉靖三十四年刊本影印复制本,时间不详。

70. 谈迁:《国榷》,中华书局1958年。

71. 天启《虔台志》,中山大学历史人类学研究中心藏复印本,时间不详。

72. 天顺《东莞县志》,广东历代方志集成,岭南美术出版社2009年影印本。

73. 万历《儋州志》,广东历代方志集成,岭南美术出版社2009年影印本。

74. 万历《高州府志》,广东历代方志集成,岭南美术出版社2009年影印本。

75. 万历《广东通志》,四库全书存目丛书史部地理类第198册,齐鲁书社 1996年据日本内阁文库藏明万历三十年刻本影印。

76. 万历《惠州府志》,广东历代方志集成,岭南美术出版社2009年据万历 二十三年刻本影印。

77. 万历《雷州府志》,日本藏罕见中国地方志丛刊,书目文献出版社1990年 据日本尊经阁文库藏明万历四十二年刻本影印。

78. 万历《琼州府志》,马镛点校,海南出版社2006年。

79. 万历《新会县志》,广东历代方志集成,岭南美术出版社2009年影印本。

80. 万历《肇庆府志》,广东历代方志集成,岭南美术出版社2009年影印本。

81. 汪道昆:《太函集》,续修四库全书集部第1348册,上海古籍出版社1995年据北京图书馆藏明万历刻本影印。

82. 汪森辑:《粤西丛载》,广西民族出版社2007年点校本。

83. 王鸣鹤:《登坛必究》,中国兵书集成,解放军出版社、辽沈书社1990年据万历二十七年刻本影印。

84. 王阳明:《王阳明全集》,上海古籍出版社2011年点校本。

85. 王在晋:《海防纂要》,四库禁毁书丛刊史部第17册,北京出版社2000年据明万历四十一年自刻本影印。

86. 吴道镕原稿,张学华增补,李琰改编:《广东文征》,广东文征编印委员会1974年。

87. 吴廷燮:《明督抚年表》,中华书局1982年。

88. 夏言:《桂洲先生奏议》,四库全书存目丛书史部第60册,齐鲁书社1996年据重庆图书馆藏明忠礼书院刻本影印。

89. 萧彦:《制府疏草》,丛书集成初编第910册,中华书局1985年据上海商务印书馆本影印。

90. 徐阶:《世经堂集》,四库全书存目丛书集部第79册,齐鲁出版社1997年据北京大学图书馆藏明万历徐氏刻本影印。

91. 徐溥、李东阳等修:《明会典》,四库全书史部第618册,上海古籍出版社1987年影印本。

92. 严从简:《殊域周咨录》,中华书局点校本1993年。

93. 杨博:《杨襄毅公本兵疏议》,四库全书存目丛书史部第61册,齐鲁出版社1997年据浙江图书馆藏明万历十四年师贞堂刻本影印。

94. 姚虞:《岭海舆图》,丛书集成初编第3124册,中华书局1985年据上海商务印书馆本影印。

95. 叶权:《贤博篇·附游岭南记》,中华书局点校本1987年。

96. 叶盛:《两广奏草》,四库全书存目丛刊史部第58册,齐鲁书社1996年据北京图书馆藏明崇祯四年叶氏赐书楼刻本影印。

97. 应槚、凌云翼、刘尧海等修:《苍梧总督军门志》,全国图书馆文献缩微复制中心1991年影印本。

98. 雍正《揭阳县志》,潮州市地方志办公室2003年影印本。

99. 于谦:《于谦集》,浙江古籍出版社2013年点校本。

100. 俞大猷:《正气堂全集》,廖渊泉、张吉昌整理点校,福建人民出版社2007年。

101. 张瀚:《松窗梦语》,中华书局1985年点校本。

102. 张瀚:《台省疏稿》,四库全书存目丛书史部第62册,齐鲁出版社1997年据北京大学图书馆藏明万历元年吴道明刻本影印。

103. 张居正:《张居正集》,王玉德等校注,湖北人民出版社1994年。

104. 张廷玉等撰:《明史》,中华书局1974年点校本。

105. 张萱:《西园闻见录》,明代传记丛刊综录类第30册,明文书局1991年影印本。

106. 正德《琼台志》,彭静中点校,海南出版社2006年。

107. 郑大郁:《经国雄略》,美国哈佛大学哈佛燕京图书馆藏中文善本丛刊子部第19册,广西师范大学出版社2003年影印。

108. 郑焕隆选编:《蓝鼎元论潮文集》,海天出版社1993年点校本。

109. 郑若曾:《筹海图编》,李致忠点校,中华书局2007年。

110. 中国第一历史档案馆编:《明清宫藏中西商贸档案(一)》,中国档案出版社2010年影印本。

111. 朱纨:《甓余杂集》,四库全书存目丛书集部第78册,齐鲁出版社1997年据天津图书馆藏明朱质刻本影印。

二、研 究 论 著

1. 安京:《中国古代海疆史纲》,黑龙江教育出版社1999年。

2. 包江雁:《明初舟山群岛废县徙民及其影响》,《浙江海洋学院学报》1999年第4期。

3. 包遵彭:《中国海军史》,中华丛书编辑委员会1970年。

4. 北海市地方志办公室编:《北海史稿汇纂》,方志出版社2006年。

5. 《中国人民保卫海疆斗争史》编写组:《中国人民保卫海疆斗争史》,北京出版社1979年

6. 滨下武志:《朝贡与条约》,收入乔万尼·阿里吉、滨下武志、马克·塞尔等

主编:《东亚的复兴:以500年、150年和50年为视角》,社会科学文献出版社2006年。

7. 曹永和:《中国海洋史论集》,联经事业出版有限公司2000年。

8. 曾小全:《清代前期的海防体系与广东海盗》,《社会科学》2006年第8期。

9. 曾昭璇、黄伟峰主编:《广东自然地理》,广东人民出版社2001年。

10. 晁中辰:《明代海外贸易研究》,故宫出版社2012年。

11. 陈波:《海运船户与元末海寇的生成》,《史林》2010年第2期。

12. 陈春声:《16世纪闽粤交界地域海上活动人群的特质——以吴平的研究为中心》,收入李庆新主编:《海洋史研究》第1辑,社会科学文献出版社2010年,第129～152页。

13. 陈春声:《从"倭乱"到"迁海"——明末清初潮州地方动乱与乡村社会变迁》,收入朱诚如、王天有主编:《明清论丛》第2辑,紫禁城出版社2000年,第73～106页。

14. 陈春声:《嘉靖"倭乱"与潮州地方文献编修之关系——以〈东里志〉的研究为中心》,《潮学研究》第5辑,汕头大学出版社1996年,第65～85页。

15. 陈春声:《明代前期潮州海防及其历史影响》,《中山大学学报》2007年第2、3期。

16. 陈春声:《明清之际潮州的海盗与私人海上贸易》,《文史知识》1997年第9期。

17. 陈春声:《〈历代宝案〉所见之清代潮州商人的海上贸易活动》,《潮学研究》第9辑,花城出版社2001年,第126～133页。

18. 陈家副:《明代两广总督兵源与饷源研究》,台湾"中大"历史研究所硕士论文2005年。

19. 陈列:《明代海防文献考》,收入谌小灵主编:《明清海防研究》第六辑,广东人民出版社2012年,第115～128页。

20. 陈懋恒:《明代倭寇考略》,《燕京学报》专号之六,哈佛燕京学社1934年;人民出版社1957年重印。

21. 陈尚胜:《怀夷与抑商——明代海洋力量兴衰研究》,山东人民出版社1997年。

22. 陈时龙:《明代的敕和敕谕》,《故宫学刊》2015年第2期。

23. 陈文石:《明洪武嘉靖间的海禁政策》,台大文史丛刊1966年。

24. 陈文石:《明清政治社会史论》,台湾学生书局1991年。

25. 陈贤波:《〈三省备边图记〉所见隆庆年间闽广的海寇经略》,《海交史研究》2016年第1期。

26. 陈贤波:《论吴桂芳与嘉靖末年广东海防》,《军事历史研究》2013年第4期。

27. 陈贤波:《明代中后期广东海防体制运作中的政治较量》,《学术研究》2016年第2期。

28. 陈贤波:《明代中后期粤西珠池设防与海上活动——以〈万历武功录〉珠盗人物传记的研究为中心》,《学术研究》2012年第6期。

29. 陈贤波:《柘林兵变与明代中后期广东的海防体制》,收入上海中国航海博物馆编:《国家航海》第8辑,上海古籍出版社2014年,第1~19页。

30. 陈贤波:《割都分治之下——明末清初潮州属县都图争端》,《历史人类学刊》第3卷第2期,2015年。

31. 陈贤波:《明代中后期粤东增设新县的地方政治背景》,《中国历史地理论丛》2010年第1期。

32. 陈学霖:《〈张居正文集〉之闽广海寇史料分析》,收入氏著:《明代人物与史料》,香港中文大学出版社2001年,第321~361页。

33. 陈志国:《水陆间的社会变迁——明清香山盗寇之患与地方秩序》,中山大学博士学位论文2011年。

34. 川越泰博:《明代军事史的研究状况》,收入森正夫等编:《明清时代史的基本问题》,商务印书馆2013年,第241~259页。

35. 戴裔煊:《〈明史·佛郎机传〉笺证》,中国社会科学出版社1984年。

36. 戴裔煊:《关于澳门历史上所谓赶走海盗问题》,原刊《中山大学学报》(社会科学版)1957年第3期,收入蔡鸿生编:《戴裔煊文集》,中山大学出版社2004年,第228~231页。

37. 戴裔煊:《明代嘉隆间的倭寇海盗与中国资本主义的萌芽》,中国社会科学出版社1982年。

38. 戴裔煊:《倭寇与中国》,《学术研究》1987年第1期。

39. 邓兰:《白龙珍珠城古碑考》,《广西社会科学》2003年第3期。

40. 邓庆平:《明清卫所制度研究述评》,《中国史研究动态》2008年第4期。

41. 邸富生：《试论明朝初年的海防》,《中国边疆史地研究》1995年第1期。

42. 杜婉言：《明代宦官与广东经济》,《中国社会经济史研究》1992年第2期。

43. 范中义：《明代海防述略》,《历史研究》1990年第3期。

44. 方志钦、蒋祖缘主编：《广东通史》古代下册,广东高等教育出版社2007年。

45. 傅衣凌主编,杨国桢、陈支平著：《明史》,人民出版社2006年。

46. 高新生：《明清海防史研究综述》,《明清海防研究论丛》第3辑,广东人民出版社2009年,第23～36页。

47. 高新生：《中国海防史研究述评》,《军事历史研究》2005年第4期。

48. 顾诚：《明帝国的疆土管理体制》,《历史研究》1989年第8期。

49. 《广东海防史》编委会编：《广东海防史》,中山大学出版社2010年。

50. 广东省文物局编：《广东明清海防遗存调查与研究》,上海古籍出版社2014年。

51. 广海镇志编纂委员会编：《广海镇志》,内部印刷2009年。

52. 郭红、靳润成：《中国行政区划通史·明代卷》,复旦大学出版社2007年。

53. 郭声波、吴宏岐主编：《中国历史地理研究》第6辑,西安地图出版社2014年。

54. 韩虎泰：《论明代巡海制度向巡海会哨制度的转变——以明代广东海防为例》,《贵州文史丛刊》2015年第3期。

55. 韩虎泰、吴宏岐：《明代镇守总兵设置考——兼论明代广东陆防与海防重心的时空演变》,收入纪宗安、马建春主编：《暨南史学》第十辑,广西师范大学出版社2015年,第127～137页。

56. 何锋：《明朝海上力量建设》,厦门大学出版社2015年。

57. 何孟与：《明代海防指导者方鸣谦之初探》,朝阳科技大学通识教育中心编《止善》第十二期,2012年,第69～88页。

58. 何孟与：《海中孤军：明代澎湖兵防研究论文集》,澎湖县政府文化局2012年。

59. 黄庆华：《"助剿海盗得赐澳门"之说探源——兼述葡萄牙人谋求澳门主权》,中国明史学会编：《明史研究》第9辑,黄山书社2005年,第23～34页。

60. 黄挺：《明代后期闽粤之交的海洋社会：分类、地缘关系与组织原理》,《海交史研究》2006年第2期。

61. 黄挺：《明代前期潮州的海防建置与地方控制》,《广东社会科学》2007年第 3 期。

62. 黄挺：《十六世纪以来潮汕的宗族与社会》，暨南大学出版社 2015 年。

63. 黄志繁：《"贼""民"之间：12～18 世纪赣南地域社会》，生活·读书·新知三联书店 2006 年。

64. 黄中青：《明代海防的水寨与游兵——浙闽粤沿海岛屿防卫的建置与解体》，宜兰学书奖助基金 2001 年。

65. 暨远志、张一兵：《明代前期广东海防建制的演变》，收入鸦片战争博物馆主办：《明清海防研究论丛》第一辑，广东人民出版社 2007 年，第 9～20 页。

66. 暨远志、张一兵：《明代后期广东海防与南头水寨》，同上书，第 28～46 页。

67. 姜德成：《徐阶与嘉隆政治》，天津古籍出版社 2002 年。

68. 金国平、吴志良：《早期澳门史论》，广东人民出版社 2007 年。

69. 井上彻：《明朝的对外政策与两广社会》，收入复旦大学文史研究院编：《都市繁华——一千五百年来东亚城市生活史》，中华书局 2010 年。

70. 军事科学院主编：《中国军事通史》第 15 卷《明代军事史》（上、下册），军事科学出版社 1998 年。

71. 蒋祖缘：《明代广东巡抚与两广总督的设置及其历史地位》，《广东社会科学》1999 年第 2 期。

72. 科大卫：《皇帝和祖宗——华南的国家与宗族》，卜永坚译，江苏人民出版社 2009 年。

73. 冷东：《明代潮州海盗论析》，《中国社会经济史研究》2002 年第 2 期。

74. 黎光明：《嘉靖御倭江浙主客军考》，《燕京学报》专号之四，哈佛燕京学社 1933 年；知识产权出版社 2014 年重印。

75. 李爱军、吴宏岐：《明嘉靖、万历年间南海海防体系的变革》，《中国边疆史地研究》2013 年第 2 期。

76. 李爱军：《明代广东军事地理研究》，世界图书出版公司 2015 年。

77. 李伯重：《中国经济史学中的"资本主义情结"》，收入氏著：《理论、方法、发展趋势：中国经济史研究新探》，清华大学出版社 2002 年，第 5～21 页。

78. 李光璧：《明代御倭战争》，上海人民出版社 1956 年。

79. 李国强：《关于海疆史研究的几点认识》，《史学集刊》2014 年第 1 期。

80. 李国强：《新中国海疆史研究 60 年》，《中国边疆史地研究》2009 第 3 期。

81. 李晋华：《三百年前倭祸考》，上海国民外交委员会1933年。

82. 李龙潜：《明代广东的对外贸易及其对社会经济的影响》，收入氏著：《明清广东社会经济研究》，上海古籍出版社2006年，第170~201页；

83. 李云泉：《万邦来朝——朝贡制度史论》，新华出版社2014年。

84. 李新峰：《明前期军事制度研究》，北京大学出版社2016年。

85. 李庆新：《明代海道副使及其职能演变》，收入氏著：《濒海之地——南海贸易与中外关系史研究》，中华书局2010年，第178~201页。

86. 李庆新：《明代海外贸易制度》，社会科学文献出版社2007年。

87. 李庆新：《明代屯门地区海防与贸易》，《广东社会科学》2007年第6期。

88. 李贤强、吴宏岐：《杜臻〈粤闽巡视纪略〉在研究明清广东海防地理上的价值》，中国经济史学会、广东省社科联、中山市社科联、广东省社会科学院广东海洋史研究中心主办"海上丝绸之路与明清时期广东海洋经济"学术研讨会论文集2014年9月，第129~141页。

89. 李约瑟：《中国科学技术史》第四卷《物理学及相关技术》第三分册《土木工程与航海技术》，科学出版社、上海古籍出版社2008年。

90. 林发钦：《澳门早期对外战争与军事防御》，收入吴志良、金国平、汤开建主编《澳门史新编》第三册，澳门基金会2008年，第833~868页。

91. 林仁川：《明末清初私人海上贸易》，华东师范大学出版社1987年。

92. 刘晓东：《〈虔台倭纂〉的形成：从"地方经验"到"共有记忆"》，《历史研究》2013年第1期。

93. 刘晓东：《嘉靖"倭患"与晚明士人的日本认知——以唐顺之及其〈日本刀歌〉为中心》，《社会科学战线》2009年第7期。

94. 刘晓东：《明代官方语境中的"倭寇"与"日本"——以〈明实录〉中的相关词汇为中心》，《中国史研究》2014年第2期。

95. 刘志伟：《在国家与社会之间：明清广东地区里甲赋役制度与乡村社会》，中国人民大学出版社2010年。

96. 刘志伟编：《梁方仲文集》，中山大学出版社2004年。

97. 卢建一：《从东南水师看明清时期海权意识的发展》，《福建师范大学学报》2003年第1期。

98. 卢建一：《从明清东南海防体系发展看防务重心南移》，《东南学术》2002年第1期。

99. 卢建一:《闽台海防研究》,方志出版社2003年。

100. 卢建一:《明代海禁政策与福建海防》,《福建师范大学学报》1992年第2期。

101. 卢建一:《试论明清时期的海疆政策及其对闽台社会的负面影响》,《福建论坛》2002年第3期。

102. 卢建一:《明清海疆政策与东南海岛研究》,福建人民出版社2011年。

103. 鲁延召:《明清伶仃洋区域海防地理研究》,人民日报出版社2014年。

104. 鲁延召:《明清时期广东海防"分路"问题探讨》,《中国历史地理论丛》2013年第2期。

105. 鲁延召:《明清时期伶仃洋区域海防地理特征研究——基于海防对象的多样性与海防重心的阶段性》,《暨南学报》2013年第9期。

106. 吕进贵:《明代的巡检制度——地方治安基层组织及其运作》,宜兰学书奖助基金,2002年。

107. 马大正:《二十世纪的中国边疆史地研究》,《历史研究》1996年第4期。

108. 马大正主编:《中国边疆经略史》,武汉大学出版社2013年。

109. 马光:《明初山东倭寇与沿海卫所制度考论》,收入上海中国航海博物馆编:《国家航海》第11辑,上海古籍出版社2015年,第73～108页。

110. 马光:《倭寇与海防——明代山东沿海都司卫所与巡检司个案研究》,《海洋史研究》第9辑,社会科学文献出版社2015年。

111. 马雅贞:《战勋与宦绩——明代战争相关图像与官员视觉文化》,《明代研究》第17期,2011年12月,第49～89页。

112. 孟锦华:《明代两浙倭寇》,国民出版社1940年。

113. 穆黛安:《华南海盗(1790～1810)》,刘平译,中国社会科学出版社1997年。

114. 聂德宁:《明清时期南澳港的民间海外贸易》,《潮学研究》第3辑,汕头大学出版社1995年。

115. 牛传彪:《明代浙江海区军事驻防与巡哨区划》,《明清海防研究论丛》第5辑,广东人民出版社2011年,第220～236页。

116. 彭勇:《明代班军制度研究》,中央民族大学出版社2006年。

117. 曲金良主编:《中国海洋文化史长编·明清卷》,中国海洋大学出版社2012年。

118. 司徒尚纪:《岭南史地论集》,广东省地图出版社1994年。

119. 松浦章:《中国的海贼》,谢跃译,商务印书馆2011年。

120. 宋烜:《明代浙江海防研究》,社会科学文献出版社2013年。

121. 宋烜:《明代中期海防——整饬与变革》,《明清海防研究论丛》第8辑,广东人民出版社2015年,第10~21页。

122. 苏勇军:《明代浙东海防研究》,浙江大学出版社2014年。

123. 台湾三军大学:《中国历代战争史》,中信出版社2013年,

124. 谭立峰、刘文斌:《明代辽东海防体系建制与军事聚落特征研究》,《天津大学学报》2014年第5期。

125. 谭立峰:《明代沿海防御体系研究》,《南京林业大学学报》2012年第12期。

126. 谭启浩:《明代广东的珠池市舶太监》,《海交史研究》1988年第1期。

127. 汤开建、陈文源:《明代南澳史事初探》,《潮学研究》第3辑,汕头大学出版社1995年,第48~65页。

128. 汤开建:《明代澳门史论稿》,黑龙江教育出版社2012年。

129. 汤开建:《明代后期澳门葡人帮助明朝剿除海盗史实再考——以委黎多〈报效始末疏〉资料为中心召展开》,《湖北大学学报》2005年第4期。

130. 汤开建:《明隆万之际粤东巨盗林凤事迹详考——以刘尧诲〈督抚疏议〉中林凤史料为中心》,《历史研究》2012年第2期。

131. 汤开建:《明清士大夫与澳门》,澳门基金会出版社1998年。

132. 唐立宗:《在盗区与政区之间——明代闽粤赣湘交界的秩序变动与地方行政的演化》,台湾大学出版委员会2002年。

133. 唐晓涛:《俍徭何在——明清时期广西浔州府的族群变迁》,民族出版社2011年。

134. 田中健夫:《倭寇——海上历史》,武汉大学出版社1987年。

135. 万明:《中国融入世界的步履——明与清前期海外政策比较研究》,社会科学文献出版社2000年。

136. 王崇武:《戚继光》,南京胜利出版公司1946年。

137. 王川:《市舶太监与南海贸易——明代广东市舶太监研究》,人民出版社2010年。

138. 王冠倬:《中国古船图谱》,生活·读书·新知三联书店2001年。

139. 王赓武:《华人与中国:王赓武自选集》,上海人民出版社2013年。

140. 王鸿泰:《倭刀与侠士——明代倭乱冲击下江南士人的武侠风尚》,《汉学研究》第30卷第3期,《汉学研究》编辑部2012年。

141. 王慕民:《海禁抑商与嘉靖"倭乱"——明代浙江私人海外贸易的兴衰》,海洋出版社2011年。

142. 王婆楞:《历代征倭文献考》,重庆正中书局1940年;收入包遵彭:《明史论丛》之六《明代边防》,台湾学生书局1968年,第205～252页。

143. 王日根、黄友泉:《海防地理视域下的明代福建水寨内迁》,收入中国社会科学院历史研究所明史研究室编:《明史研究论丛》第13辑,中国广播影视出版社2014年。

144. 王日根:《明代东南海防中敌我力量对比的变化及其影响》,《中国社会经济史研究》2003年第2期。

145. 王日根:《明代海防建设与倭寇海贼的炽盛》,《中国海洋大学学报》2004年第4期。

146. 王日根:《明清海疆政策与中国社会发展》,福建人民出版社2008年。

147. 王赛时:《明代山东的海防体系与军事部署》,《明史研究》第9辑,黄山书社2005年,第255～268页。

148. 王颖主编:《中国海洋地理》,科学出版社2013年。

149. 王庸:《明代海防图籍录》,《清华周刊》第37卷第90期文史专号1934年;收入包遵彭:《明史论丛》之六《明代边防》,台湾学生书局1968年,第205～252页。

150. 王元林:《明代初期广东沿海贡舶贸易港考》,《中国历史地理论丛》2003年第1期。

151. 饶宗颐:《柘林与海上交通》,收入氏著:《文化之旅》,中华书局2011年。

152. 吴大昕:《猝闻倭至——明朝对江南倭寇的知识(1552～1554)》,《明代研究》第7期,中国明代研究学会2004年。

153. 吴大昕:《明日朝鲜战争与江南的倭寇记忆》,《史绘》第11期,台湾师范大学历史研究所2005年。

154. 吴大昕:《倭寇形象与嘉靖大倭寇——谈〈倭寇图卷〉、〈明人抗倭图〉与〈太平抗倭图〉》,《明代研究》第16期,中国明代研究学会2011年。

155. 吴晗:《吴晗论明史》,武汉出版社2013年。

156. 吴宏岐、韩虎泰：《明代两广总督府址变迁考》，《中国历史地理论丛》2013年第3期。

157. 吴榕青、李国平：《早期南澳史事钩稽》，收入上海中国航海博物馆编：《国家航海》第九辑，上海古籍出版社2014年。

158. 吴玉年：《明代倭寇史籍志目》，《禹贡半月刊》第2卷第4、6期，1934年；收入包遵彭：《明史论丛》之六《明代边防》，台湾学生书局1968年，第205～252页。

159. 吴原：《戚继光》，重庆正中书局1934年。

160. 吴志良、汤开建、金国平主编：《澳门编年史》，广东人民出版社2009年。

161. 吴重翰：《明代倭寇犯华史略》，商务印书馆1939年。

162. 席龙飞：《中国造船通史》，海洋出版社2013年。

163. 萧凤霞、刘志伟：《宗族、市场、盗寇与蛋民——明以后珠江三角洲的族群与社会》，《中国社会经济史研究》2004年第3期。

164. 萧国健：《关城与炮台：明清两代广东海防》，香港市政局1997年。

165. 萧国健：《明代粤东海防中路之南头寨》，收入氏著：《香港历史与社会》，香港教育图书公司1994年，第103～116页。

166. 萧国健：《明代粤东海防中路之南头寨》，收入氏著：《明清史研究论文集》，香港珠海学院1984年，第39～51页。

167. 颜广文：《明代两广总督府的设立及其对粤西的经略》，《学术研究》1997年第4期。

168. 杨国桢：《明代倭乱前的海上闽南与葡萄牙》，收入氏著：《瀛海方程——中国海洋发展理论与历史文化》，海洋出版社2008年，第201～231页。

169. 杨金森、范中义：《中国海防史》，海洋出版社2005年。

170. 杨培娜：《濒海生计与王朝秩序——明清闽粤沿海地方社会变迁研究》，中山大学博士学位论文2009年。

171. 杨培娜：《明代潮州大城所之演变与地方社会变迁关系初探》，《明清广东海运与海防》，澳门大学出版社2008年，第105～134页。

172. 杨培娜：《明代中期漳潮濒海军事格局刍探》，《潮学研究》新一卷第3期，2012年，第26～44页。

173. 叶显恩：《明代广东的造船业》，《学术研究》1987年第6期。

174. 叶显恩：《珠江三角洲社会经济史研究》，稻禾出版社2001年。

175. 叶宗翰：《明代的造船事业——造船发展背景的历史考察》，中国文化大学史学研究所硕士论文2002年。

176. 尹晓冬：《16～17世纪西方火器技术向中国的转移》，山东教育出版社2014年。

177. 尹章义：《汤和与明初东南海防》，《编译馆馆刊》1977年第6卷第1期。

178. 于志嘉：《明代军户世袭制度》，台北学生书局1987年。

179. 于志嘉：《明代军制史研究的回顾与展望》，收入于志嘉：《卫所、军户与军役——以明清江西地区为中心的研究》，北京大学出版社2010年，第322～355页。

180. 汤开建：《澳门开埠初期史研究》，中华书局1999年。

181. 徐泓：《明代福建的筑城运动》，（南投）《暨大学报》第3卷第1期，1999年。

182. 张德信：《嘉靖年间海防重建与倭寇溃败——兼及中日关系变化与断绝》，《明史研究论丛》第6辑，黄山书社2004年，第247～258页。

183. 张金奎：《二十年来明代军制研究回顾》，《中国史研究动态》2002年第10期。

184. 张金奎：《明代山东海防研究》，中国社会科学出版社2014年。

185. 张侃、宫凌海：《明代中后期东南地区兵制变迁——以浙江沿海地区为中心的考察》，《江西社会科学》2014年第11期。

186. 张荣芳、周永卫：《汉代徐闻与海上交通》，《中山大学学报》（社科版）2002年第3期。

187. 张铁牛、高晓星：《中国古代海军史》，八一出版社1993年。

188. 张炜、方堃主编：《中国海疆通史》，中州古籍出版社2003年。

189. 张炜：《中国海疆史研究几个问题之我见》，《中国边疆史地研究》2001年第2期。

190. 张增信：《明季东南海寇与巢外风气（1567～1644）》，《中国海洋发展史论文集》第三集，"中研院"三民主义研究所1988年，第313～344页。

191. 张增信：《明季东南中国的海上活动》，东吴大学中国学术著作奖助委员会1988年。

192. 赵红：《论明成祖的海防政策在山东的实践》，《鲁东大学学报》2009年第4期。

193. 赵红：《论明代山东海防与山东沿海社会的发展》，《泰山学院学报》2009年第5期。

194. 赵红：《试论明初洪武时期的山东海防》，《烟台大学学报》2005年第4期。

195. 赵明：《明代兵制六十年之回顾》，《中国史研究动态》1993年第8期；

196. 赵树国：《明代北部海防体制研究》，山东人民出版社2015年。

197. 郑诚：《发烦考——16世纪传华的欧式前装火炮及其演变》，《自然科学史研究》2013年第4期。

198. 郑克晟：《明朝初年的福建沿海及海防》，《史学月刊》1991年第1期。

199. 郑永常：《来自海洋的挑战：明代海贸政策演变研究》，稻乡出版社2004年。

200. 周维强：《佛郎机铳在中国》，社会科学文献出版社2013年。

201. 周孝雷、唐立鹏：《明代广东的海防战船——兼论广州府的造船业》，收入郭声波、吴宏岐主编：《中国历史地理研究》第6辑，西安地图出版社2014年，第231～247页。

202. 周一良：《明代援朝抗倭战争》，中华书局1962年。

203. 朱莉丽：《纷扰的海域与错杂的日本像——倭寇背景下明代人的日本认识》，收入复旦大学文史研究院编：《世界史中的东亚海域》，中华书局2011年，第115～128页。

204. 朱莉丽：《倭寇之乱下明朝士人对日本的研究》，收入陈尚胜主编：《中国传统对外关系的思想、制度与政策》，山东大学出版社2007年，第95～109页。

205. 驻闽海军军事编纂室：《福建海防史》，厦门大学出版社1990年.

206. David Faure, "The Yao Wars in the Mid Ming and their Impact in on Yao Ethnicity", in Pamela Kyle Crossley, Helen F. Siu and Donald S. Sutton eds. *Empire at the Margins: Culture, Ethnicity and Frontier in Early Modern China*, University of California Press, 2006, pp.171～189.

207. 三木聪：《明代福建の海防体制について》，《史朋》第3号，1975年，第12～25页。

208. 川越泰博：《明代海防体制の形成について》，《中央大学大学院研究年报》创刊号，1972年，第169～182页。

209. 川越泰博：《明代海防軍船の噸数について》，《海事史研究》第19号，1972年，第122～125页。

210. 川越泰博：《明代海防体制の運営構造——創成期を中心に》，《史学杂志》第81编第6号，1973年，第28～53页。

211. 川越泰博：《明代中国の軍制と政治》，东京国书刊行会2001年。

后　记

差不多12年前,当我考虑博士论文选题的时候,曾向导师陈春声教授表达希望开展有关广东潮州地区研究的意愿。那个时候,在几位老师的悉心指导下,我刚刚发表了一篇有关明末清初潮州政区变动与里甲赋役问题的习作,心想在自己出生成长的地方展开自己的研究之旅,既包含了愉悦的乡土情怀,也有收集资料的客观便利。但陈老师却有些"不以为然"地说,"潮州人不要只会做潮州的研究"。当时适逢吉首大学杨庭硕教授来学校开设历史人类学系列讲座,受此影响,我竟也没有听从老师建议"做比较经济史的题目",一路跑到贵州民族地区开始自己的"田野"。时光流转,现在呈现在读者面前的这项研究,可以说是"重操旧业"。人生的偶然和选择,耐人寻味。

这本书稿从酝酿动笔至今,历时五年,期间得到国家社科基金、广东省"特支计划"青年文化英才工程专项资金的资助。得益于几位师长的努力,我在书稿完成之际因缘际会回到母校继续自己的研究工作。我尤其感谢陈文海老师、张淑一老师和段雪玉老师,他们为我回校服务做了大量工作。对于他们的鼓励和鞭策,我铭感于心。我对游霭琼处长的感激之情难以言表,尽管心存遗憾和不舍,但在我做出艰难选择之后,她仍然给予我最大的支持。我要特别感谢程美宝老师、刘正刚老师和郑振满老师,学生时代我从他们的言传身教中获益太多,三位老师热情洋溢的入职推荐信,对我来说意义非凡。

这本书稿的部分内容曾呈送冯尔康教授、徐泓教授斧正。冯老师为此撰写长篇"读后感"指正谬误,徐老师寄赠相关资料,推荐发表。两位前辈关爱后学之情对我是莫大的鞭策。

本项研究开展过程中,李庆新、徐素琴、黄挺、郭秀文、陈忠烈、王元林、吴宏岐、安乐博、衷海燕、唐立宗、杨品优、丁蕾、林瀚、申斌、杨培娜、罗燚英、周

269

鑫、王潞、王一娜、谭玉华、荣亮、罗忱等师长和朋友，曾在不同场合给予指教和帮助，特别是研究生张丽玲同学曾协助整理《苍梧总督军门志》的相关资料，吴越齐博士曾协助从清华大学图书馆查阅相关文献，谨此一并深表谢意。

本书出版得到上海古籍出版社查明昊先生和贾利民先生的热心协助。我对他们一再容忍作者拖延交稿的耐心感到特别愧疚，交稿如释重负。贾利民先生的悉心编辑和专业建议，让拙作增色不少。但愿这本书的"价值"不至于让他们太过为难。

这本书稿的写作基本上在深夜进行，有一段时间常常持续到凌晨三四点才疲惫入睡。几年来，每晚书房里这段"最安静的时光"与白天女儿的笑声和"唠叨"一样真实、美好。谨以此书献给我的父母、妻子和女儿。

2017年8月7日
改写于广州为水斋